Die vorliegende Arbeit wurde von der Philosophischen Fakultät I der Universität Zürich im Wintersemester 1998 auf Antrag von Frau Prof. Dr. Sigrid Weigel als Dissertation angenommen.

Prof. Dr. Sigrid Weigel hat dieses Projekt von Anfang an betreut. Sabine Schilling, Ulrike Vedder, Kathrin Reulecke, Kerstin Wilhelms, Dr. Annegret Pelz, Dr. Annelotte Piper, Birgit Maschke, Dr. Anja Tippner, Dr. Sibylle Benninghoff-Lühl und viele andere Freundinnen haben mir auf verschiedene Weise bei der Arbeit geholfen. Bei ihnen möchte ich mich an dieser Stelle herzlich bedanken.

PF 1621 - 72006 Tübingen
Tel: 07071/78779 - Fax: 07071/763780

Gesamtherstellung: Typo-Druck-Roßdorf GmbH
Titelgestaltung: Berndt Milde

ISBN: 3-88769-157-1

Yoko Tawada

Spielzeug und Sprachmagie in der europäischen Literatur

Eine ethnologische Poetologie

Konkursbuchverlag

Vorwort

1. Spielzeug als Leerstelle des akademischen Diskurses

Der Begriff des "Spielzeugs" hat in der Literaturwissenschaft bisher noch keine nennenswerte Rolle gespielt. Eine unscharfe, harmlos-kindliche Sphäre umgibt das Wort. Spielzeug wird mit Begriffen wie Kindheit, Alltagskultur, Erziehung, Volkskunst oder Souvenir in Verbindung gebracht, aber als poetologische Metapher kennt man es kaum. Puppen, insbesondere Automatenpuppen, bilden eine Ausnahme. Daß die Automatenpuppen einerseits an den menschlichen Körper erinnern, andererseits aber auch eine Verwandtschaft mit Maschinen aufweisen, dürfte dazu beigetragen haben, daß sie zu einem literarischen Sujet mit poetologischer Funktion geworden sind[1]. Auch Masken, die ja gelegentlich auch als Spielzeug betrachtet werden, spielen mitunter eine entscheidende Rolle im Diskurs über die Literatur, und zwar als Metapher für eine nicht-'authentische' Rede des Subjekts oder als Begriff, der die Schreib- oder Darstellungsweise charakterisiert[2]. Die Bezeichnung "Maske" erinnert, anders als das "Spielzeug", an die frühere Funktion eines magischen Objekts bei Ritualen[3]. Da das Maskenritual ein Vorgänger des Theaters ist, bringt man die Maske auch mit der Bühnenkunst in Verbindung. Das "Spielzeug" hingegen setzt zunächst weder die Assoziation des Rituals noch die des Theaters frei.

Das Spielzeug wird nicht nur von rituellen und künstlerischen Praktiken isoliert, sondern es wird auch herabgesetzt als Gegenstand, der einer ernsthaften, akademischen Beschäftigung nicht würdig ist. Man unterstellt der Miniatur der Welt, als die das Spielzeug betrachtet wird, Minderwertigkeit und die Wirkung der Verfälschung. Für den unrühmlichen Eindruck, den das Wort "Spielzeug" hervorruft, ist vor allem der zweite Teil des Wortes - "Zeug" - verantwortlich. Der erste Teil des Wortes - "Spiel" - läßt sich noch als Kulturform begreifen oder auch, spezifischer, mit Literatur in Zusammenhang bringen - man denke etwa an das "Wortspiel" oder an das "Rollenspiel". Aber das Wort "Zeug" impliziert Respektlosigkeit gegenüber den so bezeichneten Gegenständen, im Sinn der Herabsetzung oder sogar der Entwürdigung.[4] Es gibt mit Ausnahme Walter Benjamins kaum Philosophen, die sich mit dem Thema Spielzeug beschäftigten[5], wohl aber solche, die sich zum Spiel äußern. Eines der Standardwerke zu diesem Thema, "Homo ludens" (1938) von Johan Huizinga, versteht das 'Spiel' als wesentliche Form einer Kultur. Huizinga beschreibt sportliche und philosophische Aktivitäten im alten Griechenland, Diskussionsformen an mittelalterlichen europäischen Universitäten, Erntefeste in China oder japanische Kettendichtung als Spiele, um dann den Ursprung der Kultur im Spiel zu suchen. Spielzeug aber kommt bei Huizinga nicht einmal in Gestalt von Requisiten vor. Die Hauptrolle spielt hier einmal mehr die Gattung Mensch. Der Arbeit liegt die traditionelle, anthropologische Frage "Was ist der Mensch?" zugrunde; dementsprechend wird das Spiel als geistige Tätigkeit des Menschen definiert, deren Analyse ein Bild vom 'menschlichen Geist' liefern soll. Zwar entwirft Huizinga in seinem Vorwort ein neues Menschenbild des "Homo ludens" (der Mensch als Spielender) und vertritt die These, dieses sei ebenso ernstzunehmen wie die Kategorie des "Homo sapiens" (der vernunftbegabte Mensch) oder des "Homo faber" (der verfertigende Mensch), aber damit verbleibt er in einem Anthropozentrismus, in dem die Dinge nur die eine Funktion haben, ein menschliches Subjekt zu definieren.

Einen ähnlichen Blick auf das Thema Spiel findet man bereits in Friedrich Schillers ästhetischen Schriften, besonders im fünfzehnten Brief von "Über die ästhetische Erziehung des Menschen" (1795). Er schreibt dem Menschen zwei grundlegende Triebe zu: den "sinnlichen Trieb" und den "Formtrieb". Während sich der erste nach lebendigen Veränderungen sehnt, sucht der zweite nach einer festen Gestalt. Den dritten Trieb, der die beiden miteinander verbindet, bezeichnet er als "Spieltrieb". Nur dieser könne dem Menschen eine vollständige Entwicklung ermöglichen.

Ein anderes Standardwerk zum Thema Spiel, "Die Spiele und die Menschen" (1958) von Roger Caillois, bezieht sich explizit auf Huizingas Arbeit und ergänzt diese mit Darstellungen von konkreten Spielen, die bei 'Naturvölkern' oder in modernen europäischen Großstädten zu finden sind. Auch in seiner Analyse spielt das Spielzeug keine nennenswerte Rolle. Caillois grenzt sich ausdrücklich von Wissenschaftlern ab, die sich mit dem Gegenstand Spielzeug beschäftigt haben:

Lange Zeit erschöpfte sich das Studium der Spiele in einer Geschichte der Spielzeuge. Die Aufmerksamkeit richtete sich auf die Geräte oder das Zubehör der Spiele, kaum aber auf deren Wesen, deren Charaktere, Gesetze oder auf die Triebe, die sie voraussetzen, und die Art der Befriedigung, die sie verschaffen (Caillois, S.66).

Caillois versteht Huizingas These, die Kultur sei aus dem Spiel entstanden, als Gegensatz zur verbreiteten These, daß das Spiel eine heruntergekommene Form alter Rituale sei.

'Alles fällt zum Spiel ab', muß man schließen, wenn man Hirn, Groos, Lady, Gomme, Carrington, Bolton und manche andere liest. Huizinga jedoch vertritt in seinem 1938 erschienenen Homo ludens die genau umgekehrte These: die Kultur leitet sich aus dem Spiel her (Caillois, S.66-67).

Im Verlauf seiner Argumentation bestimmt Caillois das Verhältnis von Spiel und Kultur folgendermaßen:

Der Geist des Spiels ist für die Kultur wesentlich, aber Spiele und Spielzeuge sind im Lauf der Geschichte zu Residuen der Kultur geworden (ebd., S.68).

D.h., der 'Geist' des Spiels wird entdeckt und bringt als Kehrseite den 'Körper', die dingliche Seite des Spiels hervor, die ein Residuum der Kultur bilden. Die konkreten Elemente des Spiels, seine spezifischen Formen, Regeln und Gegenstände werden auf diese Weise zu Erinnerungsträgern vergangener Kulturformen.
Seitdem aber Spiele und Spielzeug für pädagogische Zwecke

instrumentalisiert wurden, ist ihr Charakter als “Residuum der Kultur” aus dem Blick geraten. Ein Kreisel wird als ein Gegenstand angesehen, mit dessen Hilfe Kinder Fingerfertigkeit entwickeln können. Mit den Würfeln sollen sie Rechnen lernen, mit der Maske das Rollenspiel usw. Oder aber, so die neueren, psychologisch orientierten Varianten pädagogischer Spielzeuglehre, das Spiel soll eine ‘innere’ Entwicklung ermöglichen[6].
Ein Spielzeug, das allein schon durch seinen Namen derart humanisierende Vorstellungen vom Spielzeug aufbricht, war der “Waldteufel”, der noch Mitte des 19. Jahrhunderts häufig auf dem Jahrmarkt “Hamburger Dom” zu finden war. Eine ethnographische Monographie aus dem Jahr 1896 berichtet ausführlich von diesem Spielzeug, das einen Ton erzeugte, der “dem Summen einer Menge von Hummeln oder grosser Käfer beim Fluge” ähnelte (Schmeltz, S.8).

Das Instrument, womit dieser Ton erzeugt wurde, war ein an einem Ende offener Cylinder von dünner Pappe, das geschlossene Ende war in der Mitte durchbohrt, um einige Pferdehaare hindurchziehen und deren Ende im Innern in einen Knoten schlingen zu können, während das andere Ende der Haarschnur um die Kerbe eines runden Stöckchens befestigt war, mittelst dessen der Cylinder durch die Luft gewirbelt wurde (ebd.).

Der Verfasser macht den Leser auf das Wort “Waldteufel” aufmerksam und erinnert an den Bezug zu der auch in Europa früher verbreiteten Vorstellung, die Wälder seien von Geistern bewohnt (ebd.,S.34). Der Waldteufel gehöre genaugenommen zur Kategorie des Schwirrholzes - ein Instrument, das bei vielen ‘Naturvölkern’ die Funktion habe, die Menschen vor den bösen Geistern zu schützen. Oft bestehe ein Schwirrholz aus einem Stück Holz, an dem ein Band befestigt sei. Man hält das Ende des Bandes fest und schwingt das Holzstück in der Luft, so daß ein pfeifendes Geräusch erzeugt wird. Der Waldteufel müsse die Funktion eines Schwirrholzes erfüllt haben, bevor er “zum Spielzeug herabgesunken” sei (ebd., S.35).
Wie man am Beispiel des Waldteufels sehen kann, ist das Spielzeug keineswegs eine Erfindung der modernen Pädagogik

zum Zweck der Kindererziehung, sondern Nachfolger verschwundener magischer Handlungen[7]. Der Name "Waldteufel" enthält Erinnerungen an einen Wald, der sich vom heutigen Wald unterscheidet. Dieser Wald war z. B. kein Vergnügungsort, in dem Stadtbewohner spazierengehen, um ihre idealisierte Vorstellung von der 'Natur' zu genießen. Er existierte in der Vorstellung der Menschen als ein von Geistern bewohnter Raum. Das Betreten dieses Raumes erforderte Schutz in Form eines Talismans. Interessant ist, daß dieser Talisman nicht etwa den Namen eines Schutzengels oder eines Helden trug, sondern "Waldteufel" genannt wurde. Durch diesen Namen glich er sich dem Wald und den Teufeln an. Auch die Töne, die der Waldteufel produziert, können als Nachahmungen des Flügelgeräusches[8] der bösen Geister verstanden werden. Eine akustische Anpassung ist notwendig, um von den Geistern gehört und verstanden zu werden. Die menschliche Stimme hat offensichtlich andere Frequenzen als die der Geister, so daß die Menschen ein Instrument brauchen, um sich bei den Geistern hörbar zu machen. Der Talisman hat also nicht nur schützende Funktion, sondern ist auch ein Mittel für die Telekommunikation zwischen Menschen und Geistern[9].

2. Magie in Wissenschaft und Kultur

Nicht nur der Waldteufel, sondern auch Kreisel, Masken, Murmeln, Papierdrachen, Rasseln, Würfel, Puppen oder Spielkarten waren magische Objekte, als noch entsprechende magische Handlungen durchgeführt wurden. Jedoch entsteht die Gattung "Spielzeug" nicht automatisch mit dem Verschwinden der magischen Handlungen. Viel entscheidender für die Entstehung des Spielzeugs ist, daß sich in den einzelnen Individuen und in der Organisation der Gesellschaft eine klare Trennung durchsetzte - eine Trennung zwischen Spiel und Arbeit, zwischen Kindern und Erwachsenen, zwischen dem Spielerischen und dem Ernsthaften, zwischen dem Profanen und dem Sakralen. Wie streng diese Trennung in Europa gehandhabt wird, haben europäische Ethnologen erst im Umgang mit anderen Kulturen wahrgenommen. Sie reagieren zunächst oft verwirrt, wenn sie in einer 'primitiven' Gesellschaft beobachten, wie dasselbe Objekt gleichzeitig als Spielzeug und als etwas Heiliges behandelt werden kann. In "Traurige Tropen" etwa artikuliert Lévi-Strauss eine solche Verwirrung, als er mit der Mehrdeutigkeit einer Puppe konfrontiert wird:

Handelt es sich um Spielzeug? Um Götterbilder? Um Ahnenfiguren? Dies festzustellen, war angesichts dieses widersprüchlichen Gebrauchs um so schwieriger, als ein und dieselbe Statuette zuweilen auf beide Arten benutzt wurde (Lévi-Strauss, S.165-166).

Lévi-Strauss möchte das Wahrgenommene nicht als "Symptom für den Zusammenbruch eines Kultes" (ebd.) deuten, denn eine solche Deutung ist seiner Ansicht nach Ausdruck einer 'eurozentrischen' Perspektive. Stattdessen zieht er den Schluß, die strenge Trennung zwischen dem "Heiligen" und dem "Profanen" sei eine Besonderheit der europäischen Kultur. In der Ethnologie herrschte lange Zeit Einigkeit darüber, daß die Unterscheidungen in "profan und sakral", in "rational und mythisch" oder in "natürlich und übernatürlich", die in der bürgerlichen Gesellschaft in Europa gelten, der die Ethnologen entstammen, problemlos auf 'primitive' Gesellschaften übertragbar seien[10].

Im Kontext der Aufteilung in profan und sakral wurde die Magie zunächst in die Nähe der Religion gerückt. Als aber die Opposition profan-sakral durch den Gegensatz zwischen Wissenschaft und Religion überlagert wurde, fiel die Magie aus dem Deutungsmuster heraus und hing gleichsam in der Luft. Einige Ethnologen betrachteten sie als Element der Religion, andere hingegen als deren Konkurrenten. Bei einigen überlappen sich die Bereiche der Religion und der Magie, während andere eine Trennlinie zwischen beiden ziehen und stattdessen von einer Gemeinsamkeit zwischen Magie und Wissenschaft sprechen. Festzuhalten ist aber das Phänomen, daß bei der Auseinandersetzung mit dem Thema Magie die Frage nach ihrem Bezug zur Wissenschaft immer unumgänglicher wird. Evans-Pritchard etwa geht davon aus, die Magie beruhe genau wie die Wissenschaft auf der Beobachtung von Ähnlichkeiten und ziehe lediglich die 'falschen' Schlüsse aus diesen Beobachtungen (ebd., S.32). Auch Malinowski unternimmt eine Neudefinition des Verhältnisses zwischen Religion, Magie und Wissenschaft. Die Magie - so Malinowski - bestehe im Unterschied zur Religion aus Handlungen, die praktisch und wirksam sein sollten. In Neu Guinea habe er beobachtet, daß die Einheimischen immer dort Magie einsetzten, wo ihr Wissen und ihre Techniken sich als unzulänglich erwiesen. Deshalb verwahrt er sich gegen die Vorstellung, das Weltbild der Einheimischen würde technische Praktiken der Naturbeherrschung ausschließen. Die Magie bilde eine Ergänzung zu wissenschaftlichen Denkweisen, werde also nicht durch die Wissenschaft ersetzt. Doch bemerkt Malinowski eine solche Parallelität von Magie und Wissenschaft lediglich für eine außereuropäische Gesellschaft.

Die Magie ist somit in der Ethnologie zu einem Schauplatz geworden, der einen anderen Ort bereitstellt, von dem aus die Denkformen der Wissenschaft von außen kritisch betrachtet werden. In der Folge besitzt die Ethnologie nicht länger ein Monopol für die Thematisierung von Magie. Auch Philosophen beschäftigen sich nun mit Magie, so z.B. Adorno und Horkheimer in der "Dialektik der Aufklärung", wo sie unter anderem schreiben: "Die Zauberei ist wie die Wissenschaft auf Zwecke aus, aber sie verfolgt sie durch Mimesis, nicht in fortschreitender Distanz zum Objekt" (Horkheimer/Adorno, S.13). Der Begriff der Mimesis eröffnet eine Perspektive, in der eine Verwandtschaft zwischen Magie und Kunst gedacht werden kann. Denn innerhalb der europäischen Moderne verkörpert die Kunst den Ort, an dem die Mimesis wirksam geblieben ist.

Es gibt eine Erzählung von Alexander Puschkin "Pique Dame" (1834), in der das Spielzeug den Ort bildet, an dem die Magie wiederkehrt. Der Protagonist Hermann, der Sohn eines zum Russen gewordenen ehemaligen Deutschen, gilt unter seinen Bekannten als übertrieben sparsam und vernünftig, weil er nie an einem Kartenspiel teilnimmt. Als er aber erfährt, daß eine alte Gräfin geheime Kenntnisse über das Kartenspiel besitzt, wird seine tief verborgene Spiellust erweckt. Angeblich kann die Gräfin die Reihenfolge dreier bestimmter Karten voraussagen, mit deren Hilfe jemand beim Kartenspiel gewinnen kann. Eines Tages schleicht Hermann sich ins Haus der Gräfin und bittet sie, ihm ihr Geheimnis zu verraten. Die alte Frau werde nicht mehr lange leben, und da sie keine Kinder habe, sei es sinnvoll, ihr Wissen an ihn weiterzugeben. Die Argumentation klingt nach nüchternem Pragmatismus, aber in Wirklichkeit wurde in Hermann eine bis dahin verborgene Leidenschaft für Magie geweckt. Für das eigentliche Kartenspiel, das von Zufällen lebt, interessiert er sich gar nicht, er möchte teilhaben an einem geheimen Wissen, durch das sich das Schicksal beeinflussen läßt. Die alte Gräfin ist die Schamanin, von der sich ein möglicher Nachfolger das geheime Wissen holen muß. Da sie Hermann keine Antwort gibt, bedroht er sie schließlich mit einer Pistole. Durch den Schock stirbt die alte Gräfin, nicht wissend, daß die Pistole nicht geladen war. Mit dem Tod der Gräfin erst wird der Text zum Schauplatz der Magie. Die Erzählung ahmt die Rituale des Schamanismus nach und setzt den Protagonisten mit der Toten in Verbindung. Im magischen Ritual wird die Vermittlung der geheimen Überlieferung erst dann möglich, wenn der Kandidat von dem verstorbenen Schamanen gesehen und zum Nachfolger auserwählt wird (vgl. Eliade, S.92). So spürt Hermann bei der Beerdigung der Gräfin den Blick der Toten: "In diesem Augenblick schien es ihm, als kneife die Tote ein Auge zusammen und blicke ihn spöttisch an" (Puschkin, S.69). In derselben Nacht erscheint das Gespenst der Gräfin und verrät ihm die Karten, die ihm den Gewinn bringen sollen: Drei, Sieben, As. Allerdings dürfe er jeden Tag nur eine Karte setzen und, nachdem er drei Tage gespielt habe, nie wieder in seinem Leben die Spielkarten anfassen. Hermann spielt zwei Tage genau so, wie das Gespenst es ihm erklärt hat, und gewinnt eine große Summe Geld. Aber am dritten Tag verliert er das ganze Geld, weil an Stelle der Karte "As" die "Pique Dame" erscheint. Im Gesicht der Kartenfigur Pique Dame erkennt Hermann das Lächeln der Toten wieder: "In diesem Augenblick schien es ihm, als zwinkerte ihm die Pique Dame mit einem Lächeln zu. Die verblüffende Ähnlichkeit machte ihn betroffen . . . " (ebd., S.83). Die magische Kraft des geheimen Wissens verschwindet, und übrig bleibt nur eine Spur der Magie in der Kartenfigur, im Bild der Spielkarte.

Bemerkenswert ist, daß die Pique Dame ausgerechnet das As, die höchste und mächtigste Spielkarte, ersetzt. Das As, die Eins, die an den einen Gott im Monotheismus erinnert, sollte dem Spieler Hermann einen eindeutigen Sieg bringen. Aber an die Stelle dieser Eins und ihrer Eindeutigkeit tritt die Pique Dame, die eine Verdoppelung der toten Frau darstellt. Es bleibt allerdings offen, ob die Pique Dame identisch mit der toten Gräfin ist. Vielmehr erzeugt eine blitzartige Ähnlichkeit eine Mehrdeutigkeit auf der Bildoberfläche. Zeigt die Karte die Pique Dame oder die tote Gräfin oder ihr Gespenst? Ist die Gräfin wirklich tot? Diese Mehrdeutigkeit der Karte ist vergleichbar mit der des literarischen Textes selber.

Die Erzählung endet damit, daß der Protagonist wahnsinnig wird. Im Bewußtsein des modernen Subjekts gibt es keinen Platz mehr für die Wiederkehr der Toten, die Literatur aber hat die Möglichkeit, in ihrem Textraum gleichzeitig den durch diese Unmöglichkeit hervorgebrachten Wahnsinn des Spielers und die Rückkehr der Toten in der Spielkarte darzustellen.

3. Literatur und "ethnologische Poetologie"

Wenn die Literatur als Ort, in den die abgedrängte, verschwundene Magie der europäischen Moderne hineingewandert ist, verstanden werden kann, sollte sie in einem größeren kulturwissenschaftlichen Kontext betrachtet und nicht in - je nach Sprachen, Gegenstandsbereichen und Gattungen - voneinander isolierten Käfigen eingesperrt werden. In europäischen Universitäten werden noch heute außereuropäische Kulturen als Komplex erforscht, das heißt, Literatur, Eßkultur, Religionen und Management-Strategien einer Kultur werden in einem einzigen Fach behandelt. Die Entstehung solcher

Fächer wie z.B. "Afrikanistik", "Indologie", "Sinologie" ist nicht von der Geschichte des Kolonialismus und von dem sie konstruierenden ethnologischen Blick zu trennen. Eine Umkehr dieses Blickes, eine Rückwendung dieses 'ethnologischen' Modells auf die europäische Literatur jedoch verspricht eine Bereicherung. Denn die Aufteilung der Gegenstandsbereiche in der Untersuchung der 'eigenen' Kultur und die damit verbundene disziplinäre Spezialisierung sind nicht allein dadurch zu erklären, daß die Erforschung der 'eigenen' Kultur eine längere Tradition und deshalb differenziertere Verfahren der Untersuchung ausgebildet hat. Vielmehr steckt darin auch eine Weigerung, die abendländische Kultur, Wissenschaft und Technik 'ethnologisch' zu betrachten. Es gibt zwar das neue Fach "Europäische Ethnologie", aber diese beschäftigt sich in erster Linie mit der Alltagskultur und schließt den Bereich moderner Literatur weitgehend aus. Mein Begriff der "ethnologischen Poetologie" ist in keinem Fach zu Hause, wohl aber artikuliert er eine Sehnsucht und eine Notwendigkeit - sie gelten einem entsprechenden Feld des Wissens, in dem auch meine Untersuchungen zu magischen Momenten in der Literatur weniger isoliert wären.

Im Mittelpunkt meines Interesses stehen literarische Texte. Sie haben in meinen Analysen nicht etwa den Status von Forschungsobjekten, sondern sie zu analysieren bedeutet, sie in eine Sprache zu übersetzen, in der sie auch mit theoretischen Texten kommunizieren können. Die ethnologischen Gesten in der Lektüre und Analyse dienen in dieser Arbeit dazu, die magischen Aspekte der literarischen Texte stärker zu belichten. Die Ethnologie ist die Wissenschaft, die die längste Tradition in der Diskussion des Themas Magie hat, insofern gilt es, deren Erkenntnisse und Betrachtungsweisen auf die Literatur zu übertragen. Adorno und Horkheimer zufolge bewirkt die Vertreibung der Magie die Entstehung der 'modernen' Kunst.

Von Vernunft und Religion wird das Prinzip der Zauberei in Acht und Bann getan. Noch in der entsagenden Distanz vom Dasein, als Kunst, bleibt es unehrlich. Die es praktizieren, werden zu fahrenden Leuten, überlebenden Nomaden, die unter den seßhaft Gewordenen keine Heimat finden. Natur soll nicht mehr durch Angleichung beeinflußt, sondern durch Arbeit beherrscht werden. Das Kunstwerk hat es noch mit der Zauberei gemeinsam, einen eigenen, in sich abgeschlossenen Bereich zu setzen, der dem Zusammenhang profanen Daseins entrückt ist. In ihm herrschen besondere Gesetze. Wie der Zauberer als erstes bei der Zeremonie den Ort, in dem die heiligen Kräfte spielen sollen, gegen alle Umwelt eingrenzte, so zeichnet mit jedem Kunstwerk dessen Umkreis geschlossen vom Wirklichen sich ab. Gerade der Verzicht auf Einwirkung, durch welchen Kunst von der magischen Sympathie sich scheidet, hält das magische Erbe um so tiefer fest (Horkheimer/Adorno, S.20).

Künstler werden hier gleichsam als eine gesellschaftliche Gruppe verstanden, die nach der Ausweisung der Magie in verschobener Form weiterhin magische Traditonen pflegt. Es ist jedoch fragwürdig, ob die Kunst für diese Tradierung magischer Momente eine abgeschlossene Welt benötigt, in der nur ihre eigenen Gesetze gelten. Eher ahmt die 'Sprache' der Kunst das kommunikative Zeichensystem bis zu einem bestimmten Grad nach, um es dabei zu verschieben oder aufzulösen. Meiner Meinung nach enthält gerade diese Technik ein kritisches Potential, das der modernen Kunst ermöglicht, einen Raum für die Rückkehr der Magie zu inszenieren.
Im Unterschied zu Adorno und Horkheimer geht Walter Benjamin von einer mythischen Urszene aus, in der die »magische« Sprache verlorenging[11]. Die Magie der Sprache besteht in ihrer Unmittelbarkeit, d.h. in ihrem vor- oder nichtmedialen Charakter. Menschen artikulieren die nonverbale 'Sprache der Dinge', indem sie diese erkennen und benennen. Dieses Verständnis der 'Sprachmagie' ist Bestandteil einer Lektüre der Genesis als mythische Urszene der Entstehung menschlicher Sprache, die die magische Sprache ablöst und stattdessen instrumental, abstrahierend und ethisch funktioniert. Nach dem 'Sündenfall' der Sprache tragen nur noch bestimmte Sprachen - z.B. die der Kunst - Spuren der magischen Sprache.

Es gibt eine Sprache der Plastik, der Malerei, der Poesie. So wie die Sprache der Poesie in der Namensprache des Menschen, wenn nicht allein, so doch jedenfalls mit fundiert ist, ebenso ist es sehr wohl denkbar, daß die Sprache der Plastik oder Malerei etwa in gewissen Arten von Dingsprachen fundiert sei, daß in ihnen eine Übersetzung der Sprache der Dinge in eine unendlich viel höhere Sprache, aber doch vielleicht derselben Sphäre, vorliegt. Es handelt sich hier um namenlose, unakustische Sprachen, um Sprachen aus dem Material; dabei ist an die materiale Gemeinsamkeit der Dinge in ihrer Mitteilung zu denken (Benjamin, Bd.II, S.156).

Die Kommunikation der Dinge verläuft nicht verbal, sondern unmittelbar durch ihre stoffliche Gemeinschaft (vgl. ebd., S.147). Auch ein Spielzeug trägt die Sprache der Dinge in sich, die jedoch für Menschen erst in einer Übersetzung lesbar wird. Literarische Texte etwa können eine solche Übersetzungsarbeit leisten. Die literarischen Texte werden hier als Übersetzungen der Sprache der Dinge gelesen.

Auch Michel Foucault spricht vom Verschwinden der Magie der Sprache. Seine Studie "Die Ordnung der Dinge" kann wie eine nachträgliche Historisierung der Sprachtheorie Benjamins gelesen werden, die den Bruch mit der Sprachmagie nicht wie Benjamin als 'mythische' Urszene denkt, sondern als 'historische' Zäsur konkretisiert (vgl. Weigel 1995, S.36). Foucault zufolge wurde in Europa ein System unmittelbarer Ähnlichkeiten und die Zusammengehörigkeit von Sprache und Welt im 17. Jahrhundert aufgelöst, so daß der magische Charakter der Zeichen verschwand (vgl. ebd.,S.37). In der Moderne kehrt er jedoch zurück, und zwar vor allem in der Literatur.

Um die Rückkehr der Magie in die Literatur zu beobachten, ist die Literatur der deutschen Romantik, die sich mit den Diskursen der Aufklärung auseinandersetzte, ein besonders geeigneter Schauplatz.

E.T.A. Hoffmanns Literatur war besonders folgenreich, weil sie zwei Grenzen mühelos überschritt: die nationale und die zeitliche. Im Unterschied zu anderen Autoren der Romantik wie z.B. Novalis, Schlegel, Brentano oder Eichendorf erregten Hoffmanns Schriften bereits wenige Jahre nach seinem Tode Aufsehen in der literarischen Welt Frankreichs, Englands und Rußlands (vgl. Vitt-Mancher, S.174). Insofern die Literatur

Hoffmanns zudem bekanntermaßen nachhaltige Spuren in den Texten anderer europäischer Schriftsteller hinterließ, ist sie ohne Zweifel ein vortreffliches Beispiel 'europäischer Literatur'.[12] Die Bedeutung seiner Texte in den Arbeiten Sigmund Freuds verleiht ihnen außerdem einen Status der Aktualität. Wenn ich bei der Lektüre der Texte Hoffmanns aus den Schriften von Freud zitiere, so geht es mir dabei jedoch nicht darum, anhand der Theorie Freuds die Protagonisten oder den Autor psychologisch zu deuten. Vielmehr interessiert mich die Parallelität zwischen Bildern in Hoffmanns Märchen, der Funktion von Ritualen bei 'Naturvölkern' und den Traumbildern, die in Freuds Schriften wie eine 'Sprache' gelesen werden. Sigrid Weigel beschreibt die besondere Position, die Freuds Texte gegenüber der Literatur einnehmen, folgendermaßen:

Auffällig an Freuds Studie, einer der Urszenen einer Psychoanalyse der Literatur, ist die Tatsache, daß die Psychoanalyse sich hier nicht über, sondern gegenüber der Literatur verortet: als ein anderes, aber korrespondierendes Verfahren. Beide, Dichtung und Wissenschaft, beziehen sich nach Freud auf ein Drittes: auf die durch psychische Vorgänge hergestellten Bedeutungen, deren Gesetze aber nur aus ihren Verkörperungen in der Sprache rekonstruierbar sind (Weigel 1996, S.44)

Interessant ist zudem, daß auch Freud eine Vorstellung von einer 'magischen' Sprache hatte. In den "Vorlesungen zur Einführung in die Psychoanalyse" schreibt Freud: "Worte waren ursprünglich Zauber, und das Wort hat noch heute viel von seiner alten Zauberkraft bewahrt" (Freud, Bd.XI, S.10).

In den ersten zwei Kapiteln meiner Studie beschäftige ich mich mit Märchen E.T.A. Hoffmanns, und zwar mit "Nußknacker und Mausekönig" und mit "Das fremde Kind", die oft als Paar behandelt und diskutiert werden. Die wichtigsten Protagonisten in "Nußknacker und Mausekönig" sind eine männliche Puppe und ein Mädchen. Wenn man die Puppe als 'Fremdes' und Anderes der Vernunft betrachtet, ist

die Begegnung eines erwachsenen Mannes mit einer weiblichen Puppe, wie beispielsweise die Begegnung Nathanaels mit Olympia in der Erzählung "Der Sandmann", ein bedeutsamer Moment, insofern darin ein Zusammenhang zwischen Weiblichkeit, Fremde und dem 'Anderen der Vernunft' inszeniert wird. "Der Sandmann" - eine Erzählung, die oft als kritische Auseinandersetzung mit der Aufklärung gelesen wird - gehört zu den in der Literaturwissenschaft meistdiskutierten Texten in den vergangenen zwanzig Jahren. Ich werde die Lektüreperspektive jedoch etwas verschieben, indem ich den Blick nicht auf die Funktion der weiblichen Puppe Olympia, sondern auf die der männliche Puppe "Nußknacker" richte. In E.T.A. Hoffmanns weniger bekanntem Märchen "Das fremde Kind" verkörpert das Spielzeug einerseits die Zivilisation und stellt andererseits eine Verbindung zu den Geistern und dem Magischen her.
Im dritten Kapitel suche ich in ethnologischen Schriften nach Spuren, die zeigen, wie das Magische der fremden Kultur ins Literarische der eigenen Schrift transportiert wird. Es ist auffällig, daß einige Ethnologen wie z.B. Mircea Eliade ausgezeichnete Beiträge zur modernen Literatur geliefert haben. Auch finden sich in ethnologischen Texten mitunter Passagen, deren Schreibweise an Literatur erinnert. Wenn die Ethnologen sich mit magischen Objekten in den 'primitiven' Gesellschaften beschäftigen, wird in ihrem Gedächtnis eine Erinnerung an die magische Sprache aktiviert, die sich manchmal im literarischen Charakter ihrer Schreibweise niederschlägt. Ich untersuche dieses Phänomen an Texten von Michel Leiris, der sich selbst als Ethnograph und als Literat verstand. Um die Kluft zwischen der europäischen Ethnologie und der von ihr untersuchten afrikanischen Kultur zu verdeutlichen, beziehe ich in diesem Kapitel Momente asiatischer Schrift- und Puppenkultur mit ein. Sie sind kein zusätzlicher Untersuchungsgegenstand, sondern ihre Funktion besteht allein darin, einen Raum zu eröffnen, von dem aus ein distanzierter Blick auf die europäische Literatur und Ethnologie möglich ist. Das Thema bleibt auch in diesem Teil die europäische Literatur und nicht die Magie einer nichteuropäischen Kultur.

Im vierten Kapitel werden kurze Prosatexte von Franz Kafka behandelt, in denen jeweils Kreisel und Spielbälle eine zentrale Rolle spielen. Diese sind nicht etwa als metaphorische Umschreibungen bestimmter Begriffe zu verstehen, sondern als entstellte Bilder ohne Ursprung - ein Aspekt, für den Benjamins Kafka-Lektüre besonders interessant ist.

Walter Benjamin - Momente seines Denkens sind in der ganzen Arbeit wirksam - ist freilich kein Ethnologe. Will man ihn mit einem Terminus fassen, der aus seinen eigenen Texten stammt, so könnte man ihn als "Physiognomiker der Dingwelt"[13] bezeichnen. Benjamin ist nicht nur Theoretiker der Sprachmagie, sondern auch ein Magier der Sprache. Er praktiziert selbst eine 'Lektüre der Dinge', in der deren magische Momente aufblitzen[14]. Es ist bekannt, daß Benjamin eine umfangreiche Studie zum Thema Spielzeug plante. Leider kam diese Studie nicht zustande, jedoch sind wichtige Aufsätze zum Thema überliefert. Zudem war er selbst ein Sammler von Spielzeug und Bilderbüchern. Das fünfte Kapitel widme ich ganz diesem Autor, der die Schriftoberfläche als magischen Raum entdeckte.

Im letzten Kapitel möchte ich eine europäische Stadt wie ein Buch der Magie lesen. Die Literatur verwandelt eine Stadt in einen poetischen Text, einen bevorzugten Ort der Wiederkehr der Magie. Keine andere europäische Stadt scheint mir dafür so geeignet wie Prag. Zahllose literarische Texte aus unterschiedlichen Zeiten beschäftigen sich mit der 'magischen' Stadt Prag. Ich konzentriere mich auf zwei Textkomplexe aus der Gegenwartsliteratur, "Utz" von Bruce Chatwin und die Trilogie "Città Dolente" von Daniela Hodrová.

[1] Um einige Beispiele zu nennen: Lienhard Wawrzyns Buch "Der Automaten-Mensch" (1982), Monika Schmitz-Emans' Aufsatz "Eine schöne Kunstfigur? Androiden, Puppen und Maschinen als Allegorien des literarischen Werkes" (1995) oder Eberhard Hilschers Aufsatz "Hoffmanns poetische Puppenspiele und Menschmaschinen"(1992).
Peter Gendolla verweist in seinem Buch "Die lebenden Maschinen: zur Geschichte der Maschinenmenschen bei Jean Paul, E.T.A. Hoffmann und Villiers de I'Isle Adam" auf zwei parallel verlaufende historische Entwicklungen: Zum einen wurden die Automaten im 18. Jahrhundert dem Menschen zunehmend ähnlicher, was ein Gefühl der Bedrohung auslöste. Zum anderen etablierte sich im 19. Jahrhundert die Vorstellung, der menschliche Körper sei wie eine Maschine.

[2] So heißt es z.B. in Roland Barthes' Text "Am Nullpunkt der Literatur": "Die Schreibweise des Romans bezweckt genau das Gegenteil. Ihre Aufgabe ist, Maske zu sein und gleichzeitig mit dem Finger auf diese Maske zu zeigen" (Barthes 1985, S.42).
In Renate Schlesiers Arbeit "Maskierte Texte. Religiöse Anspielung und Verheimlichung in der griechischen Tragödie" haben die Theatermasken nicht den Status von Requisiten, sondern werden als eine Art 'Textoberfläche' behandelt und entsprechend gelesen: "Die Gesichter der Schauspieler bleiben unsichtbar. Was durch den Text in den Masken sichtbar wird, sind die Lebenszeichen der Mythenfiguren. Doch die Starrheit der Masken läßt keinen Zweifel daran aufkommen, daß das, was hier lebendig gemacht wird, etwas Totes ist. Am hellichten Tage vollzieht sich also etwas Unerhörtes: ein Wunder, eine Verwandlung von Totem in Lebendes (Schlesier 1996, S.224).

[3] Masken wurden in Europa und in vielen anderen Kulturen benutzt, um den Winter oder Krankheiten zu vertreiben bzw. um Dämonen zu verscheuchen. Diese Tradition ist in einigen Orten bis heute erhalten geblieben - so z.B. beim "Perchtenlaufen" im Salzburger Land und in Oberbayern.

[4] Wenn das Wort "Zeug" mit einem anderen Wort ein Kompositum bildet wie z.B. Nähzeug, Handwerkszeug oder Strickzeug, so drückt es nicht mehr eine Herabsetzung, sondern eine Vertrautheit aus. Die Werkzeuge, mit denen ein Handwerker täglich umgeht, sind ihm so vertraut und nah, daß er sie nicht wie Objekte zu 'erkennen' braucht. Diese unauffällige Seinsart des "Zeugs" bezeichnet Heidegger als Zuhandenheit. In seinem Werk "Sein und Zeit" spielt der Begriff "Zeug" eine wichtige Rolle, mit dem Thema Spielzeug beschäftigt er sich jedoch nicht.

5 In Franz Kafkas Kurzprosa "Kreisel" kommt ein Philosoph vor, der sich mit dem Kreisel beschäftigt, "er glaubte nämlich, die Erkenntnis jeder Kleinigkeit, also z.B. auch eines sich drehenden Kreisels genüge zur Erkenntnis des Allgemeinen" (Kafka, S.383). Der Kreisel wird von dem Philosophen als Stellvertreter 'kleiner' Dinge verstanden, die entsprechend leichter zu begreifen seien. Es gelingt dem Philosophen aber nicht, den sich schnell drehenden Kreisel zu fangen, ohne dessen Bewegung zu zerstören. Schließlich verwandelt der Philosoph sich selbst in eine Art Kreisel. Die Bewegung und nicht der Umfang des zu Erforschenden also macht die Anstrengung der Erkenntnis aus.

6 In der Pädagogik, die zum Ziel hat, aus dem Kind einen der Norm entsprechenden Erwachsenen zu machen, ist das Spiel immer Mittel zu diesem Zweck, und so ist auch das Spielzeug nichts anderes als ein Hilfsmittel. In einem der heute meist gelesenen Bücher über Spielzeug heißt es: " . . . reiches Spiel in der Kindheit bedeutet zweifellos die Grundlage eines gesunden, erfolgreichen und erfüllten Erwachsenenlebens" (Hetzer, S.10).

7 Das heißt aber nicht, daß jedes Spielzeug eine magische Vorform hatte, die später für die Kindererziehung instrumentalisiert wurde. Der Teddybär z.B. ist eine Erfindung dieses Jahrhunderts, allerdings keine pädagogische. Richard Steiff präsentierte den Stoffbären 1903 auf der Leipziger Messe (vgl. Goettle, S.18). Der Teddybär entstand, als die echten Bären in den deutschen Wäldern ausstarben. Dieses Spielzeug verkörpert also eine Erinnerung an die von der industriellen Entwicklung vernichtete Natur. Dieses Beispiel zeigt, daß auch neu erfundenes Spielzeug ein Erinnerungsträger sein kann. Der Teddybär wurde übrigens kaum lernpädagogisch instrumentalisiert: " . . . und der Teddy ist das einzige Spielzeug, an dem man nichts lernt, sondern das man einfach liebt" (Emde-Naegelsbach, S.82).

8 Nicht nur in E.T.A. Hoffmanns Märchen "Das fremde Kind" hat ein dämonisches Wesen die Fähigkeit zu fliegen. Die mythische Figur des Drachens, der manchmal mit dem gefallenen Engel Luzifer gleichgesetzt wird, besitzt ebenso wie der Teufel in der Volkssage Flügel. "In den Anfängen der volkstümlichen Graphik wird der Teufel als vogelartiges Untier mit Krallen, Schnabel und großen Flügeln und später wahrscheinlich infolge antiker Einflüsse mit Hörnern und Bocksfüßen dargestellt" (Petzoldt, S.158).

9 Man kann die folgende Textstelle aus Walter Benjamins Aufsatz "Über das mimetische Vermögen" als Benennung einer Voraussetzung lesen,

die befähigt, durch mimetisches Verhalten mit der von Geistern bewohnten Natur zu kommunizieren: "Bekanntlich war der Lebenskreis, der ehemals von dem Gesetz der Ähnlichkeit durchwaltet schien, umfassend; im Mikrokosmos wie im Makrokosmos regierte sie. Jene natürlichen Korrespondenzen aber erhalten erst ihr eigentliches Gewicht mit der Erkenntnis, daß sie samt und sonders Stimulantien und Erwecker des mimetischen Vermögens sind, welches im Menschen ihnen Antwort gibt" (Benjamin, Bd.II, S.210-211).

[10] "Denn in den genannten Unterscheidungen war ja der politische Anspruch des Bürgertums enthalten, sich von klerikalen Bevormundungen zu befreien und das praktische Handeln des Menschen als einzige Wirklichkeit zuzulassen. Konnte sich die ethnographische Beschreibung auf diese Begriffe stützen, dann konnte selbstverständlich auch die Erklärung von Religion in primitiven Gesellschaften dem Modell bürgerlicher Religionssoziologie folgen" (Kippenberg / Luchesi, S.39).

[11] "Während bei Horkheimer/Adorno Magie, Mythos und Aufklärung im wesentlichen als sich ablösende Stufen einer historischen Entwicklung beschrieben werden, akzentuiert Benjamin stärker deren Ungleichzeitigkeiten. Seine Sprachtheorie ist geprägt von einer Trauer um den Verlust des magischen Charakters der Sprache, den Verlust ihrer Unmittelbarkeit, jener gleichermaßen erkennenden wie benennenden 'paradiesischen Sprache' des Menschen. Sie ist zugleich aber geprägt von dem Wissen um die historische Logik dieses Verlusts" (Weigel 1990, S.31).

[12] Hoffmann wurde in Frankreich schon zu seinen Lebzeiten gelesen. Walter Benjamin schreibt, " (. . .) daß die Franzosen ihn geliebt und gelesen haben zu einer Zeit, als in Deutschland und auch in Berlin kein Hund ein Stück Brot von ihm nehmen wollte" (Benjamin, Bd.VII, S.92). Seine Wirkung auf die französische Literatur, etwa auf Balzac, Baudelaire oder auf die Surrealisten ist bekannt. Auch Alexander Puschkin las Hoffmann vermutlich in der französischen Übersetzung. In der Forschungsliteratur wird oft auf Bezüge zwischen Hoffmanns Literatur und Puschkins "Pique Dame" verwiesen. Die Arbeiten von Dostojevski und Poe, um nur einige bedeutsame Beispiele zu nennen, weisen ebenfalls entsprechende Korrespondenzen auf.

[13] Der Ausdruck "Physiognomiker der Dingwelt" taucht in Benjamins Rezension "Lob der Puppe" auf und bezeichnet dort den "wahren" - das heißt "leidenschaftlichen" - Puppensammler, der seine Sammlung als "magische Enzyklopädie" versteht (Benjamin, Bd.III, S.217).

14 "In seiner (Benjamins, Y.T.) Sprachtheorie gründet eine Praxis der Lektüre, die ihre Brisanz vor allem an den Mythen der Moderne erweist, wenn er zum Beispiel 'zwischen der Welt der modernen Technik und der archaischen Symbolwelt der Mythologie Korrepondenzen' entdeckt (Benjamin 1982,I,S.576) oder in der Stadttopographie und -architektur eine Traumstruktur entziffert und damit Momente des Mythischen und des Unbewußten in der Geschichte des Fortschrittes, der Technisierung und der Waren- und Dingwelt reflektiert" (Weigel 1990, S.32).

Erstes Kapitel

Spielzeug und Vatersehnsucht - E.T.A. Hoffmanns "Nußknacker und Mausekönig"

Die folgende Lektüre versucht, E.T.A. Hoffmanns "Nußknacker und Mausekönig" (1816)[1] mit einigen Überlegungen Sigmund Freuds in Verbindung zu setzen und so verschiedene bis heute nicht angesprochene Bedeutungsschichten des Textes ins Spiel zu bringen.

Freud selbst hat diesen Text zwar nicht interpretiert, aber sein Aufsatz "Das Unheimliche", in dem die Deutung des "Sandmanns" eine wichtige Rolle spielt, motiviert dazu, andere Texte von Hoffmann *mit Freud* zu lesen.

Der Vorgang der Textdeutung gleicht Freud zufolge - ebenso wie die Traumdeutung - einer Übersetzung. Freud benutzt den Begriff der Übersetzung, z.B. in seinem Aufsatz "Bemerkungen über einen Fall von Zwangsneurosen", sehr oft. Wichtiger als die expliziten Bedeutungen, die Freund diesem Begriff gibt, ist hier aber, daß auch er selbst Übersetzungen vornimmt. Er übersetzt die Erzählung des Patienten in die Sprache der Psychoanalyse. Und in "Totem und Tabu" versucht er, eine fremde Kultur in die Sprache der Psychoanalyse zu übersetzen. Es ist ein großer Unterschied, ob man einen Text oder eine Kultur mit pychoanalytischen Kenntnissen *erklärt,* oder ob man sie in die Sprache der Pychoanalyse *übersetzt.*

In "Totem und Tabu" deutet Freud das "Totemtier" als Ersatz für den von seinen Söhnen getöteten "Vater". Dabei bezeichnet er den Begriff des "Vaters" als "die von der Psychoanalyse gegebene Übersetzung des Totems". Der Begriff des Vaters ist also ein übersetztes Wort, das auf keinen Ursprung zurückgeführt werden kann[2]. Das Totem, von dem diese Übersetzung herrührt, kann den Ort des Ursprungs nicht füllen, weil es fremd bleibt. Das, was *hier* "Vater" heißt, heißt *dort* "Totemtier". Anstatt das Totem zu erklären, hat Freud dem Vater seine Sicherheit entzogen.

1. Zahnverlust und Kastrationsangst

Der Titel des Textes von E.T.A. Hoffmann verbindet die Begriffe "Nußknacker" und "Mausekönig". Die Eigenartigkeit dieser Verbindung irritiert den Leser nur deshalb nicht, weil die Gattungsbezeichnung "Märchen" ihn davon abhält, sich über die logischen Verknüpfungen im Titel Gedanken zu machen. Aber spätestens dann, wenn im Text die Frage formuliert wird: "Was haben die Mäuse mit dem Nußknacker zu tun?" (Hoffmann, S.261), muß man die Bedeutung einer solchen Verknüpfung ernstnehmen. Diese Frage stellt die Mutter mit Entsetzen, als ihre Tochter Marie ihr erzählt, sie habe die "große Schlacht zwischen den Puppen und Mäusen" (ebd., S.262) gesehen, bei der der Nußknacker in Lebensgefahr geraten sei. Für die Mutter ist die Kombination von Mäusen und einem Nußknacker nichts anderes als ein Beweis dafür, daß Maries Erzählung nicht 'wahr' ist. Sie versucht, diese Erzählung entweder als "Traum" oder als "Märchen" zu bezeichnen und auf diese Weise abzuwerten.

Auf den ersten Blick scheinen das Wort "Nußknacker" und das Wort "Mausekönig" weder einen Kontrast zu bilden noch eine Gemeinsamkeit zu besitzen. Der Nußknacker ist zugleich Spielzeug und ein praktisches Gerät, und der Mausekönig ist ein Tier oder, genauer gesagt, eine Märchenfigur. Gemeinsam ist beiden Wörtern, daß sie eine Funktion der Figuren bezeichnen: Der Nußknacker ist einer, der die Nüsse knackt, und der Mausekönig ist einer, der König unter den Mäusen ist. Trotzdem handelt es sich hier nicht um Berufsbezeichnungen wie z.B. bei Maries Vater, der im Text oft als "Medizinalrat" bezeichnet wird, oder wie beim Paten Droßelmeier, dem "Obergerichtsrat". Daß der Nußknacker und der Mausekönig keinen Beruf haben können, liegt schlicht in ihrer Existenz als Nicht-Menschen begründet. Interessant ist aber, daß sie auch nicht eindeutig als Gegenstand bzw. als Tier definierbar sind. Der Nußknacker verwandelt sich mehrmals von einem Gegenstand in ein Lebewesen, und der Mausekönig ist zwar ein Tier - also ein Lebewesen -, aber er ist gleichzeitig eine Märchenfigur, die eigentlich nur in einem Märchen oder in einem Traum vorkommen kann.

In Märchen und Träumen werden durch die buchstäbliche Verkörperung sprachlicher Gestalten Geschichten erzeugt. Ein gutes Beispiel dafür ist "Das Märchen von der harten Nuß", das Pate Droßelmeier Marie und ihrem Bruder Fritz erzählt. Im letzten Satz des Märchens, das in "Nußknacker und Mausekönig" eingebettet ist, so daß man es als 'Märchen im Märchen' bezeichnen kann, heißt es:

Das ist, ihr Kinder, das Märchen von der harten Nuß, und ihr wißt nun, warum die Leute so oft sagen: "Das war eine harte Nuß!", und wie es kommt, daß die Nußknacker so häßlich sind (Hoffmann, S.280).

Das Märchen tut so, als würde es den Ursprung einer Redewendung erklären. In Wirklichkeit ist der Rückgriff auf eine zugrunde liegende Geschichte nicht möglich. Denn eine Redewendung beginnt nur dann als solche zu funktionieren, wenn ihre Geschichte gänzlich vergessen worden ist. Die vergessene Geschichte kann man nicht wiederfinden, sondern man muß sie neu erfinden. Dabei muß man zuerst die metaphorische Bedeutung der Redewendung vergessen und sie wörtlich verstehen. So entsteht aus der Redewendung "Es war eine harte Nuß", die normalerweise nur eine metaphorische Bedeutung transportiert, ohne an die Gestalt einer Nuß zu erinnern, das Bild einer konkreten Nuß. Freud übersetzt umgekehrt die Traumbilder in metaphorische Redewendungen.

Der Träumer zieht eine (bestimmte, ihm bekannte) Dame hinter dem Bett hervor. Er findet selbst durch den ersten Einfall den Sinn dieses Traumelements. Es heißt: er gibt dieser Dame den Vorzug (Freud, Bd.XI, S.119).

Solchen Deutungen liegt die Annahme zugrunde, der Traum stelle in verschlüsselter Weise ursprünglich andere, abstraktere Bedeutungen dar. Aber der Traum erinnert vielleicht nur - genau wie die Dichtung - an eine vergessene Materialität.
Der Traum versteht den Ausdruck "Vorzug geben" wörtlich und benutzt ein Wort, das eine konkrete Bewegung darstellt:

"hervorziehen". Dann wird dieses Wort in ein Bild verwandelt, nämlich das Bild einer Dame, die der Träumer hinter dem Bett hervorzieht.
Auch im nächsten Beispiel transformiert der Traum einen Ausdruck, der normalerweise im metaphorischen Sinn benutzt wird, in ein konkretes Bild.

Ein anderer träumt, sein Bruder stecke in einem Kasten. Der erste Einfall ersetzt Kasten durch Schrank, und der zweite gibt darauf die Deutung: der Bruder schränkt sich ein (ebd.).

In "Nußknacker und Mausekönig" spielt die "harte Nuß", die aus der Redewendung heraustritt und zu einem konkreten Bild geworden ist, eine wesentliche Rolle. Auch die eingangs gestellte Frage, was Nußknacker und Maus miteinander zu tun haben, erhellt sich durch das Bild der harten Nuß. Auf die Nuß bezogen bilden die beiden Figuren einen Kontrast: Die erste läuft Gefahr, beim Knacken der harten Nuß ihre Zähne zu verlieren, die zweite dagegen besitzt besonders starke, fast unzerstörbare Zähne.
Das Zahnproblem des Nußknackers wird im Text zum ersten Mal angesprochen, als Maries Bruder Fritz will, daß er sehr harte Nuß knackt. Der Nußknacker ist eins von vielen Geschenken, die der Pate Droßelmeier Marie und Fritz zu Weihnachten mitgebracht hat. Marie verliebt sich sofort in ihn. Sie sucht ganz kleine Nüsse aus, die sie vorsichtig von ihm knacken läßt, während Fritz ihm absichtlich die größten, härtesten Nüsse gibt. Dabei zerbrechen die Zähne des Nußknackers. Fritz, der immer mit seinen Zinnsoldaten Krieg spielt, kann keine Schwäche einer männlichen Puppe akzeptieren.

"Das ist ein einfältiger, dummer Bursche", sprach Fritz. "Will Nußknacker sein und hat kein ordentliches Gebiß - Mag wohl sein Handwerk gar nicht verstehen" (Hoffmann, S.248).

Fritz zeigt kein Mitleid mit dem Nußknacker, sondern verhöhnt ihn, als sei es für ein männliches Wesen eine Schande, die Zähne zu verlieren. Das Motiv des Zahnverlustes, das im

Text mehrmals auftaucht, erinnert an Freuds Annahme, der Zahnverlust in einem Traum sei ein Ausdruck von Kastrationsangst.

Ein besonders merkwürdiges Traumsymbol ist der Zahnausfall oder das Zahnziehen. Es bedeutet sicherlich zunächst die Kastration als Bestrafung für die Onanie (Freud, Bd.XI, S.158).

Dieser Feststellung liegt die Annahme zugrunde, daß im Traum Süßigkeiten als "eine häufige Darstellung des Geschlechtsgenusses" zu verstehen seien (Freud, Bd.XI, S.158) und dementsprechend der Zahnverlust als eine nachfolgende Bestrafung. Die Verschiebung des Sexuellen von den Geschlechtsorganen auf die Zähne findet nicht nur im Traum statt. In "Totem und Tabu" beschreibt Freud seine Beobachtung, daß das Zahnziehen von europäischen Kindern häufig als Äquivalent der Kastration wahrgenommen wird und bei einigen nichteuropäischen Völkern tatsächlich das Zahnausschlagen als eine Form der Beschneidung existiert.

Es ist überaus interessant, daß die Beschneidung bei den Primitiven mit Haarschneiden und Zahnausschlagen kombiniert oder durch sie ersetzt ist, und daß unsere Kinder, die von diesem Sachverhalt nichts wissen können, in ihren Angstreaktionen diese beiden Operationen wirklich wie Äquivalente der Kastration behandeln (Freud, Bd.IX, S.184).

Der Körperbau des Nußknackers deutet ebenfalls darauf hin, daß seine Zähne sexualisiert sind. Sein Unterleib ist sehr klein und uninteressant gestaltet, so daß der Blick des Betrachters an seinem großen, eigenartigen Kopf haftenbleibt. Sein riesiger Mund, an dem der Bart wie Schamhaar wächst, und die großen Zähne verweisen auf eine Verschiebung des Sexuellen vom Unterleib auf das Gesicht. Die übliche Körpermetaphorik, in der der Kopf für die Vernunft und der Unterleib für das Sexuelle steht, wird dadurch durcheinandergebracht. Anders gesagt wird das Sexuelle bei dem Nußknacker nicht an den kulturell dafür bestimmten Ort des Geschlechts verbannt, sondern es erscheint, wo man es am wenigsten erwartet: am Kopf und damit am Ort der Vernunft.[3]

Auch die 'sexuellen' Erfahrungen kommen nicht am dafür vorgesehenen Ort - z.B. in einer Liebesbeziehung zwischen Erwachsenen - vor, sondern beim Kinderspielzeug. So ist der Nußknacker, das Spielzeug, nicht etwa ein Ausdruck kindlicher Unschuld, sondern des sexuellen Begehrens.

Die Figur des Nußknackers ist durch eine mögliche Verwandtschaft mit dem Paten Droßelmeier charakterisiert, und zwar nicht erst, als Marie zu glauben beginnt, die Puppe sei der Neffe des Paten. Schon an dem Tag, an dem Pate Droßelmeier ihr die Holzpuppe schenkt, erscheint sie ihr wie sein idealisierter Doppelgänger. Sie fragt sich, ob der Pate diesem Ideal wohl ähnlich werden könnte:

"Wer weiß, lieber Pate, ob du denn, putztest du dich auch so heraus wie mein lieber Nußknacker, und hättest du auch solche schönen blanken Stiefelchen an, wer weiß, ob du denn doch so hübsch aussehen würdest als er!" - Marie wußte gar nicht, warum denn die Eltern so laut auflachten und warum der Obergerichtsrat solch eine rote Nase bekam und gar nicht so hell mitlachte wie zuvor. Es mochte wohl eine besondere Ursache haben (Hoffmann, S.249).

"Eine besondere Ursache" muß es auch haben, daß Droßelmeier Marie eine Puppe schenkt, in der sie seinen idealisierten Doppelgänger sieht. Der Pate scheint sich zu wünschen, als Puppe bei Marie zu sein. Was bedeutet es aber, als Puppe bei einem Mädchen zu sein?

Sofort nachdem der Nußknacker seinen Zahn verloren hat, verspricht Maries Vater ihm, die Tochter werde ihn schützen: "Ich habe den Nußknacker ausdrücklich unter Maries Schutz gestellt, und da, wie ich sehe, er dessen eben jetzt bedarf, so hat sie volle Macht über ihn, ohne daß jemand dreinzureden hat" (ebd., S.249). Kurz darauf liegt der Nußknacker "wie ein kleines Kind wiegend in den Armen" von Marie (ebd.). Er nimmt also hier die Stelle ihres Sohnes ein. In Anlehnung an die Deutung des Zahnverlusts als 'Kastrationsangst' kann man

auch die Beziehung zwischen Marie und dem Nußknacker in die Sprache der Psychoanalyse übersetzen und als 'Mutter-Kind-Inzest' bezeichnen, da der Nußknacker Marie später heiratet.
Freud geht davon aus, daß die Puppe für das Mädchen ein Ersatz für das Kind ist, und das Kind wiederum ein Ersatz für den Penis.

Die weibliche Situation ist aber erst hergestellt, wenn sich der Wunsch nach dem Penis durch den nach dem Kind ersetzt, das Kind also nach alter symbolischer Äquivalenz an die Stelle des Penis tritt. Es entgeht uns nicht, daß sich das Mädchen schon früher, in der ungestörten phallischen Phase, ein Kind gewünscht hatte; das war ja der Sinn ihres Spiels mit Puppen. Aber das Spiel war nicht eigentlich der Ausdruck ihrer Weiblichkeit, es diente der Mutteridentifizierung in der Absicht der Ersetzung der Passivität durch Aktivität. Sie spielt die Mutter, und die Puppe war sie selbst (Freud, Bd.XV, S.137).

Marie spielt zuerst die Rolle der Mutter des Nußknackers. Später erlebt sie die Holzpuppe als männliches Geschlechtsorgan.

Als die kleine Marie so jammerte und klagte, bemerkte sie, daß dem Nußknacker von jener Nacht her ein großer Blutfleck am Halse sitzen geblieben war. Seit der Zeit, daß Marie wußte, wie ihr Nußknacker eigentlich der junge Droßelmeier, des Obergerichtsrats Neffe sei, trug sie ihn nicht mehr auf dem Arm und herzte und küßte ihn nicht mehr, ja, sie mochte ihn aus einer gewissen Scheu gar nicht mehr anrühren; jetzt nahm sie ihn aber sehr behutsam aus dem Fache und fing an, den Blutfleck am Halse mit ihrem Schnupftuch abzureiben. Aber wie ward ihr, als sie plötzlich fühlte, daß Nußknackerlein in ihrer Hand erwärmte und sich zu regen begann (Hoffmann, S.288).

Der Nußknacker wird hier gleichzeitig mit dem Neffen Droßelmeiers identifiziert und als ein männliches Geschlechtsorgan wahrgenommen. Als die Puppe durch ihre Berührung warm wird und sich zu regen beginnt, erschrickt Marie, weil

sie etwas ahnt, was sie nicht benennen kann.
Die durch Zahnverlust hervorgerufene Angst, unter der der Nußknacker leidet, wird auch im - in die Erzählung eingeschobenen - Märchen von der harten Nuß thematisiert. Dort ist von einer sehr harten Nuß namens "Krakatuk" die Rede, die gefunden werden muß, um die Prinzessin Pirlipat zu erlösen, die in ein häßliches Wesen verzaubert wurde. Um das zu erreichen, muß ein junger Mann, der noch nie rasiert wurde und niemals Stiefel getragen hat, die Nuß Krakatuk vor den Augen der Prinzessin aufbeißen, ihr mit geschlossenen Augen den Kern reichen und dann sieben Schritte rückwärts gehen, ohne zu stolpern.
Stiefel zu tragen symbolisiert die Mündigkeit von Männern. Wie ein Märchen von Hoffmanns Zeitgenossen Ludwig Tieck zeigt, kann sogar ein Kater als ein erwachsener Mann gelten, wenn er gestiefelt ist. Für einen jungen Mann, der noch nie Stiefel getragen hat und noch nie rasiert wurde, hat der Versuch, die Nuß Krakatuk aufzubeißen, den Charakter einer Initiations-Zeremonie.
Das Märchen von der harten Nuß erzählt der Pate Droßelmeier. Gleichzeitig taucht er aber auch als handelnde Figur im Märchen auf, und zwar als Hofuhrmacher. Mit dem Hofastronomen zusammen geht er auf Weltreise, um die Nuß Krakatuk zu finden. Nach langer, erfolgloser Reise bekommt er große Sehnsucht nach seiner "Vaterstadt" Nürnberg, die er schließlich aufsucht. Dort findet er endlich die gesuchte Nuß. Es ist kein Wunder, daß die harte Nuß Krakatuk, die die Zähne gefährdet, in der Vaterstadt - also in der Stadt des Vaters - gefunden wird. Denn die "Kastrationsangst", ein Übersetzungswort für den Zahnverlust, bedeutet Furcht vor dem Penisverlust durch eine *väterliche* Bestrafung. In Droßelmeiers Vaterstadt leben sein Vetter und dessen Sohn. Dieser Sohn - ich bezeichne ihn im folgenden als "Neffen Droßelmeier", um ihn vom "Paten Droßelmeier" zu unterscheiden - erfüllt alle Voraussetzungen, die der Retter der Prinzessin mitbringen muß. Und er hat starke Zähne, die ihm bereits den Spitznamen "Nußknackerchen" eingetragen haben. Er fährt gemeinsam mit dem Hofuhrmacher zur Prinzessin, knackt die Nuß

Krakatuk mit seinen kräftigen Zähnen und reicht sie der Prinzessin, die sofort ihre schöne Gestalt zurückgewinnt. Aber während er sieben Schritte rückwärts geht, läuft ihm eine Maus über den Weg, so daß er stolpert. In dem Moment verwandelt er sich in die "häßliche" Gestalt eines Nußknackers. Er wird vom Hof verjagt, ohne - wie versprochen - die Prinzessin heiraten zu können. Es heißt, daß seine "Mißgestalt" nur dann verschwinden werde, wenn er trotz seines Aussehens von einer Frau geliebt werde. Das ist ein bekanntes Märchenmotiv, das man auch aus dem "Froschkönig" oder aus "Die Schöne und das Biest" kennt. Das Märchen von der harten Nuß, das der Pate Droßelmeier erzählt, erweckt bei Marie ein Mitleidsgefühl, das sich später zur Liebe entwickelt.

2. Die harte Nuß "Krakatuk"

Was aber ist eigentlich die harte Nuß "Krakatuk", die die Zähne der Männer gefährdet? Es ist nicht zu überhören, daß der Name "Krakatuk" onomatopoetischen Charakter hat. Er erinnert z.B. an das Geräusch beim Nüsseknacken: "Krak, Krak" (Hoffmann, S.278).
In "Nußknacker und Mausekönig" kommen oft lautmalerische Elemente vor, vor allem in der Sprache Droßelmeiers, wenn dessen Körper sich in den Teil einer Mechanik verwandelt. Der Text beschreibt in dem ersten Kampf zwischen Mäusen und dem Nußknacker, wie Marie den Paten Droßelmeier so auf der Wanduhr sitzen sieht, als wäre er ein Teil der Uhr. Dabei sagt er Folgendes:

"Knack - knack - knack - dummes Mausepack - dummer, toller Schnack - Mausepack - knack - knack - Mausepack - krick und krack - wahrer Schnack" (ebd., S. 255).

Als Marie den Paten später fragt, warum er auf der Uhr sitzengeblieben sei und nicht dem Nußknacker und ihr beim Kampf geholfen habe, macht er eine Bewegung wie eine "Drahtpuppe" und spricht:

"Perpendikel mußte schnurren - picken - wollte sich nicht schicken - Uhren - Uhren - Uhrenperpendikel müssen schnurren - leise schnurren - schlagen Glocken laut kling klang - hink und honk, und honk und hank - Puppenmädchen, sei nicht bang! - schlagen Glöcklein, ist geschlagen, Mausekönig fortzujagen, kommt die Eul' im schnellen Flug - pak und pik, und pik und puk - Glöcklein bim bim - Uhren - schnurr schnurr - Perpendikel müssen schnurren - picken wollte sich nicht schicken - schnarr und schnurr und pirr und purr!" (ebd., S.263).

Immer wenn sich der menschliche Körper Droßelmeiers nicht mehr von Gegenständen abgrenzen kann, verselbständigt sich der Klang seiner Sprache und nimmt keine Rücksicht auf deren Sinn. Die Onomatopoesie markiert bei Droßelmeier den Übergang von einer menschlichen Sprache zu der Sprache der Mechanik.
Die Onomatopoesie klingt rätselhaft. Sie ist ein Rätsel, das man nicht 'knacken' kann, weil sich hinter ihrem Klang kein Sinn verbirgt. Vielmehr ist der Klang selbst der Sinn. Das scheint ein Grund dafür zu sein, warum man die Krakatuk so schwer knacken kann.
Die Krakatuk wird aber nicht nur als Onomatopoesie, sondern auch als fremdes Schriftzeichen dargestellt.

Jeder Zweifel, daß des Vetters Nuß wirklich die gesuchte Nuß Krakatuk war, wurde augenblicklich gehoben, als der herbeigerufene Hofastronom das Gold sauber abschabte und in der Rinde der Nuß das Wort Krakatuk mit chinesischen Charakteren eingegraben fand (ebd., S.276).

Es wird hier nicht gesagt, daß der Hofastronom oder sonst jemand von den Anwesenden die Schrift gelesen hat. Denn es geht nicht darum, die Schriftzeichen zu lesen. Gerade ihre Unlesbarkeit ist hier das Zeichen der Krakatuk. Das Wort "Krakatuk" ist ein Rätsel, das man schwer 'knacken' kann, nicht nur weil es onomatopoetisch, sondern auch weil es wie die Schrift der Nuß unlesbar ist. Der Text stellt mit der "harten Nuß Krakatuk" einen Zusammenhang zwischen der

Onomatopoesie bzw. der unlesbaren Schrift und der Drohung des Zahnverlusts dar. Wenn man diese Drohung wieder in "Kastrationsangst" übersetzt, so kann man die Kastrationsangst als Angst vor der Abwesenheit des Sinns verstehen. Aber dadurch, daß die Erfahrung des Zahnverlustes im Text zunächst rituell durchlebt und dann in Form einer Redewendung eingefroren wird, wird die Angst vergessen und somit überwunden. In der folgenden Szene aus dem im Text erzählten Märchen, in der mehrere Kandidaten sich bei dem Versuch, die Krakatuk zu knacken, die Zähne zerstören, wird dieser Vorgang erzählt.

Ein Milchbart in Schuhen nach dem anderen biß sich an der Nuß Krakatuk Zähne und Kinnbacken wund, ohne der Prinzessin im mindesten zu helfen, und wenn er dann von den dazu bestellten Zahnärzten halb ohnmächtig weggetragen wurde, seufzte er: "Das war eine harte Nuß!" (ebd., S.278).

Die Redewendung bewahrt einerseits die Erinnerung an die Angst von dem Zahnverlust auf, andererseits zwingt sie dazu, die damit verbundene Erfahrung zu vergessen. Denn die Redewendung funktioniert als solche nur, wenn man in der Vorstellung keine konkrete Geschichte damit verbindet. Insofern bleibt die Geschichte vergessen, solange die Sprache gut funktioniert. Nicht nur diese Redewendung, sondern alle in dieser Weise funktionierenden feststehenden Ausdrücke sind Grabsteine einer mit Lust verbundenen Angst. Wenn das Vergessene wiederkehrt, funktioniert diese Sprache nicht mehr. Das ist z.B. manchmal beim Paten Droßelmeier der Fall. Seine Sprache besteht dann aus einer unverständlichen Kette von Wörtern und Lauten, und genau das ist das Zeichen für Droßelmeiers Fähigkeit, eine versteinerte Nuß der Redewendung aufzubeißen und daraus ein Märchen zu erzeugen. Dabei wird aber auch sein kindliches Begehren nach der Mutter freigesetzt. Dieses Begehren drückt sich in einer Verschiebung aus, die wiederum eine Kette von Bildern erzeugt. Das Bild des Nußknackers, der als Droßelmeiers Doppelgänger in Maries mütterlichen Armen liegt, ist ein Beispiel unter vielen. Der

Mechanismus der Verschiebung bringt immer neue Überblendungen von Figuren hervor: Der Körper des Paten Droßelmeier wird auf die Holzpuppe des Nußknackers verschoben, die Holzpuppe auf den jungen Neffen, der Neffe auf den Prinzen des Marzipanschlosses, der Marie heiratet. Diese Kette der Verschiebungen ermöglicht dem Paten Droßelmeier etwas, was anders zu realisieren unmöglich scheint: das kleine Mädchen Marie als Mutter und Ehefrau zu gewinnen.

3. Die Süßigkeiten und der Konditor

Im Kapitel "Das Puppenreich" werden die beiden Motive der Zähne und der Süßigkeiten zum ersten Mal zusammen thematisiert. Der Nußknacker nimmt Marie auf eine Reise mit. Die Landschaften, die sie unterwegs sehen, bestehen aus weihnachtlichen Köstlichkeiten wie z.B. "Konfitürenhain", "Kandiswiese", "Weihnachtswald", "Orangenbach" oder "Mandelmilchsee". Warum diese Landschaften Marie - trotz der "süßen Düfte" und der schönen Menschen - unglücklich machen, wird erst an Hand der folgenden Stelle verständlich:

"Das ist Pfefferkuchenheim", sagte Nußknacker, "welches am Honigstrome liegt, es wohnen ganz hübsche Leute darin, aber sie sind meistens verdrießlich, weil sie sehr an Zahnschmerzen leiden, wir wollen daher nicht erst hineingehen" (Hoffmann, S. 293).

Neben der harten Nuß können auch die Süßigkeiten Zahnverlust verursachen.
Daß die Süßigkeiten eine wichtige Rolle im Text spielen, wird z.B. dadurch deutlich, daß gleich am Anfang ein großer mit Süßigkeiten geschmückter Tannenbaum beschrieben wird, der im Zentrum des Raumes steht.

Der große Tannenbaum in der Mitte trug viele goldne und silberne Äpfel, und wie Knospen und Blüten keimten Zuckermandeln und bunte Bonbons und was es sonst noch für schönes Naschwerk gibt, aus allen Ästen (ebd., S.243).

Anders als heute schmückte man im 18.Jhd. den Weihnachtsbaum hauptsächlich mit Gebäck. Es gab entsprechende Bezeichnungen für den Weihnachtsbaum wie z.B. "Zuckerbaum" oder "Freßbaum" (Stille, S.13-15). Wenn man - mit Freud - die Süßigkeiten hier als Ausdruck für sexuellen Genuß deutet, ist der Weihnachtsbaum ein Baum des sexuellen Genusses. Auch die Geschichte der Integration des Baumkultes ins Christentum spricht für diese Annahme: Es war der "symbolische Vergleich zwischen dem apfelgeschmückten Weihnachtsbaum und dem Paradiesbaum", der der Kirche die Integration des Baums in die Religion erleichterte (Stille, S.12). Die Süßigkeiten am Weihnachtsbaum sind also vergleichbar mit dem - ebenfalls sexuellen Genuß symbolisierenden - Apfel, den Eva und Adam gegessen haben sollen.

Wer stellt aber die Süßigkeiten her, die den Zahnverlust verursachen? Marie erfährt während der Reise mit dem Nußknacker etwas über den Hersteller der Süßigkeiten, der eine unvorstellbar große Macht besitzt. Sein Name ist "Konditor". Das lateinische Wort "Conditor" bedeutet Gründer, Verfasser oder auch Schöpfer, also Gott. Die Profession der Kontitorei und die Arbeit Gottes kommen hier zusammen: Wie der Schöpfer die verbotene Frucht der Lust herstellt und die Menschen, die von ihr essen, durch den Verlust des Paradieses bestraft, stellt der Konditor die Süßigkeiten her, die den Verlust der Zähne verursachen. So liegt der Geschichte, in der der Hersteller der Süßigkeiten die Rolle Gottes spielt, die Homonymie "Konditor" und "Conditor" zugrunde. Erneut wird hier sichtbar, wie aus einer sprachlichen Gestalt - in diesem Fall der Übereinstimmung zweier Wörter auf der lautlichen Ebene - eine Geschichte erzeugt wird.

Da der Konditor mit dem Schöpfer gleichgesetzt werden kann, werden auch ihre Produkte - Süßigkeiten und Menschen - austauschbar. Die Menschen, die Marie in der Landschaft der Süßigkeiten sieht, sind wie "Zuckerpüppchen". Die Herstellung von Gebäck in Menschengestalt hat in Europa eine lange Tradition, die aber zu bestimmten Zeiten verpönt war. Im 13. Jahrhundert war es z.B. in Norwegen verboten, Menschenfiguren aus Brot zu backen (vgl. King, S.12).

Das Unbehagen beim Verzehren einer Menschenfigur erinnert an die von Freud vermutete Urszene der Totemmahlzeit: Die Söhne töteten den gewalttätigen Urvater und verzehrten gemeinsam und feierlich das Fleisch des Toten (vgl. Freud, Bd.IX, S.171). Nur vereint und vielleicht mit Hilfe einer neuen Waffe wagten sie die Figur zu vernichten, die bis dahin allein Macht besessen hatte. Bei dieser Totemmahlzeit geht es nach Freud nicht nur um die Vernichtung des Vaters, sondern auch um die Einverleibung der väterlichen Eigenschaften. Freud deutet die Totenmahlzeit als "Urphantasie", d.h. als prähistorisches Geschehen, mit dem ein phantasierendes Kind die Lücken seiner individuellen Erinnerung auszufüllen versucht (vgl. Laplanche/Pontalis, S.574).

Der schottische Anthropologe James George Frazer (1854-1941) schreibt in seinem umfangreichen Werk "Der goldene Zweig", daß die ersten Könige der lateinischen Stämme Fremde waren, die die Rolle der Gottheit spielten und in der jährlichen Opferung feierlich getötet wurden. Später dann wurde die Opferung des lebenden Menschen durch die Opferung einer Puppe, also einer leblosen Nachahmung, ersetzt (vgl. Freud, Bd.IX, S.182).

Eine Puppe aus Teig oder Zucker zu essen heißt also, die Totemmahlzeit symbolisch zu wiederholen. Dabei wird das Schuldgefühl aktiviert, und es entsteht Angst vor einem möglichen Racheakt. Außerdem erinnert eine solche Puppe an die Vorstellung, daß Gott die Menschen so aus einer Materie geformt hat, wie der Bäcker die Puppen aus geknetetem Brotteig formt. Solange "Konditor" ein Homonym für "Conditor" ist, bleibt die Befürchtung der Menschen, ihre Körper könnten eventuell aus Teig bestehen.

"Was bedeutet das mit dem Konditor, guter Herr Droßelmeier?" fragte Marie. "Ach, beste Demoiselle Stahlbaum", erwiderte Nußknacker, "Konditor wird hier eine unbekannte, aber sehr grauliche Macht genannt, von der man glaubt, daß sie aus dem Menschen machen könne, was sie wolle; es ist das Verhängnis, welches über dies kleine lustige Volk regiert, und sie fürchten dies so sehr, daß durch die bloße Nennung des Namens der größte

Tumult gestillt werden kann, wie es eben der Bürgermeister bewiesen hat" (Hoffmann, S.297-298).

Es ist interessant, daß die "bloße Nennung des Namens" eine solche Wirkung hat bzw. daß sich die Macht nur durch die Nennung des Namens und nicht in einer anderen Form zeigen kann. Der Besitzer der Macht ist körperlich abwesend, nur seine Macht bleibt wirksam auf der sprachlichen Ebene, nämlich in der Tatsache, daß das Wort "Conditor" das Hononym für "Konditor" ist.

4. Puppen und Menschen

Marie nimmt die Reise als eine reale Erfahrung wahr, während ihre Mutter sie als Traum abwertet und sagt, die Tochter solle sich den Traum "aus dem Sinn schlagen". Als Marie weiter behauptet, daß sie die Reise nicht geträumt, sondern "wirklich gesehen habe" (Hoffmann, S.301), bringt die Mutter Marie zum Glasschrank, zeigt ihr den Nußknacker und sagt: "Wie kannst du, du albernes Mädchen, nur glauben, daß diese Nürnberger Holzpuppe Leben und Bewegung haben kann" (ebd.). Die Mutter glaubt also, daß belebte Puppen nur in einem Traum auftauchen können und daß ein solcher Traum nicht der 'Wirklichkeit' entspricht. Marie dagegen behauptet, daß sie die belebten Puppen "wirklich" gesehen habe. Man kann die Aussagen der beiden wörtlich nehmen, zusammensetzen und zu dem Ergebnis kommen, daß der Traum ein Raum ist, in dem man belebte Puppen wirklich sehen kann. So wie sich eine Redewendung im Traum in eine Geschichte verwandeln kann, kann eine Puppe darin zu einem Lebewesen werden. Insofern gleicht die Puppe einer 'sprachlichen' Gestalt, die im Traum ihre Lebensgeschichte entwickeln kann.
Mit der Frage, wie und warum Gegenstände, Tiere und Menschen belebt oder unbelebt sein können, beschäftigt sich vor allem der Animismus. Freud ist der - auch sonst weit verbreiteten - Ansicht, der Animismus sei zurückzuführen auf den "Glauben an die geistigen Wesen, die zu einem gewissen Grad

von den Leibern unabhängig" sind. Für Freud ist der Traum das Gebiet, durch das die europäische Moderne einen Zugang zum Animismus findet. In "Totem und Tabu" beschäftigt er sich mit der Frage, wie die animistische Vorstellung, nach der die Seele sich von den Leibern befreie, bei den Primitiven entstanden sein könnte. Er nimmt an, daß u.a. "die Beobachtungen der Phänomene des Schlafes" (der wiederum Voraussetzung für den Traum ist) bei der Entstehung der animistischen Vorstellung eine große Rolle gespielt haben könnten (Freud, Bd.IX, S.95).

Handelt es sich um Animismus, wenn Maries Puppen belebt erscheinen? Um diese Frage beantworten zu können, muß man zuerst die animistische Vorstellung von der Trennung zwischen 'geistigen' Wesen und 'Leib' genauer verstehen. Die Begriffe "Geist" - manchmal wird das Wesen auch als "Seele" bezeichnet - oder "Leib" dienen hier nur als Übersetzung. Da sie aus dem christlichen Kontext stammen, können sie Mißverständnisse verursachen. Man kann den "Leib" im Animismus nicht einfach als seelenlose, geistlose Materie verstehen. Ebenso ist die "Seele" weder unsichtbar noch körperlos. Ein gutes Beispiel ist die Seele eines Schamanen im sibirischen Schamanismus. Man sagt, daß sich die Seele eines Schamanen z.B. in eine Wespe verwandeln kann, um die geraubte Seele einer Frau zu retten, ohne daß sein Körper dabei leblos wird. Sie kann sich auch in einen Vogel, in ein Tier oder in einen Menschen verwandeln (vgl. Kuper, S.44-46). Die Trennung der Seele führt zu einer Vervielfältigung der Leiber, die keineswegs 'seelenlose Materie' sind[4].

Was bedeutet es aber, wenn in Maries Traum - nicht im Schamanismus, sondern im Traum eines Mädchens aus einer abendländischen, bürgerlichen Familie - belebte Puppen auftauchen?

In der christlichen Tradition wird der Leib als Materie gedacht, die ohne die Seele und den Geist nicht lebt. Dieses Körperbild wird in die Puppe projiziert: die Puppe als geist-, seelen- und lebloser Leib. Die Ahnung, daß der Leib eines Menschen seine eigene Sprache, seine eigenen Erinnerungen und seine eigene Wahrnehmung haben könnte, wird dadurch radikal verdrängt.

Das so Verdrängte zeigt sich im Traum als Puppe, die denkt, spricht und sich erinnert.
Bei Marie funktioniert die Trennung zwischen dem Traum und dem Wachsein nicht mehr, seitdem sie eine intensive Beziehung zur Nußknacker-Puppe unterhält. Maries Mutter und Vater verbieten ihr, von ihren Träumen zu erzählen, wahrscheinlich weil das Erzählen für Marie den Traum zu einer realen Erfahrung macht. Je strenger aber das Verbot wird, desto lebendiger werden auch die Puppen.
Maries Vater erpreßt sie sogar, damit sie nicht mehr von ihrem Traum erzählt.

"Hör mal, Marie, laß nun einmal die Einbildungen und Possen, und wenn du noch einmal sprichst, daß der einfältige, mißgestaltete Nußknacker der Neffe des Herrn Obergerichtsrats sei, so werfe ich nicht allein den Nußknacker, sondern auch alle deine übrigen Puppen, Mamsell Klärchen nicht ausgenommen, durchs Fenster" (Hoffmann, S.64).

Maries Vater hat nicht Unrecht, wenn er denkt, die Puppen könnten schuld daran sein, daß Marie den Traum nicht von ihrem Leben unterscheiden kann. Man muß die Puppen aus der Menschenwelt ausgrenzen können, um den Traum als solchen erkennen zu können. Der Vater will die Puppen aus dem Fenster werfen, damit wenigstens das Fensterglas die Puppen von den Menschen trennt. Glasscheiben fungieren im Text als bedeutsame Trennwand. Das Spielzeug der Kinder wird z.B. nachts in einen Glasschrank gestellt. Der Schrank ist sehr raffiniert gebaut, so daß "alles drinnen sich beinahe blanker und hübscher ausnahm, als wenn man es in Händen hatte" (ebd., S.250). Im Unterschied zu einer Berührung kann der Blick auf das Spielzeug die Distanz zwischen dem Betrachter und dem betrachteten Gegenstand sichern. Vermutlich wollten Maries Eltern den Traum und die Nacht klar vom Tag trennen, indem sie abends das Spielzeug in den Schrank stellten.
Die Nacht, in der Marie den Krieg zwischen dem Nußknacker und den Mäusen miterlebt, endet damit, daß sie in Ohnmacht fällt. Die letzte Szene, von der sie weiß, ist die, in der sie ihren

linken Schuh gegen den Mausekönig wirft. Am nächsten Tag, als Marie aufwacht, erzählt man ihr, daß sie mit dem linken Arm eine Glasscheibe des Schranks eingestoßen und sich tief in den Arm geschnitten habe. Sie hätte dabei auch "verbluten" können. Auf einen tiefen Schlaf, der im Text als "Todesschlaf" bezeichnet wird, folgt das "Wundfieber". Durch die Grenzüberschreitung hat Marie ihren eigenen Körper verletzt. Diese Verletzung ermöglicht ihr, weiter in einem traumähnlichen Zustand zu bleiben. Da sie wegen der Verletzung weder lesen noch spielen kann, liegt sie eine Zeit lang bewegungslos wie eine Puppe im Bett. Nicht nur die Holzpuppe wird lebendig, auch ein umgekehrter Prozeß findet statt: Marie wird zu einer Puppe. Das aber hat bereits begonnen, als Pate Droßelmeier das Märchen erzählt und Marie sich mit der Figur der Prinzessin Pirlipat identifiziert. Die Prinzessin wird im Märchen als Materie dargestellt, die - je nachdem - in eine häßliche oder schöne Gestalt verwandelt werden kann. Von einem Gefühl oder von einem Willen der Prinzessin ist nicht die Rede. Einmal wird ihr Körper sogar wie eine Automatenpuppe auseinandergenommen:

Er nahm Prinzeßchen Pirlipat sehr geschickt auseinander, schob ihr Händchen und Füßchen ab und besah sogleich die innere Struktur, aber da fand er leider, daß die Prinzessin, je größer, desto unförmiger werden würde, und wußte sich nicht zu raten und zu helfen. Er setzte die Prinzessin behutsam wieder zusammen ... (ebd., S. 272).

Wenn sie still und starr dasitzt und nicht mehr spricht, ähnelt auch Marie einer Puppe. Da sie nicht mehr davon sprechen darf, kann sie nur so ihre Bilder vor dem Verbot ihrer Eltern schützen und lebendig halten. In ihrem starren Körper bewahrt sie die Erinnerungsbilder von dem Feenreich auf, das sie einmal mit dem Nußknacker besuchte.

Sprechen durfte nun Marie nicht mehr von ihren Abenteuern, aber die Bilder jenes wunderbaren Feenreichs umgaukelten sie in süßwogendem Rauschen und in holden, lieblichen Klängen; sie sah alles noch einmal, sowie sie nur ihren Sinn fest darauf richtete, und so kam es, daß sie statt zu spielen wie sonst, starr und still, tief in sich gekehrt dasitzen konnte, weshalb sie von allen eine kleine Träumerin gescholten wurde (ebd., S.303).

Dieser Zustand dauert an bis der Nußknacker als ein lebendiger junger Mann vor Maries Augen erscheint. Nichts anderes als Maries Worte haben die häßliche Puppe in einen schönen Mann verwandelt.

Es begab sich, daß der Obergerichtsrat einmal eine Uhr in dem Hause des Medizinalrats reparierte, Marie saß am Glasschrank und schaute, in ihre Träume vertieft, den Nußknacker an, da fuhr es ihr wie unwillkürlich heraus: "Ach, lieber Herr Droßelmeier, wenn Sie doch nur wirklich lebten, ich würd's nicht so machen wie Prinzessin Pirlipat und Sie verschmähen, weil Sie um meinetwillen aufgehört haben, ein hübscher junger Mann zu sein!" In dem Augenblick schrie der Obergerichtsrat: "Hei, hei - toller Schnack." - Aber in dem Augenblick geschah auch ein solcher Knall und Ruck, daß Marie ohnmächtig vom Stuhle sank. Als sie wieder erwachte, war die Mutter um sie beschäftigt und sprach: "Aber wie kannst du nur vom Stuhle fallen, ein so großes Mädchen! - Hier ist der Neffe des Herrn Obergerichtsrats aus Nürnberg angekommen - sei hübsch artig!" (ebd., S.303...).

Maries Worte, die trotz des Verbotes ihrer Eltern ausgesprochen wurden, schenken der Holzpuppe ein Leben. Man kann hier von einer Sprachmagie sprechen, die von einem kleinen Mädchen praktiziert wird. Während in Hoffmanns Erzählung "Der Sandmann" die weibliche Puppe Olympia durch den Blick ihres männlichen Liebhabers das Leben zu gewinnen scheint, sind es hier die Worte eines Mädchens, die eine männliche Puppe ins Leben rufen.

5. Der Vater und die Tochter

Freud zitiert in seinem Aufsatz "Das Unheimliche" die Vermutung von E. Jentsch, daß das Gefühl des Unheimlichen durch "Zweifel an der Beseelung eines anscheinend lebendigen Wesens und umgekehrt darüber, ob ein lebloser Gegenstand nicht etwa beseelt sei", hervorgerufen werde (Freud, Bd.XII, S.237). Genau wie Jentsch schätzt Freud E.T.A. Hoffmann als den Autor, dem "die Erzeugung unheimlicher Wirkungen so gut wie keinem anderen gelungen" sei (ebd., S.238). Was die Frage nach der Ursache des Unheimlichen im "Sandmann" betrifft, ist Freud allerdings anderer Meinung als Jentsch.[5]

Ich möchte hier nicht den "Sandmann", zu dem in den letzten Jahren sehr viel Forschungsliteratur erschienen ist, interpretieren, sondern nur zwei Beobachtungen zu diesem Text schildern, die unmittelbar mit dem "Nußknacker" in Verbindung stehen.

Erstens ist auffällig, daß auch der "Sandmann" ein Text ist, in dem sich aus einer sprachlichen Gestalt eine Geschichte entwickelt. Der Sandmann existiert zuerst nur in dem Spruch, den die Mutter Abend für Abend wiederholt, um ihr Kind ins Bett zu schicken: "Der Sandmann kommt!" Später erscheint der Sandmann wirklich - in Gestalt von Coppelius oder Coppola. Es handelt sich auch hier um einen 'Traum', aber nicht in dem Sinne, daß der Protagonist schläft und von einer Geschichte träumt. 'Traum' meint hier, daß die Geschichte vom "Sandmann" in einem Raum situiert ist, in dem die Verkörperung von Sprache möglich wird. Der Traum ist ein Raum, in dem die Puppen belebt erscheinen. Durch die Konkretisierung der sprachlichen Figuren entsteht Magie, die das Leblose in Belebtes verwandelt.

Es ist also durchaus kein Zufall, daß auch im "Sandmann" eine Puppe - die Automatenpuppe Olympia - eine wichtige Rolle spielt. Anders als der Nußknacker aber beendet Olympia ihr Leben als seelenlose Materie. Der Optiker Coppola nimmt ihr die Augen heraus, und sie wird zu einer leblosen Holzpuppe. Freud deutet die Figur des Optikers als Bestandteil eines "Väterpaares". Während der 'gute' Vater Spalanzani die Automatenpuppe herstellt und wie die eigene Tochter liebt, vernichtet der 'böse' Vater Coppola sie, indem er ihre Augen raubt. Im Text existieren noch andere solche Paare: Nathanaels Vater ist ein 'guter', Coppelius ein 'böser' Vater. Der Entstehung des Väterpaares liegt nach Freud die kindliche Kastrationsangst zugrunde. Nathanaels Angst, der Vater könne ihn kastrieren, verschiebt sich in das Bild des Doppelgänger-Vaters Coppelius, der - wie der Sandmann - die Augen der Kinder raubt. Die Verschiebung erlaubt, den eigenen Vater weiter als 'guten' Vater zu imaginieren.

Zweitens ist interessant, daß nicht nur das Motiv des Auges, sondern auch das Motiv des Väterpaares im "Nußknacker" auftaucht. Genau wie für Nathanael gibt es auch für Marie ein Väterpaar: ihr eigener Vater, der Medizinalrat, und der Pate Droßelmeier. Aber der Pate Droßelmeier spielt nicht - wie Coppelius - die Rolle des bösen Vaters. Ihm fehlt selbst ein Auge, das durch ein Glasauge ersetzt wurde. Er ist also gewissermaßen schon 'kastriert'. Auch der Nußknacker hat für Marie eine andere Funktion als Olympia für Nathanael. Olympia verkörpert Nathanaels Angst vor der Kastration durch den Vater. Der Raub ihrer Augen, in dem sich diese Angst zu bewahrheiten scheint, läßt Nathanael in Wahnsinn verfallen. Im Unterschied dazu ist die Kastration des Nußknackers, die durch seinen Zahnverlust dargestellt wird, für Marie niemals unheimlich, weil sie sich nicht mit dem Nußknacker identifiziert.

"Nußknacker und Mausekönig" läßt sich als eine Geschichte zwischen Vater und Tochter lesen, in der die Vaterposition unendlich verschoben wird. Aus Maries Perspektive kann man den Paten Droßelmeier als Schattenfigur ihres Vaters verstehen. Maries leiblicher Vater taucht im Text nur selten auf. Wenn er auftaucht, verkörpert er Gerechtigkeit ohne Gefühl. Es ist auffällig, daß Marie mit ihrem Vater distanzierter spricht als mit dem Paten Droßelmeier: Während sie ihrem Vater nie widerspricht, macht sie gegenüber dem Paten freche Bemerkungen oder macht ihm Vorwürfe wie z.B. : "...warum kamst

du dem Nußknacker, warum kamst du mir nicht zu Hilfe, du häßlicher Pate Droßelmeier, bist du denn nicht alleine schuld, daß ich verwundet und krank im Bett liegen muß?" (Hoffmann, S.263). Andererseits artikuliert Marie auch ihre Wünsche, wenn der Pate anwesend ist. Die entscheidenden Worte, die ihre Liebe zum Neffen Droßelmeier ausdrücken, spricht sie laut aus, als sie mit dem Paten Droßelmeier allein ist. Der eigentliche Vater ist in ihrem Gefühl abwesend. Im Text ist weder Maries Haß gegen den Vater noch ihre Liebe zu ihm spürbar. Ihre Sehnsucht nach dem abwesenden Vater wird zunächst auf den Paten Droßelmeier verschoben, dann weiter auf den Nußknacker und über diesen auf den Neffen.
Obwohl Marie den Nußknacker liebt, findet sie seinen Körper häßlich. Verglichen mit dem Paten Droßelmeier jedoch findet sie ihn schön, denn ihr gefällt seine militärische Uniform. Die Uniform stellt vermutlich die Verbindung zum Vater her, der seinem Sohn Fritz immer militärische Regeln beibringt.
Der Nußknacker ist zwar militärisch gekleidet, aber sein Wesen ist anders. Marie findet ihn "komisch" und "gutmütig". "Aber lieb ist mir doch Nußknacker gar zu sehr, weil er so komisch ist und doch so gutmütig, und darum muß er gepflegt werden, wie sich's gehört!" (ebd., S.252). Lebendige Gefühlsausdrücke, die bei ihrem Vater nie zu beobachten sind, sieht Marie stattdessen beim Nußknacker: "Aber nicht ausreden konnte Marie, denn indem sie den Namen Droßelmeier nannte, machte Freund Nußknacker ein ganz verdammt schiefes Maul, und aus seinen Augen fuhr es heraus wie grünfunkelnde Stacheln" (ebd., S.252).

Ich möchte das Bild des Vaters noch unter einem anderen Gesichtspunkt untersuchen. Maries Vater wird im Text manchmal als "Medizinalrat" bezeichnet, der Pate Droßelmeier als "Obergerichtsrat". Das Wort "Rat", das in beiden Titeln vorkommt, hat Ähnlichkeit mit dem Wort "Ratte". In den "Bemerkungen über einen Fall von Zwangsneurose" analysiert Freud einen Patienten, der u.a. Zwangsvorstellungen von Ratten hat. Der Patient bietet Freud eine Fülle von Assoziationen an, in der u.a. die Verbindung zwischen den beiden einander

ähnlichen Wörtern "Ratte" und "Rate" eine Rolle spielt. Der Vater des Patienten verlor beim Kartenspiel Geld, das ihm nicht gehörte. Die Ratten verkörpern hier das schuldig gebliebene Geld und somit die unaufgelöste Schuld des Vaters. Durch die Wörter "Raten" und "Spielratte" wird eine Verbindung zwischen dem "Vater" und "Ratten" hergestellt (vgl. Freud, Bd.VII, S.430).
Freud stellte fest, daß sowohl die "Zwangsgedanken" als auch die "Traumgedanken" ihren latenten Inhalt immer in einer Entstellung darstellen (ebd., S.443). Diese Entstellung hat oft die Form neuer Wortbildungen aus ähnlichen Buchstaben oder die Form einer Umstellung der Buchstaben eines Wortes. Im oben genannten Fall erzählt der Patient z.B. von seinem "Zauberwort", das ihn als "Abwehrformel" schützt, ohne daß er den Grund dafür weiß. Freud stellt fest, daß das Wort ein Anagramm des Names einer Frau ist, die seines Erachtens eine entscheidende Rolle für die Erkrankung des Patienten gespielt hat (ebd., S.442-443).
Die Wörter "Rat" und "Vater" enthalten zusammen genug Buchstaben, um das Wort "Ratte" zu bilden. Das gilt auch für die Wörter "Rat" und "Pate". In "Nußknacker und Mausekönig" kommt aber kein Rattenkönig, sondern ein Mausekönig vor, selbst wenn die Beschreibung eher an eine Ratte erinnert. Warum kommt im Text kein Rattenkönig vor, über den sich eine Verbindung zum Vater herstellen würde? Schließlich hatte die Vorstellung vom bedrohlichen "Rattenkönig" zu Hoffmanns Zeiten bereits Tradition[6]. Warum mußte sich Hoffmann eine neue Figur ausdenken? Eine mögliche Antwort auf die Frage ist, daß der Mausekönig eine weiblich konnotierte Figur sein sollte, obwohl die Bezeichnung männlich ist.[7] Das Wort "Maus" läßt sich in den Anfangsbuchstaben "M" und den Rest "aus" teilen. Es fällt auf, daß fast alle Bezeichnungen für die weiblichen Figuren im Text mit einem "M" anfangen: Marie, Mutter, Mamsell Klärchen, Mamsell Trutchen, Mauserinks u.s.w. Dadurch erhält auch das Bild der Maus eine weibliche Konnotation. Die Aufteilung von Männlichem und Weiblichem in "Nußknacker und Mausekönig" möchte ich im nächsten Abschnitt genauer untersuchen.

6. Ein 'Geschlechter'- Kampf

Im Gegensatz zum Nußknacker und zum Paten Droßelmeier haben die Mäuse und die Frauen keine Angst vor dem Zahnverlust. Bei ihnen sind die Zähne sogar so stark, daß sie sie als Waffen benutzen können.
Im Märchen von der harten Nuß tauchen neben der Familie Droßelmeier zwei weitere wichtige Familien auf: die königliche Familie und die Familie der Mäuse. Die Begegnung der beiden Familien findet vor der Geburt der Prinzessin Pirlipat statt. Eines Tages, als die Königin sich in der Küche befindet, um zu einem feierlichen Anlaß besondere Würste zuzubereiten, erscheint vor ihren Augen eine Maus namens "Frau Mauserinks" und bittet um ein Stück Speck. Die Königin gibt ihr ein kleines Stückchen, und prompt erscheinen alle Gevattern, Muhmen und sieben Söhne von Frau Mauserinks, um fast den ganzen Speck aufzufressen. Als der König davon erfährt, wird er wütend und befiehlt dem Hofuhrmacher Droßelmeier, Mausefallen zu bauen, um die Mäuse zu vernichten. Als die Königin später wieder einmal alleine in der Küche arbeitet - besondere Speisen werden immer von ihr persönlich zubereitet -, kommt Frau Mauserinks und kündigt einen Racheakt an.

"Meine Söhne - meine Gevattern und Muhmen sind erschlagen, gib wohl acht, Frau Königin, daß Mausekönigin dir nicht dein Prinzeßchen entzweibeißt - gib wohl acht" (Hoffmann, S. 269).

So wird die Prinzessin Pirlipat schon vor der Geburt von den Zähnen der Mäuse bedroht. Überraschenderweise ist sie selbst aber von Anfang an mit Zähnen bewaffnet. Sie kommt mit Zähnen zur Welt und beißt bereits zwei Stunden nach der Geburt dem Reichskanzler in den Finger.

Pirlipatchen biß wirklich dem Reichskanzler in den Finger, und das entzückte Land wußte nun, daß auch Geist, Gemüt und Verstand in Pirlipats kleinem engelschönen Körperchen wohnen (ebd., S.28).

Die Prinzessin hat keine Angst vor dem Zahnverlust bzw. der dadurch symbolisierten Kastration, nicht weil sie sich - wie das Mädchen in der Freudschen Analyse - als "schon kastriertes" Wesen empfindet, sondern weil ihre Zähne nichts mit sexueller Lust zu tun haben: Sie sind Zeichen für "Geist, Gemüt und Verstand". Als die Prinzessin von Frau Mauserinks gebissen wird, bekommt sie ein unheimliches Aussehen und scheint alle ihre bisherigen Eigenschaften zu verlieren. Nur ihre Zähne sind noch heil:

Schon war die vierte Woche angegangen - ja bereits Mittwoch, als der König mit zornfunkelnden Augen hineinblickte und, mit dem Zepter drohend, rief: "Christian Elias Droßelmeier, kuriere die Prinzessin, oder du mußt sterben!" Droßelmeier fing an bitterlich zu weinen, aber Prinzessin Pirlipat knackte vergnügt Nüsse. Zum erstenmal fiel dem Arkanisten Pirlipats ungewöhnlicher Appetit nach Nüssen und der Umstand auf, daß sie mit Zähnchen zur Welt gekommen. In der Tat hatte sie gleich nach der Verwandlung so lange geschrien, bis ihr zufällig eine Nuß vorkam, die sie sogleich aufknackte, den Kern aß und dann ruhig wurde (ebd., S.272).

Die Nüsse, die die Zähne der Männer gefährden, haben auf die Prinzessin beruhigende Wirkung. Die harte Nuß Krakatuk ist für sie nicht bedrohlich, sondern bietet die einzige Möglichkeit ihrer Rettung. Denn die Prinzessin kann erlöst werden, wenn ein Mann es schafft, die 'harte Nuß Krakatuk' zu knacken. Die Zähne sind das einzige Identitätsmerkmal der Prinzessin, die ansonsten keine durchgängigen Attribute hat.
Die Prinzessin und die Mäuse haben starke Zähne. Diese Gemeinsamkeit belegt Frau Mauserinks' Behauptung, die königliche Familie und ihre eigene seien "verwandt". Ich möchte Frau Mauserinks' Familie, den Clan mit den starken Zähnen, als 'Geschlecht der Mäuse' bezeichnen, weil der andere, gegenüberstehende Clan im Text als "Geschlecht der Nußknacker" bezeichnet wird (ebd., S.247). Zu letzterem gehören Pate Droßelmeier, sein Vetter, sein Neffe und der Nußknacker. Da der Begriff des "Geschlechtes" im Text nie im

Sinne von Mann und Frau verwendet wird, scheint es angemessen zu sein, auch in der Lektüre die heute nicht mehr geläufige Bedeutung in den Vordergrund zu stellen. Zwar ist deutlich, daß im Text das Geschlecht der Mäuse weiblich und das der Nußknacker männlich ist, aber die Verwendung des Wortes "Geschlecht" im Sinne von "Clan" schützt diese Geschlechtszuschreibungen vor einem modernen Mißverständnis: 'Das Geschlecht der Mäuse' ist zwar weiblich, aber das bedeutet nicht, daß alle seine Mitglieder weibliche Körper im anatomischen Sinne besitzen.

Die Verwandtschaft zwischen den Menschen und den Tieren, die sich im 'Geschlecht der Mäuse' zeigt, taucht auch häufig in alten Mythen Südostasiens auf. Besonders die königlichen oder adligen Familien behaupten zum Beweis ihrer übermenschlichen Fähigkeiten oft, mit bestimmten Tieren verwandt zu sein. Dem Totemismus in Australien liegt ebenfalls die Vorstellung zugrunde, daß die Tiere Blutsverwandte der Menschen sein können. Und Freud, der das Totemtier als Substitut des getöteten Vaters interpretiert, geht davon aus, daß die Angehörigen sich das Totemtier als wirklichen Vorfahren vorgestellt und es als solchen verehrt haben. Auch hier läßt sich also von 'Blutsverwandtschaft' sprechen. Aber die Angehörigen eines Totems sind nicht im modernen Sinne miteinander verwandt, denn ihre Verwandtschaft bedarf bestimmter Zeremonien. Es könnte sein, daß die Totemmahlzeit, bei der das Fleisch des Vaters symbolisch verzehrt wird, die Blutsverwandtschaft nicht bestätigt, sondern herstellt: Nach der Mahlzeit haben alle das gleiche Blut im Körper, und erst durch dieses symbolisch einverleibte Blut entsteht die Blutsverwandtschaft. In "Nußknacker und Mausekönig" gibt es eine Szene, die an die Totemmahlzeit erinnert: Frau Mauserinks bittet die Königin, mit ihr die Würste zu teilen. Diese Speise soll von der Königin persönlich zubereitet werden, wahrscheinlich, damit auf keinen Fall die Köchinnen davon naschen können. Sonst könnten auch sie mit der Königin verwandt werden. Die Königin erkennt zwar die Verwandtschaft mit den Mäusen nicht an, protestiert aber auch nicht, als Frau Mauserinks eine solche Verwandtschaft behauptet. Sie weigert sich auch nicht, ihr von der Speise abzugeben. Der König hingegen zerstört die Beziehung zu den Mäusen mit Gewalt, indem er die Mausefalle bauen läßt, um sie zu töten. Er scheint das alte Wissen vergessen zu haben, daß man ein Totemtier nicht töten darf. Der Text stellt hier einen Prozeß dar, in dem die Menschen sich von den Tieren abgrenzen und sich auf keine Verwandtschaft mit ihnen mehr einlassen - auch nicht in symbolischer Form.

Wir haben schon gesehen, welche Folgen es hat, wenn der Mensch sich von den Puppen abgrenzt und sowohl den eigenen Leib als auch den Leib der Puppen als ihm verfügbare Materie betrachtet: Die Puppen kehren im Traum als beseelte Wesen zurück. Was passiert aber, wenn der König die Tiere tötet, um seine 'Verwandtschaft' mit ihnen zu verdrängen? Die verdrängte Verwandtschaft kehrt in der Vorstellung vom häßlichen Tier zurück, die nun von der Tochter, Prinzessin Pirlipat, verkörpert wird. Besonders der Mund der Prinzessin, der sich verzogen hat und jetzt von einem Ohr zum anderen reicht, erinnert an das Maul eines Tieres. Das Verbrechen des Königs an den Tieren ist die Ursache für die Verwandlung der Prinzessin. Der Versuch der Menschen, die Tiere aus- und sich von ihnen abzugrenzen, hat eingesetzt, und es folgt eine Reihe blutiger Kämpfe.

Auffällig ist, daß der König gegenüber den Mäusen sehr hilflos ist. Er kann das Geschlecht der Mäuse nicht allein, sondern nur mit Hilfe des Geschlechts der Nußknacker vernichten, denn dieses Geschlecht verfügt über technische Hilfsmittel. Hier beginnt der Kampf zwischen den beiden Geschlechtern.

Das Geschlecht der Mäuse hat am Ende den Kampf gegen das Geschlecht der Nußknacker verloren. Sieg und Niederlage stehen fest, als der Nußknacker den Mausekönig tötet. Der Mausekönig wird im Text als siebenköpfige Gestalt dargestellt, die an den "Naga", den Drachen mit den sieben Köpfen, erinnert. Somit ähnelt die Tötung des Mausekönigs dem Kampf eines Helden gegen ein Ungeheuer, von dem in den Mythen verschiedenster Kulturen erzählt wird. Im Christentum z.B. existiert die Legende vom Drachenkampf des Heiligen Georg. Konzentriert man sich auf einige Aspekte des Textes "Nußknacker und Mausekönig", erscheint er als Darstellung des Sieges des Christentums. Es ist sicherlich kein Zufall, daß Tschaikowskys Ballett "Der Nußknacker"[8] heute noch so häufig zu Weihnachten aufgeführt wird. Das Balett bezieht sich auf die Vorlage von Alexandre Dumas, die sich von Hoffmanns Originaltext insofern unterscheidet, als Dumas den Sieg des Nußknackers gegen den Mausekönig in den Mittelpunkt stellt. Im Ballett trägt weder die Figur Droßelmeiers noch die des Nußknackers unheimliche Schattierungen. Eine klare Aufteilung in die 'böse' Welt der Mäuse und die 'gute' Welt vom Nußknacker und von Marie löscht die Spuren der Ambivalenzen, die die Figuren in Hoffmanns Text noch zeigen.[9]

Bei Hoffmann ist der Heldenstatus des Nußknackers mehrfach gebrochen, selbst als dieser den Mausekönig besiegt. Wichtig ist z.B., daß der Nußknacker die Mäuse nur mit Hilfe seines Schwertes vernichten kann. An seinen Zähnen hingegen zeigt sich, daß er ohne Waffe schwächer als die Mäuse ist. Er hat die schwachen Zähne durch das Schwert ersetzt. Sein Sieg über den Mausekönig ist deshalb ein Sieg der Ersatzzähne gegen die 'natürlichen' Zähne. Bei dieser Ersetzung findet eine kleine Veränderung statt: Während die Zähne - auch wenn sie gefährlich sein können - in erster Linie zum Verzehren da sind, besteht die Aufgabe des Schwertes einzig darin zu töten.

Für das Geschlecht der Nußknacker geht es im allgemeinen darum, die verlorenen oder zu schwachen Zähne durch etwas anderes zu ersetzen. Auch die Mausefalle, die der Hofuhrmacher Droßelmeier erfindet, kann als Zahnersatz verstanden werden: Die Menschen sind nicht fähig, mit eigenen Zähnen gegen die Mäuse zu kämpfen und stellen künstliche, stärkere "Zähne" her, die "Mausefalle" heißen.

Anders als das Schwert und die Mausefalle gehört die "Uhr" - ein Motiv, das den ganzen Text durchzieht - nicht in den Bereich des technischen Zahnersatzes. Zum Abschluß des Kapitels möchte ich nun die Uhren untersuchen. Die Uhren, die in ihren Körpern keine *Zähne*, sondern *Zahnräder* haben, sind sehr wichtig, um das Geschlecht der Nußknacker zu verstehen.

7. Die Uhr und der Uhrmacher

Pate Droßelmeier stammt aus Nürnberg, der Stadt des Spielzeugs. Schon in der Magdeburger Schöppenchronik von 1414 werden Nürnberger Spielwaren erwähnt. Bereits im 14. Jahrhundert wurden in Nürnberg hergestellte Tonpuppen ins Ausland - z.B. nach England - exportiert (vgl. King, S.28). Nürnberg war die erste Stadt, in der Spielzeug überhaupt als eigenständiges Produkt verstanden und hergestellt wurde. Lange Zeit entstand Spielzeug nur als Nebenprodukt der Arbeiten verschiedener Handwerker: Man fand bei Drechslern aus Holz geschnitzte Tiere, bei Kesselschmieden Zinnsoldaten und bei Lichtziehern wächserne Puppen. Aber es gab keine Manufakturen, die sich darauf spezialisierten, von der ersten bis zur letzten Fertigstufe unterschiedliche Arten von Spielzeug zu produzieren. Die ersten Großbetriebe, die solche Arbeiten zusammenfaßten, entstanden in Nürnberg (vgl. Benjamin, Bd.III, S.114).

Pate Droßelmeier beherrscht das Handwerk seiner Heimatstadt, obwohl er selbst nicht Handwerker, sondern Obergerichtsrat ist. Er kann z.B. eine Spieluhr anfertigen oder auch Uhren reparieren. Seine technischen Fähigkeiten zeigen sich auch im Märchen von der harten Nuß. Dort ist der Pate Droßelmeier Hofuhrmacher und erfindet die Mausefalle, die als eine "wirklich kleine, sehr künstliche Maschine" (Hoffmann, S.269) beschrieben wird. Sein in Nürnberg lebender Vetter ist "Puppendrechsler, Lackierer und Vergolder" (ebd., S.275).

Bei dem Paten Droßelmeier verschwimmt oft die Grenze zwischen ihm als Hersteller und den von ihm hergestellten Produkten. Schon in der ersten Beschreibung seines Körpers wird diese Tendenz deutlich.

Der Obergerichtsrat Droßelmeier war gar kein hübscher Mann, nur klein und mager, hatte viele Runzeln im Gesicht, statt des rechten Auges ein großes schwarzes Pflaster und auch gar keine Haare, weshalb er eine sehr schöne weiße Perücke trug, die war aber von Glas und ein künstliches Stück Arbeit. Überhaupt war der Pate selbst auch ein sehr künstlicher Mann, der sich sogar auf Uhren verstand und selbst welche machen konnte (ebd., S.240).

Pate Droßelmeier ist ein 'künstlicher' Mann, nicht nur weil sein rechtes Auge und seine Haare aus künstlichen Materialien bestehen, sondern auch weil er sehr 'kunstvoll' Dinge herstellen kann, z.B. eine Spieluhr, die er als "künstliches Werk" bezeichnet (ebd., S.246).

In mehreren Szenen des Märchens werden puppenartige Figuren beschrieben, die Bestandteile einer Uhr sind. Interessant ist, daß der Uhrmacher Droßelmeier dabei auch selbst als Uhrenpuppe erscheint. Die Spieluhr z.B. stellt einen Miniatur-Garten dar, in dem viele kleine Puppen spazierengehen oder tanzen. Eine davon trägt Züge des Paten: "Ein Herr in einem smaragdenen Mantel sah oft durch ein Fenster, winkte heraus und verschwand wieder, so wie auch Pate Droßelmeier selbst, aber kaum viel höher als Papas Daumen, zuweilen unten an der Tür des Schlosses stand und wieder hineinging" (ebd., S.244-245). Auch in der Wanduhr nimmt Pate Droßelmeier einmal die Stelle ein, an der sonst eine Eule sitzt:

- Die Wanduhr schnurrte dazwischen lauter und lauter, aber sie konnte nicht schlagen. Marie blickte hin, da hatte die große vergoldete Eule, die darauf saß, ihre Flügel herabgesenkt, so daß sie die ganze Uhr überdeckten, und den häßlichen Katzenkopf mit krummem Schnabel weit vorgestreckt. (. . .) - Marie fing an, sehr zu grauen, und entsetzt wäre sie beinahe davongelaufen, als sie Pate Droßelmeier erblickte, der statt der Eule auf der Wanduhr saß und seine gelben Rockschöße von beiden Seiten wie Flügel herabgehängt hatte . . . (ebd., S. 253).

Der Uhrmacher Droßelmeier ist kein Mechaniker, der seine Uhrwerke wie Objekte behandelt. Er verwandelt sich gern selbst in ein Teil des Uhrwerkes.

Für Marie tauchen die Uhren zunächst in Träumen auf. In der Nacht, in der Marie von dem Kampf des Nußknackers gegen die Mäuse träumt, spielt die Wanduhr eine entscheidende Rolle: Zuerst bemerkt Marie ein undefinierbares Geräusch überall im Zimmer, dann beginnt die Wanduhr, immer lauter zu "schnurren" (ebd., S.253), bis Marie schließlich ein Lied hört: "Und stärker schnurrte es mit vernehmlichen Worten: 'Uhr, Uhre, Uhre, Uhren, müßt alle nur leise schnurren, leise schnurren. - Mausekönig hat ja wohl ein feines Ohr (. . .)'" (ebd.). Das grammatische Subjekt dieses Satzes ist "es", ein Wort, bei dem man zunächst nicht weiß, wer oder was damit gemeint ist. Das Wort "schnurrte" läßt den Leser zwar vermuten, daß die Uhr singt, denn ein paar Zeilen zuvor wird dieses Verb der Uhr zugeordnet: "Die Wanduhr schnurrte dazwischen lauter und lauter . . ."(ebd.). Unter inhaltlichen Gesichtspunkten kann das Subjekt des Verbs "schnurren" aber auch eine der Mäuse sein, die kurze Zeit später erscheinen. Denn wer sonst hätte die Uhr darauf aufmerksam machen können, daß sie nicht so laut schnurren muß, da der Mausekönig "ein feines Ohr" hat? Normalerweise aber sind es Katzen und nicht Mäuse, die schnurren. Da zur Uhr außerdem eine Eulenfigur gehört, die einen "häßlichen Katzenkopf"(ebd.) hat, läßt sich gleichzeitig eine Verbindung zwischen Uhr und Katze herstellen. Auf jeden Fall eröffnet das Wort "schnurren" in diesem Kontext eine Fülle von Assoziationsketten. Auch das Wort "schlagen" verbindet unterschiedliche Sinnzusammenhänge. Es taucht zuerst in der Bedeutung einer schlagenden Uhr auf. Später gibt der Nußknacker anderen Puppen den Befehl: "Schlagt den Generalmarsch, getreuer Vasalle Tambour!"(ebd., S.257).

Das Schnurren und das Schlagen der Uhr erzeugen Bilder in Maries Alptraum. Aber nicht nur in diesem Alptraum, sondern auch in einem anderen, angenehmen Traum Maries erscheint das Bild einer Uhr, die vom Paten hergestellt wird: das Bild der Spieluhr, die wiederum jenes Schloß darstellt, in dem später Marie und der zum Neffen Droßelmeier verlebendigte Nußknacker leben werden. Als der Neffe Droßelmeier vor Maries Augen erscheint, ist auch der Pate anwesend, der gekommen ist, um eine Uhr zu reparieren. Als der Neffe und Marie ins Wohnzimmer gehen, sagt der Pate: "Spielt nur hübsch miteinander, ihr Kinder, ich habe nun, da alle meine Uhren richtig gehen, nichts dagegen" (ebd.,S.304-305).

Zwei Tatsachen werden hier miteinander verbunden: daß die Uhren richtig gehen und daß Maries Nußknacker als lebender Mensch erscheint. Die Uhren sind anscheinend Maschinen, die die Produktion der Traumbilder in Gang setzen.[10]
Der Uhrmacher kann die Uhren herstellen und reparieren, aber das heißt nicht, daß er Maries Träume bestimmen kann. Wenn die Mechanik einmal hergestellt ist, kann der Uhrmacher sie nicht beliebig ändern oder ihre Funktionsweise bestimmen. Er kann aber in den Traumbildern mitspielen, was Pate Droßelmeier auch gerne tut. Er kann z.B., wie bereits erwähnt, als Puppe in den Traum hineintreten. Dieses Privileg besitzt Pate Droßelmeier, weil er Uhrmacher ist, denn andere Menschen können die Träume nicht betreten. Als Maries Bruder Fritz den Wunsch äußert, auch in das Schloß der Spieluhr zu gelangen, antwortet Pate Droßelmeier ihm, das sei unmöglich. Als Fritz versucht, die Bewegungen der Spieluhr zu ändern, da die immer gleichen Bewegungen der Puppen ihn langweilen, sagt Pate Droßelmeier: "wie die Mechanik nun einmal gedacht ist, muß sie bleiben" (ebd., S.245). Fritz muß feststellen, daß er die Mechanik der Spieluhr nicht beeinflussen kann und zieht deshalb seine Zinnsoldaten hervor, die er nach seinem Willen bewegen kann. Er will im Verhältnis zu den Puppen immer die Position eines aktiven, handelnden Subjekts einnehmen. Im Spiel mit den Zinnsoldaten erlernt er die Rolle des Herrschers, und Maries Vater steht ihm dabei gelegentlich mit einem Rat zur Seite. Zwischen Marie und ihren Puppen hingegen gibt es weder eine Hierarchie noch eine Rollenaufteilung in Subjekt und Objekt. Es ist z.B. erstaunlich, wie höflich Marie ihre Puppe "Mamsell Trutchen" darum bittet, für den verletzten Nußknacker einen Platz im Bett frei zu machen. Marie hat nie den Wunsch, die Puppen der Spieluhr nach ihrem Willen zu bewegen.
Die Uhren sind für Marie keine Gegenstände. Sie nimmt sie als Lebewesen wahr und den Paten Droßelmeier, wenn er die Uhren repariert, als ihren 'Arzt'.

Wenn daher eine von den schönen Uhren in Stahlbaums Hause krank war und nicht singen konnte, dann kam Pate Droßelmeier, nahm die Glasperücke ab, zog sein gelbes Röckchen aus, band eine blaue Schürze um und stach mit spitzigen Instrumenten in die Uhr hinein, so daß es der kleinen Marie ordentlich wehe tat, aber es verursachte der Uhr keinen Schaden, sondern sie wurde vielmehr wieder lebendig und fing gleich an recht lustig zu schnurren, zu schlagen und zu singen, worüber denn alles große Freude hatte (ebd., S.241).

Wie das Zitat zeigt, kann Marie manchmal eine körperliche Verbindung mit der Uhr empfinden. Ihre Träume, die durch die Uhren ausgelöst werden, können deshalb auch an ihrem Körper Spuren - wie z.B. eine Verletzung am linken Arm oder Wundfieber - hinterlassen.

Zum Schluß möchte ich den Uhrmacher unter dem für mich wichtigsten Aspekt - nämlich dem Bezug zur Sprachmagie - untersuchen. Als Marie ihm von ihrem Alptraum erzählt, ahmt der Uhrmacher Droßelmeier singend die Geräusche der Uhren nach. Das "Uhrmacherliedchen" enthält viele onomatopoetische Wörter, die sich dem Geräusch der Uhrenmechanik annähern. Aber auch Maries Traum versucht, diese Geräuschkomplexe nachzuahmen. In einer Szene des Traums heißt es z.B.: "Knack - knack - knack - dummes Mausepack - dummer toller Schnack - Mausepack - knack - knack - Mausepack - krick und krack - wahrer Schnack" (ebd., S.255). Oder: "Da ging - prr - prr - puff, piff - schnetterdeng - schnetterdeng - bum, burum, bum - burum - bum - durcheinander, und dabei quiekten und schrien Mausekönig und Mäuse . . ." (ebd., S.258). Daß Droßelmeier das Uhrmacherliedchen singt, als Marie ihm von ihrem Traum erzählt, legt folgende Vermutung nahe: Das Lied versucht, den Traum nachzuzeichnen, indem es ihn in die Geräusche der Uhr zurückübersetzt. Es ist möglich, daß verschiedene Geräusche aus der Wanduhr ins Ohr des schlafenden Mädchens gelangten und in ihrem Gedächtnis Wörter erweckten, aus denen sich wiederum Traumbilder entwickelten. Die Reaktion des Paten auf Maries Traumerzählung unterscheidet sich wesentlich von der des Chirurgen Wendelstern, der sofort Maries Zustand diagnostiziert und ihr Medikamente gibt. Während das Handeln des Arztes dem Weltbild der Naturwissenschaften entspricht, verhält sich der Pate Droßelmeier wie ein Schamane. Dabei behauptet er, das Uhrmacherliedchen werde einen "Patienten" wie Marie heilen (ebd.,S. 264). Sein Ziel ist also dasselbe wie das des Chirurgen, aber seine Vorgehensweise, die man als magisch bezeichnen kann, ist eine vollkommen andere. Diesen Unterschied beschreiben Adorno und Horkheimer als Unterschied zwischen 'Zauberei' und Wissenschaft:

Auf der magischen Stufe galten Traum und Bild nicht als bloßes Zeichen der Sache, sondern als mit dieser durch Ähnlichkeit oder durch den Namen verbunden. Die Beziehung ist nicht die der Intention sondern der Verwandtschaft. Die Zauberei ist wie die Wissenschaft auf Zwecke aus, aber sie verfolgt sie durch Mimesis, nicht in fortschreitender Distanz zum Objekt (Horkheimer/ Adorno, S.13).

Das Uhrmacherliedchen ahmt die Geräusche aus der Uhr nach. Da die menschliche Sprache aus anderen Lauten besteht als die Geräusche eines Uhrwerks, wird Nachahmung zwangsläufig zu einer Übersetzung. Das Uhrmacherliedchen praktiziert die übersetzende Nachahmung als 'Heilung' für Marie. Marie soll durch die Traumbilder, die sie beschäftigen und quälen, hindurch 'zurück' zur Sprache der Uhren kommen, die diese Bilder verursacht. Zuletzt möchte ich die magische Sprache des Uhrmacherliedchens nochmal zitieren.

"Perpendikel mußte schnurren - picken - wollte sich nicht schicken - Uhren - Uhren - Uhrenperpendikel müssen schnurren - leise schnurren - schlagen Glocken laut kling klang - hink und honk und honk und hank - Puppenmädel, sei nicht bang! - schlagen Glöcklein, ist geschlagen, Mausekönig fortzujagen, kommt die Eul im schnellen Flug - pak und pik und pik und puk - Glöcklein bim bim - Uhren - schnurr schnurr - Perpendikel müssen schnurren - picken wollte sich nicht schicken - schnarr und schnurr und pirr und purr!" (Hoffmann, S.263).

[1] Hoffmann schrieb das Märchen für die Kinder des Freundes Julius Eduard Hitzig. Der Erstdruck befindet sich in der Anthologie "Kindermärchen" (Berlin, 1816), in der auch Märchen von anderen Autoren, z.B. von Fouqué, enthalten sind (vgl. Pikulik, S.95). Später wurde Hoffmanns Märchen in "Die Serapionsbrüder" (1819-1821) aufgenommen.

[2] Nicht ein gemeinsamer Ursprung, sondern eine "Ähnlichkeit" ermöglicht Freuds Übersetzung: "Die Ähnlichkeit des Tabus mit der Zwangskrankheit mag eine rein äußerliche sein, für die Erscheinungsform der beiden gelten und sich nicht weiter auf deren Wesen erstrecken. Die Natur liebt es, die nämlichen Formen in den verschiedensten biologischen Zusammenhängen zu verwenden, z.B. am Korallenstock wie an der Pflanze, ja darüber hinaus an gewissen Kristallen oder bei Bildung bestimmter chemischer Niederschläge. (Freud, Bd.IX, S. 36).

[3] Diese Überraschung folgt aber einer Logik: der des Traums. In seinem Aufsatz "Über den Gegensinn der Urworte" (1910) schreibt Freud über ein Phänomen in der ägyptischen Sprache: ein Wort kann dort "ein Ding und das Gegenteil dieses Dinges" (Freud, Bd.IV, S.230) bedeuten. Freud geht davon aus, daß sich die Darstellungsweise des Traums ähnlich verhält. Der Traum tauscht einen Begriff oft gegen sein Gegenteil aus. Genau wie Kinder spielt der Traum gerne mit solchen Ersetzungen, in dem etwas sein Gegenteil bedeutet. Dieser Austausch ist deshalb möglich, weil die Gegensätze zusammengehören, so wie der Oberleib und der Unterleib gemeinsam einen Körper bilden. So gibt es nach Freud in der ägyptischen Sprache auch Komposita wie z.B. "altjung" oder "fernnah" (ebd., S.231), die man aber jeweils für nur eine der beiden im Wort gesagten Bedeutungen verwendet. Beide Phänomene - die Darstellung einer Bedeutung durch ihr Gegenteil und die Darstellung einer Bedeutung durch ein zusammengesetztes Wort, in dem auch ihr Gegensatz auftaucht - verweisen darauf, daß ein Begriff nur im Verhältnis zu seinem Gegenteil Bedeutung erzeugen kann.

[4] Wahrscheinlich sollte man die 'Seele' des Schamanen besser als Doppelgänger oder als Double bezeichnen. Jean Baudrillard lehnt die verbreitete Annahme ab, daß das Double bei 'primitiven' Völkern "unvollkommene Vorwegnahme der Seele und des Bewußtseins" ist: "Zwischen dem Primitiven und seinem Double gibt es kein Spiegel- oder Abstraktionsverhältnis wie zwischen dem Subjekt und seinem geistigen Prinzip, der Seele, oder zwischen dem Subjekt und seinem moralischen und psychologischen Prinzip, dem Bewußtsein" (Baudrillard, S.221).

5 Freud behauptet, nicht die Unsicherheit, ob die Puppe "beseelt" sei oder nicht, erzeuge das Gefühl des Unheimlichen, sondern das Motiv des Sandmanns, der den Kindern die Augen ausreißt. Da ganz kleine Kinder noch gar nicht scharf zwischen "Belebtem" und "Leblosem" unterscheiden, könne die Unsicherheit der Unterscheidbarkeit bei ihnen keine Angst hervorrufen. Das Gefühl des Unheimlichen speist sich vielmehr aus der Angst vor dem Sandmann, die wiederum auf die kindliche Kastrationsangst zurückzuführen ist: "Das Studium der Träume, der Phantasien und Mythen hat uns dann gelehrt, daß die Angst um die Augen, die Angst zu erblinden, häufig genug ein Ersatz für die Kastrationsangst ist" (ebd., S.243).

6 In Grimms Wörterbuch wird die Figur des Rattenkönigs folgendermaßen beschrieben: "nach älterer vorstellung eine grosze ratte, die sich von dem raube anderer ratten nähren läszt: es wöllend etlich dasz der rat in seinem alter mächtig grosz von den andern jungen gespeiszt werde: wirt bei uns der rattenkönig genannt (. . .) später von ratten, die mit ihren schwänzen in einander verwickelt sind: rattenkönig nennt man bejahrte ratten, wenn mehrere derselben sich mit den schwänzen in einander verwickeln, und also ruhig die verpflegung von ihren jungen erwarten" (Grimm, S.206).

7 Der weiblich konnotierte Mausekönig kann keine väterliche Figur sein, so daß auch Maries Angst nichts mit jener Tierphobie eines kleinen Kindes zu tun hat, die nach Freud in der Angst vor dem Vater begründet ist (vgl. Freud, Bd.IX, S.155). Aber selbst wenn es sich bei der Märchenfigur um einen Rattenkönig handeln würde, würde sich darin keine verschobene Angst vor dem Vater ausdrücken. Diese nämlich macht sich nach M. Wulff, dessen Einschätzung Freud zitiert, an Pferden, Hunden, Katzen oder Hühnern fest, aber nicht an Mäusen und Ratten (vgl. ebd., S.156).

8 Ballet in zwei Akten (3 Szenen), Uraufführung im Dezember 1892 in St. Petersburg. Fritz und Marie heißen in diesem Stück Franz und Klara. Ihr Vater ist der Präsident. In der ersten Szene wird der Onkel "Drosselmeyer" von dem Präsidenten herzlich empfangen. Es ist Heiligabend, deshalb schenkt der Onkel Klara den Nußknacker, um den sie mit ihrem Bruder streitet. Nachts sieht Klara, die nicht einschlafen kann, wie der Nußknacker lebendig wird und einen Krieg gegen eine Mäusehorde führt. Mit Klaras Hilfe besiegt der Nußknacker den Mausekönig. Der Nußknacker will Klara zum Dank in das Reich der Süßigkeiten einladen. Die zweite Szene stellt die Reise dar: Klara und der Nußknacker gehen durch einen Schneesturm ins Königreich der Süßigkeiten. Im Kontrast

zu dem Blut der Mäuse steht die kalte, unschuldige Schönheit von Eiszapfen, Kristallen und Schneeflocken. In der letzten Szene verwandelt sich der Nußknacker in einen schönen Prinzen und betrachtet zusammen mit Klara verschiedene Tänze der Süßigkeiten.

9 Interessant an diesem Stück ist aber, daß die Süßigkeiten zum Schluß eine wichtige Rolle spielen. Sie führen als belebte Wesen verschiedene Tänze auf, bei denen der Nußknacker nicht als der Held im Mittelpunkt steht, sondern zu einem Zuschauer wird. Wie schon erwähnt, verkörpern Süßigkeiten in einem Traum sexuelle Lust. Diese " sexuelle Lust" wird hier nicht etwa als Schuld dargestellt. Im Gegenteil. Im Kontrast zu dem ersten Akt, in dem die Position des 'guten' Siegers und die des 'bösen' Besiegten voneinander klar getrennt werden, wird im zweiten Akt die Lust ohne moralische Hierarisierungen in verschiedenen Gruppen dargestellt. Die erste Gruppe der Tänzer, die "Schokoladen", führt einen spanischen Tanz auf, die zweite Gruppe, "Kaffee", einen arabischen Tanz usw. Ich halte es z.B. für möglich, die Verschiebungen des Begehrens und die Ambivalenz der Figuren, die man in Hoffmanns Text beobachten kann, in dieser Tanzszene darzustellen.

10 Der Auftritt des Neffen und der Kampf des Nußknackers gegen die Mäuse lassen sich als "Träume" lesen. Im Text selbst aber gibt es keine Trennung zwischen Träumen und 'Wirklichkeit'.

Zweites Kapitel

Vom Spielzeug zum Zeug - E.T.A. Hoffmanns Märchen "Das fremde Kind"

1. Gespenster in E.T.A. Hoffmanns Literatur

In seinen "Vorlesungen über die Ästhetik" kritisiert Hegel die Literatur E.T.A. Hoffmanns, indem er sie in die Nähe einer "Krankheit des Geistes" rückt:

In einer anderen Art ist dieser Mangel an innerer substantieller Gediegenheit des Charakters auch dahin ausgebildet, daß jene sonderbaren höheren Herrlichkeiten des Gemüts auf eine verkehrte Weise sind hypostasiert und als selbständige Mächte aufgefaßt worden. Hierher gehört das Magische, Mahnetische, Dämonische, die vornehme Gespenstigkeit des Hellsehens, die Krankheit des Schlafwanderns usf. Das lebendig seinsollende Individuum wird in Rücksicht auf diese dunklen Mächte in Verhältnis zu etwas gesetzt, das einerseits in ihm selber, andererseits seinem Innern ein fremdartiges Jenseits ist, von welchem es bestimmt und regiert wird. In diesen unbekannten Gewalten soll eine unentzifferbare Wahrheit des Schauerlichen liegen, das sich nicht greifen und fassen lasse. Aus dem Bereiche der Kunst aber sind die dunklen Mächte gerade zu verbannen, denn in ihr ist nichts dunkel, sondern alles klar und durchsichtig, und mit jenen Übersichtigkeiten ist nichts als der Krankheit des Geistes das Wort geredet und die Poesie in das Nebulose, Eitle und Leere hinübergespielt, wovon Hoffmann und Heinrich von Kleist in seinem Prinzen von Homburg Beispiele liefern. Der wahrhaft ideale Charakter hat nichts Jenseitiges und Gespensterhaftes, sondern wirkliche Interessen, in welchen er bei sich selbst ist, zu seinem Gehalte und Pathos. Besonders das Hellsehen ist in der neueren Poesie trivial und gemein geworden. In Schillers Tell dagegen, wenn der alte Attinghausen im Augenblick des Todes das Schicksal seines Vaterlandes verkündigt, ist solche Prophezeiung am schicklichen Orte gebraucht. Die Gesundheit des Charakters aber mit der Krankheit des Geistes vertauschen zu müssen, um Kollisionen hervorzubringen und Interesse zu erregen, ist immer unglücklich; deshalb ist auch die Verrücktheit nur mit großer Vorsicht anzuwenden (Hegel, S.315).

Die hier von Hegel vertretene Ansicht, die "dunklen Mächte" sollten aus den Bereichen der Kunst ferngehalten werden, bezeichnet die Gegenposition zu meiner Auffassung, derzufolge die Kunst einen hervorragenden Ort für die Rückkehr der Magie bildet. Wenn Hegel die "dunklen Mächte", das "Magische", die "Gespenstigkeit" oder das "Dämonische" im Kunstwerk entdeckt, projiziert er diese auf den 'krankhaften' Geist des Autors. Interessant ist, daß Hegel hier den Begriff des 'Hellsehens' anführt, mit dem man die Fähigkeit bezeichnen kann, die üblichen Grenzen sinnlicher Wahrnehmung zu überschreiten. Diese Fähigkeit ermöglicht z.B., Geister, die Zukunft oder Geschehnisse an fernen Orten zu sehen. Hegel scheint Hoffmanns Gabe als hellseherischer Dichter nicht negieren zu können, kritisiert jedoch, daß seine Figuren nicht wie etwa bei Schiller das "Schicksal des Vaterlandes" prophezeien, sondern "Jenseitiges und Gespensterhaftes" sichtbar machen.
Der Begriff der Krankheit hat hier zunächst eine metaphorische Bedeutung, insofern er auf einer abstrakten Ebene das bezeichnen soll, was dem "wahrhaft ideale(n) Charakter" äußerlich ist. Aber dann wird die metaphorische "Krankheit des Geistes" auf reale Autorfiguren bezogen, die diese nun verkörpern.
Auch im Schamanismus ist die 'Krankheit' einer Person oft eine Voraussetzung dafür, Geister sehen zu können, eine Technik, um hellseherisch die gängigen Grenzen der Sinneswahrnehmung überschreiten zu können. Mircea Eliade schreibt in "Schamanismus und archaische Ekstasetechnik":

Krankheiten, mehr oder weniger pathogene Träume und Ekstasen sind Mittel, zum Schamanentum zu gelangen. Manchmal bedeuten diese außerordentlichen Erlebnisse einfach die "Erwählung", die von oben kommt, und sind für den Kandidaten nur eine Vorbereitung auf neue Offenbarungen (Eliade, S.43).

Krankheiten werden hier nicht als Negation des normalen Zustandes verstanden, sondern als Mittel, um einen 'anderen' Zustand zu erreichen. Sie werden auch als Zeichen, das von einem Außerhalb der menschlichen Gesellschaft - eben vom "Himmel" - geschickt wird, aufgenommen. Die Wahrnehmung und Entzifferung solcher Zeichen eröffnet die Möglichkeit, "die Verfassung des profanen Menschen" zu überschreiten:

Die außerordentliche Bedeutung der 'Geisterschau' in allen Abarten schamanistischer Initiation erklärt sich aus folgendem: Einen Geist 'sehen', im Traum oder wach, ist ein sicheres Zeichen dafür, daß man irgendwie einen 'Geisterzustand' erreicht, also die Verfassung des profanen Menschen überstiegen hat (ebd., S:95).

Die Deutung der 'gespenstischen' Literatur Hoffmanns als "Krankheiten" findet man in einer anderen Variante auch bei Goethe, der sich in einer Rezension von 1827 zu einem Essay von Walter Scott auch zu Hoffmanns Literatur äußert:

Wir können den reichen Inhalt dieses Artikels unsern Lesern nicht genugsam empfehlen: denn welcher treue für Nationalbildung besorgte Teilnehmer hat nicht mit Trauer gesehen, daß die krankhaften Werke des leidenden Mannes (E.T.A. Hoffmann, Y.T.) lange Jahre in Deutschland wirksam gewesen und solche Verirrungen als bedeutend-fördernde Neurigkeiten gesunden Gemütern eingeimpft worden (Goethe, S.928).

Das "Krankhafte" der Werke wird hier an ein Leiden der Schriftstellerperson gebunden. Interessanterweise interpretiert Goethe, ähnlich wie Hegel, Hoffmanns Literatur als Hindernis für die "Nationalbildung". Dem Haß gegen 'krankhafte' Literatur scheint der Wunsch zugrunde zu liegen, Literatur als Stützpfeiler für die Gründung einer 'Nation' verwerten zu können.
Jenseits von solchem Haß gegen 'krankhafte' Literatur versteht Walter Benjamin den Geisterseher Hoffmann als einen Autor, der die Fähigkeit besaß, die zugleich mit der Moderne hervorgebrachten Dämonen wahrzunehmen. In "Das dämonische Berlin", einem als Rundfunksendung für Kinder und Jugendli-

che konzipierten Beitrag, bezeichnet Benjamin E.T.A. Hoffmann als "Physiognomiker" der Stadt, der ihre dämonischen Gesichter gelesen und dargestellt habe. Benjamins Begriff der Physiognomie steht in einem kritischen Verhältnis zu jener Physiognomie, die menschliche Gesichter charakterisiert und klassifiziert, um Menschen und ihre Charaktere moralisch zu bewerten. Johann Caspar Lavater, der berühmte Vertreter dieser physiognomischen Tradition, schrieb sogar jeder 'Rasse', jedem 'Geschlecht' und jeder 'Klasse' eine grundlegende Physiognomie zu, die er mit 'Qualitätsmerkmalen' verband. Er versuchte, Körperlichkeit als fixierbare Materie zu fassen und in eindeutige Zeichen zu transformieren. Seine Texte schaffen Voraussetzungen für spätere rassistische Ideologien, die in solchen Körperbildern ihre Bestätigung finden.
Für Benjamin ist die Physiognomie eine Wahrnehmungsfigur, in der Gegenstände, Traumbilder oder auch Architektur als mehrdeutige Texte 'gelesen' werden. Dabei werden oft ideologisch festgelegte Hierarchien zwischen Gattungen, Gegenständen und Themen in Frage gestellt. Das Spielzeug z.B. wird von diesem 'Physiognomiker der Dingwelt' genauso ernst genommen, aufmerksam betrachtet und präzise 'gelesen' wie die Dichtung von Baudelaire.
Dieser Hintergrund verdeutlicht, welche Bedeutung es hat, wenn Benjamin E.T.A. Hoffmann als einen der wichtigsten "Physiognomiker" bezeichnet, der die dämonischen Gesichter der Stadt Berlin gelesen und sie auch im Ausland bekannt gemacht habe.

Wie vielen großen Dichtern ist es ihm (Hoffmann, Y.T.) so ergangen, daß er das Außerordentliche nicht irgendwo frei im Raume schwebend, sondern an ganz bestimmten Menschen, Dingen, Häusern, Gegenständen, Straßen usw. gesehen hat. Wie ihr vielleicht gehört habt, nennt man Leute, die andern Menschen am Gesicht, oder am Gang, oder an den Händen, oder an der Kopfform ihren Charakter oder ihren Beruf oder ihr Schicksal ansehen, Physiognomiker. So war Hoffmann weniger ein Seher als ein Anseher. Das ist nämlich die deutsche Übersetzung von Physiognomiker (Benjamin, Bd.VII, S.91).

Die Gespenster, Geister oder Dämonen, die in Hoffmanns Literatur auftauchen, sind nichts anderes als Verkörperungen der dämonischen Züge in den Gesichtern der Stadt. Während diese Gesichter dem Physiognomiker Wahrnehmungsfiguren bilden, sind die dämonischen Personen im literarischen Text Darstellungsfiguren. Hoffmanns Texten liegt die Übersetzung der Gesichter der Stadt in literarische Figuren zugrunde. Durch ihre Vermittlung können die Leser Spuren der verborgenen Gesichter der Großstadt wahrnehmen.
Auf die Frage, warum Hoffmann 'gespenstische' Texte geschrieben habe, antwortet Benjamin:

Wozu hat Hoffmann diese Geschichten geschrieben? Gewiß, er hat sich keine bewußten Zwecke damit gesetzt. Wohl aber können wir sie lesen, als ob er dergleichen Zwecke sich dabei gesetzt hätte. Und diese Zwecke können dann keine anderen sein als eben physiognomische. Als eben: zu zeigen, dieses platte, nüchterne, aufgeklärte, verständige Berlin steckt nicht nur in seinen mittelalterlichen Winkeln, abgelegenen Straßen, öden Häusern, sondern auch in seinen berufstätigen Bewohnern aller Stände und Stadtviertel voll von Dingen, die einen Erzähler reizen und denen man nur auf die Spur kommen, die man ihnen ansehen muß (ebd.).

Indem Benjamin das Moment des "Ansehens" betont, wird deutlich, daß die Gespenster in Hoffmanns Literatur Figuren sind, die aus genauen Beobachtungen hervorgegangen und nicht etwa Halluzinationen eines krankhaften Geistes sind.
Die Figuren, mit denen Hoffmann die dämonischen Gesichter der Stadt darstellt, haben manchmal menschliche Gestalt, sind z.B. Medizinräte, Äpfelverkäuferinnen, Studenten oder Musikanten. Aber sie ähneln auch schwebenden Erinnerungen an die Toten. Die Texte vollziehen einen doppelten Vorgang der literarischen Übersetzung: Das Gesicht der Stadt wird übersetzend an ihren Bewohnern und an den Stadtbildern gelesen, und das so gelesene Gesicht wiederum wird in literarische Stadtbilder und Figuren übersetzt. Die beiden Arbeiten - Beobachtung und Dichtung - gehören eng zusammen. Der Eßtisch verkörpert den Platz, an dem das Beobachten der

Außenwelt und die Entstehung einer Erzählung zusammenkommen.

Hoffmann ist ja kein Romanschreiber sondern ein Erzähler gewesen, und selbst im Buche haben viele seiner Geschichten, wenn nicht die meisten, einen, dem sie in den Mund gelegt werden. Im Grunde ist natürlich immer Hoffmann selbst dieser Erzähler, der mit Freunden um einen Tisch sitzt, an dem jeder der Reihe nach etwas zum besten gibt. Einer von Hoffmanns Freunden sagt uns denn auch ausdrücklich, daß er niemals im Weinhause müßig war, wie man so viele sitzen sieht, die nichts tun als nippen und gähnen. Er schaute vielmehr mit seinen Falkenaugen überall umher; was er an Lächerlichkeiten, Auffallendem, selbst an rührenden Eigenheiten bei den Weingästen bemerkte, wurde ihm zur Studie für seine Werke, oder er brachte es - denn Hoffmann konnte sehr gewandt zeichnen - mit kräftiger Feder auf das Papier (ebd., S.90-91).

Benjamin stellt hier eine kleine Szene vor, die anhand der Person des Schriftstellers die untrennbare Verknüpfung zwischen Beobachten und Erzählen bei Hoffmann verdeutlicht. Diese beiden Tätigkeiten werden wiederum mit der des Lesens in Zusammenhang gebracht, indem Benjamin auch seine ersten Erfahrungen der Lektüre Hoffmanns an einem Eßtisch lokalisiert. Er erinnert sich an einen Eßtisch, an dem er als Kind Hoffmanns Bücher las. Da es ihm von seinen Eltern verboten worden war, mußte er sie heimlich während ihrer Abwesenheit lesen.

Und ich erinnere mich an so einen Leseabend, an dem ich unter der Hängelampe am riesigen Eßzimmertisch allein saß (. . .) im ganzen Hause kein Laut, und während ich in den "Bergwerken zu Falun" las, alle Schrecken wie Fische mit stumpfen Mäulern sich allmählich in der umgebenden Dunkelheit um die Tischkanten sammelten, so daß meine Augen wie an eine rettende Insel sich auf die Buchseiten hefteten, aus denen doch all diese Schrecken kamen (ebd., S.88).

Die physiognomische Lektüre der Stadt oder der Dingwelt, das Erzählen als Übersetzung des so 'Gelesenen' in eine literarische Sprache und die Lektüre dieser Literatur, durch die sich nun die verborgenen Gesichter der Dingwelt zeigen, diese drei Vorgänge sind in der Literatur Hoffmanns miteinander verbunden[1].

Die räumliche Inszenierung der Erzählsituation, deren Mitte ein Tisch bildet, findet sich auch in der Rahmenhandlung des Textes "Die Serapionsbrüder" wieder, jener vier Sammelbände, die Hoffmann zwischen 1819 und 1821 auf Empfehlung des Berliner Verlagsbuchhändlers Georg Andreas Reimer publizierte. Er stellte darin neunundzwanzig größtenteils bereits veröffentlichte Texte zusammen und schrieb dazu eine Rahmenerzählung. Die meisten dieser Texte sind Erzählungen, drei davon werden von Hoffmann als Märchen bezeichnet: "Nußknacker und Mausekönig", "Das fremde Kind" und "Die Königsbraut". Vier Freunde - Lothar, Theodor, Ottmar und Cyprian - beschließen, sich einmal in der Woche zu treffen, um einander Geschichten zu erzählen bzw. vorzulesen. Nur diejenigen werden in den Kreis aufgenommen, die dem "serapiontischen Prinzip" entsprechen. Dem serapiontischen Prinzip zufolge ist die Fähigkeit zu erzählen wesentlich und unverzichtbar an die Fähigkeit gebunden, etwas 'anzusehen'. Die Aufnahme eines Freundes namens Leander in den Kreis der Freunde wird z.B. von Ottmar mit folgender Begründung abgelehnt: "Alles, was er (Leander, Y.T.) schafft, hat er gedacht, reiflich überlegt, erwogen, aber nicht wirklich geschaut" (Hoffmann, S.121). Wenn man wie Benjamin Hoffmanns Literatur als die eines 'Ansehers' versteht, gilt das serapiontische Prinzip nicht nur für "Die Serapionsbrüder", sondern allererst für ihren Verfasser und seine Schriften.
Die Rahmenerzählung in "Die Serapionsbrüder" macht den Leser auf intertextuelle Bezüge zwischen den einzelnen Geschichten aufmerksam. Nach jeder Erzählung folgt ein kurzes Gespräch zu diesen Bezügen. So äußert Ottmar z.B. seine Kritik, nachdem Lothar das Märchen "Das fremde Kind" vorgelesen hat.

". . . es ist wahr, dein 'Fremdes Kind' ist ein reineres Kindermärchen als dein 'Nußknacker', aber verzeih mir, einige verdammte Schnörkel, deren tieferen Sinn das Kind nicht zu ahnen vermag, hast du doch nicht weglassen können" (ebd., S.62).

"Das fremde Kind" bildet durch diesen Kommentar gemeinsam mit "Nußknacker und Mausekönig" ein 'Paar'. Auch durch die Komposition des Buches sind beide Märchen aufeinander bezogen: "Nußknacker und Mausekönig" ist der letzte Text des ersten Bandes, so wie "Das fremde Kind" der letzte des zweiten Bandes ist. In beiden Texten spielt das Spielzeug eine wesentliche Rolle.

2. Das erste Spielzeug

In einer Szene des Märchens "Das fremde Kind" zeigt sich das dämonische Gesicht der Dingwelt wie in einem Alptraum. Zwei Kinder, das Mädchen Christlieb und ihr Bruder Felix verlaufen sich bei heulendem Sturm und sich murmelnd näherndem Donner im Wald. Der Wald ist ihr Spielplatz, so daß sie sich dort eigentlich gut auskennen, aber an diesem Tag verwandelt er sich in einen fremden Raum, in dem ihnen ihr Wissen nicht mehr hilft. Sie verlaufen sich und hören plötzlich die Stimmen der Puppen: "Dumme Dinger! - einfältig Volk - habt uns verachtet - habt nicht gewußt, was ihr anfangen sollt, nun könnt ihr sitzen ohne Spielsachen, ihr einfältigen Dinger!" (ebd., S.613). Im nächsten Moment erscheinen die Jäger-Puppe und die Harfenmann-Puppe, die Felix einst an dieser Stelle ins Gebüsch geworfen hatte. Die Kinder fliehen auf der Stelle und gelangen an einen Teich. Dort aber erhebt sich aus dem Schilf Christliebs Puppe, die Felix ebenfalls früher einmal fortgeschmissen, d.h. im Teich versenkt hatte. Diese Puppe spricht denselben Satz wie die beiden anderen - ein Satz, der an die mechanisch-lautmalerische Sprache von Droßelmeier im Märchen "Nußknacker" erinnert. Die Puppen, das liebliche Spielzeug, das die Kinder einst von ihren Vettern geschenkt bekamen, zeigt an diesem Tag im Wald ein dämonisches Gesicht.

Christlieb und Felix sind Kinder des verarmten Adligen Thaddäus von Brakel, der ein schlichtes Leben in der Provinz führt. Sie besitzen außer den Puppen kein Spielzeug und spielen am liebsten im Wald. Die Mutter, die sonst mit diesem Spiel einverstanden ist, verbietet den Kindern den Besuch im Wald erst, als der reiche Verwandte Cyprianus von Brakel mit seiner Familie zu Besuch kommt. Sie fürchtet, der Besuch könne die schmutzig aus dem Wald heimkehrenden Kinder verachten. In diesem Moment wird der Wald zu einem verbotenen Ort.

"Nein, nein, bleibe nur fein in der Stube. Ich weiß schon, wie es geht, sowie du hinausläufst, muß Christlieb hinterdrein, und dann husch, husch durch Busch und Dorn, hinauf auf die Bäume! Und dann kommt ihr zurück, erhitzt und beschmutzt, und der Onkel sagt: 'Was sind das für häßliche Bauernkinder, so dürfen keine Brakels aussehen, weder große noch kleine" (ebd., S.574).

Wenn Frau Brakel hier beschreibt, wie die Kinder im Wald spielen, wird ihre Sprache plötzlich rhythmisch und mimetisch: "husch, husch durch Busch und Dorn, hinauf auf die Bäume". Im Rhythmus ihrer Sprache artikuliert sich ein unbewußtes Wissen um die Lust der Kinder beim Spiel im Wald, während ihre 'Vernunft' sie dazu zwingt, sich an den Wertvorstellungen des Verwandtenbesuchs zu orientieren. Für Cyprianus sind die ihn nun umgebende Armut und die Natur häßlich, und die "Stube" wird ihm zum Raum, der sowohl vor den armen Bauern als auch vor der Wildnis schützt. Felix protestiert dagegen, daß seine Mutter den Ausdruck "häßliche Bauernkinder" verwendet, und Christlieb stimmt ihm sofort mit neu erweckter Aufmerksamkeit zu: "und ist nicht auch des Schulzen Grete ein hübsches Kind, obwohl sie lange nicht solche schöne rote Bandschleifen hat als ich?" (ebd., S.575). Die Schönheit der Bauernkinder war für die Geschwister bis dahin eine Selbstverständlichkeit. Grund dafür ist nicht etwa eine Ideologie, die 'Natürlichkeit' mit Schönheit per definitionem gleichsetzt, sondern diese Haltung erwächst aus jeweils konkreten Einzelwahrnehmungen. So erwähnen Christlieb und Felix die Bauernkinder z.B. namentlich, beschreiben sie jeweils individuell, während der erwartete Besucher nur mit der abstrakten Bezeichnung "gnädiger Herr Onkel" bedacht wird.

Dieser Besuch versetzt die Kinder in eine Situation, in der sie ihre bisherigen Wahrnehmungen verteidigen müssen. Die bereits zitierte Rede der Mutter bildet nur die Vorstufe dieser neuen, sich weiter entwickelnden Situation. Die Mutter reagiert zwar ablehnend, wenn die Kinder ihre Wahrnehmungen äußern - sie sagt z.B.: "Sprecht nicht solch dummes Zeug!" (ebd.) -, aber dabei wird deutlich, daß sie lediglich die Sichtweise Cyprianus' vertritt: "ihr versteht das nicht, wie es der gnädige Onkel meint" (ebd.).

Der Besuch der Verwandten markiert den Beginn der Auseinandersetzung mit einer neuen Macht, die versucht, die Kinder von ihrer bisherigen Lebensweise zu trennen. Dieser Trennung ist eine Hierarchisierung eingeschrieben, in der der Wald, die Bauernkinder und deren Wissen auf die unterste Stufe gestellt werden. Der ganz andere Lebensstil des Cyprianus von Brakel zeigt sich besonders deutlich an seinem Fahrzeug:

Endlich ließ sich ein starkes Pferdegetrappel vernehmen, und eine Kutsche fuhr vor, die so blank und mit goldenen Zieraten reich geschmückt war, daß die Kinder in das größte Erstaunen gerieten, denn sie hatten dergleichen noch gar nicht gesehen (ebd., S.575).

Auch der leuchtende Schmuck, den Cyprianus trägt, wird betont.

Der hagere Mann, Cyprianus von Brakel geheißen, war zwar der leibliche Vetter des Herrn Thaddäus von Brakel, indessen weit vornehmer als dieser. Denn außer dem, daß er den Grafentitel führte, trug er auch auf jedem Rock, ja sogar auf dem Pudermantel, einen großen silbernen Stern (ebd.,S.577).

Weitere 'Schmuckstücke', die Cyprianus' Status ausweisen sollen, sind seine wohlerzogenen und gebildeten Kinder Herrmann und Adelgunde. Auch sie sind herausgeputzt und mit

glänzenden Dekorationen geschmückt. Anders als Christlieb und Felix besitzen sie zudem Kenntnisse über historische Ereignisse, Sterne, Pflanzen und exotische Tiere, die sie noch nie gesehen haben. Als Felix, der dieses Wissen unsinnig findet, die Mutter fragt, was Herrmann und Adelgunde da "schwatzen und plappern", lautet die Antwort "Wissenschaften". Der Begriff wird im Märchen nur ironisch gebraucht. So formuliert z.B. Felix eine unorthodoxe, respektlose Definition von "Wissenschaften", als Sprechen über Dinge, die man noch nie gesehen hat. Die Kinder Cyprianus' fürchten sich z.B. vor seinem geliebten Hund, obwohl sie viel über Tiere wissen.
Der Besuch hinterläßt bei Christlieb und Felix zwei sichtbare Spuren. Zum einen wird ihnen Spielzeug geschenkt, zum anderen verspricht Cyprianus, bald einen Hauslehrer für die beiden zu schicken. Der Auftritt des Spielzeugs auf der Bühne des Märchens gleicht dem eines berühmten Schauspielers, eines Stars. Die Szene, in der das in Geschenkpapier gewickelte Spielzeug ausgepackt wird, schlägt einen anderen Ton an, und die direkte Anrede an den Leser - "Nun, o, meine vielgeliebten Leser!"; "Denkt euch (. . .)" - schreibt dem Spielzeug eine faszinierende Wirkung zu (ebd., S.581).
Bis zu dieser Stelle wurden zwei deutlich voneinander unterschiedene Welten beschrieben. In der ersten Welt, in der Christlieb und Felix leben, gibt es keine hierarchische Trennung zwischen adligen Kindern und Bauernkindern, zwischen der Stube im Schloß und dem Wald. Die zweite Welt hingegen ist durch Aufklärung und technischen bzw. wissenschaftlichen Fortschritt geprägt. Der Eintritt des Spielzeugs in die erste Welt löst Verwirrung aus, weil es zwar aus der zweiten Welt stammt, Christlieb und Felix aber dennoch davon fasziniert sind. Worauf beruht diese Faszination?

Übrigens machte dem Felix von den Spielsachen nichts mehr Freude als ein stattlicher Jägersmann, der, wenn man ein kleines Fädchen, das hinten unter seiner Jacke hervorragte, anzog, die Büchse anlegte und in ein Ziel schoß, das drei Spannen weit vor ihm angebracht war. Nächstdem schenkte er seine Liebe einem kleinen Männchen, das Komplimente zu machen verstand und auf einer Harfe quinkerte, wenn man an einer Schraube drehte; vor allen Dingen gefiel ihm aber eine Flinte und ein Hirschfänger, beides von Holz und übersilbert, sowie eine stattliche Husarenmütze und eine Patronentasche. Christlieb hatte große Freude an einer sehr schön geputzten Puppe und einem saubern vollständigen Hausrat (ebd., S.582).

Das Spielzeug lebt im Unterschied zur Wissenschaft von der Mimesis. Die Harfe spielende Puppe fasziniert Christlieb und Felix, weil sie die Bewegungen eines Harfe spielenden Menschen nachahmt. Bei der Jägersmann-Puppe erkennt Felix Details wieder, die er von wirklichen Jägern kennt. Christlieb kann ihre Puppe wie eine echte Dame immer wieder anders ankleiden. Diese Nachahmungen und Wiederholungen bereiten den spielenden Kindern Freude. Diese Faszination dauert aber in ihrer Totalität nicht sehr lange an. Bald spüren die Kinder Sehnsucht nach dem Wald, möchten sich allerdings nicht ganz von ihrem Spielzeug trennen. In einem Kompromiß nehmen sie das Spielzeug mit in den Wald. Dort aber zeigt das neue, glänzende Spielzeug ein häßliches Gesicht. Christlieb stellt fest, daß die Musik, die der Harfenmann spielt, im Wald nicht mehr so schön klingt wie zu Hause.

"Weißt du wohl, lieber Felix, daß dein Harfenmann gar nicht hübsch spielt? Hör nur, wie das hier im Walde häßlich klingt, das ewige Ting-Ting-Ping-Ping, die Vögel kucken so neugierig aus den Büschen, ich glaube, sie halten sich ordentlich auf über den albernen Musikanten, der hier zu ihrem Gesange spielen will" (ebd., S.583).

Auch Felix stellt fest, daß diese Musik häßlich sei, und dreht verzweifelt so heftig an einer Schraube, daß der Harfenmann kaputtgeht. Der Junge wirft die kaputte Puppe verärgert "in das tiefste Gebüsch" und bezeichnet sie dabei als "dumme(n) alberne(n) Kerl, der schlechtes Zeug ausspielte"(ebd., S.584). Verglichen mit dem Gesang der Waldvögel scheint ihm die mechanische Puppen-Musik wertloses "Zeug" zu sein. Dieses Wort hat Felix schon einmal für von Cyprianus erhaltene Bonbons benutzt, die nicht einmal sein Hund fressen mochte, so daß Felix sagte: "Siehst du wohl, nicht einmal Sultan mag das garstige Zeug fressen" (ebd., S.582). Alles, was von Cyprianus stammt, ist für Felix wertloses "Zeug". Nachdem er auch den Jägersmann ins Gebüsch geworfen und Christliebs Puppe im Teich versenkt hat, bezeichnet er Spielzeug als "(n)ichtsnütziges Zeug" (ebd., S.586).

Das Spielzeug hat sich in "Zeug" verwandelt. Aber dieses Zeug läßt sich nicht einfach vernichten. Es erzeugt anderes Zeug, so daß eine Kette von Erzeugnissen entsteht. Das weggeworfene Spielzeug verschwindet nicht, sondern kehrt wie verdrängte Erinnerungen aus dem dunklen Gebüsch zurück und spricht zu den Kindern. In diesem Moment ähnelt der Wald einem Traum, einem Alptraum, in dem das Spielzeug als Monstrum erscheint[2].

Als die Kinder den Eltern das Erlebte erzählten, bezeichnet die Mutter ihrerseits diese Geschichten als "(v)errücktes Zeug" und klammert auf diese Weise die Wiederkehr des Spielzeugs aus der Wirklichkeit aus: "Das sind tolle Einbindungen (. . .) wenn euch draußen im Walde solch verrücktes Zeug träumt, sollt ihr gar nicht mehr hingehen, sondern im Hause bleiben" (ebd., S.614). "Zeug" meint hier den Inhalt eines Alptraums, der nicht im Schlaf, sondern im Wald geträumt wird.

Der Text führt dem Leser verschiedene Bedeutungen des Wortes "Zeug" vor. Das Spielzeug ist das erste "Zeug" im Leben von Christlieb und Felix. Es schafft einen Platz, der immer wieder mit anderem "Zeug" gefüllt wird. Die Kinder können diese Veränderung, durch die sie ihre unmittelbare Lust am Wald für immer verlieren, nicht rückgängig machen. Nachdem sie die kaputten Puppen weggeworfen haben, versuchen sie, wie früher ohne Spielzeug im Wald zu spielen. Aber es gelingt ihnen nicht mehr. Felix wirft sich jetzt vor, er habe mit dem Spielzeug nicht richtig umgehen können, weil es ihm an "Wissenschaften" fehle. Der Verlust des Spielzeugs bildet den Kontext, in dem der Junge den vorher verachteten Begriff "Wissenschaften" akzeptiert. Bis zum Eintritt des Spielzeugs in die Welt der beiden Kinder fehlte ihnen nichts. Erst jetzt vermuten sie, daß es Fähigkeiten gibt, die sie nicht haben, und nennen diese "Wissenschaften". Spielzeug und Wissenschaften sind also zwei Seiten einer Medaille, zwei Seiten einer neuen Welt, die mit Cyprianus Brakel in ihr Leben getreten ist.

3. Das fremde Kind

Während Christlieb und Felix um den Verlust des Spielzeugs trauern und beklagen, daß es ihnen an 'Wissenschaften' fehle, erscheint ein fremdes Wesen im Gebüsch:

Aus dem tiefsten Schatten des dunklen Gebüsches, das den Kindern gegenüber lag, blickte ein wundersamer Schein, der wie sanfter Mondesstrahl über die vor Wonne zitternden Blätter gaukelte, und durch das Säuseln des Waldes ging ein süßes Getön, wie wenn der Wind über Harfen hinstreift und im Liebkosen die schlummernden Akkorde weckt. Den Kindern wurde ganz seltsam zumute, aller Gram war von ihnen gewichen, aber die Tränen standen ihnen in den Augen vor süßem, nie gekanntem Weh. So wie lichter und lichter der Schein durch das Gebüsch strahlte, so wie lauter und lauter die wundervollen Töne erklangen, klopfte den Kindern höher das Herz, sie starrten hinein in den Glanz, und ach! sie gewahrten, daß es das von der Sonne hell erleuchtete holde Antlitz des lieblichsten Kindes war, welches ihnen aus dem Gebüsch zulächelte und zuwinkte (ebd., S.588).

Das Kind der Feenkönigin, das im Text "das fremde Kind" heißt, erscheint zuerst als Licht und Klang. Das Licht wird genau an der dunkelsten Stelle, nämlich im tiefsten Schatten des Gebüsches sichtbar. Das Motiv der tiefen Finsternis ist auch im Kontext des ganzen Sammelbandes "Die Serapionsbrüder" von Bedeutung. In der Rahmenerzählung spricht Lothar, der "Das fremde Kind" erzählt, bereits bei dem ersten Treffen der Freunde von der 'Finsternis'.

"Eitles Mühen, sich entgegenzustemmen der unbezwinglichen Macht der Zeit, die fort und fort schafft in ewigem Zerstören. Nur die Schattenbilder des in tiefe Nacht versunkenen Lebens

bleiben zurück und walten in unserm Innern und necken und höhnen uns oft wie spukhafte Träume" (ebd., S.9).

Die Dialektik zwischen der Macht der Zeit und den Schattenbildern zeigt sich auch im "Fremden Kind". Die Faszination, die das Spielzeug auslöst, und die nachfolgende Enttäuschung sind an das Vergehen der Zeit gebunden. Ungelöste Rätsel und Trauergefühle bleiben zurück als Abfallprodukte - wie die kaputten Puppen. Aber die Abfälle kehren wie Schattenfiguren eines Traumes zurück und lösen Furcht, Schmerz oder Abscheu aus.
Auch das fremde Kind kommt aus der Dunkelheit, gehört aber zunächst nicht zu den "Schattenbildern". Sein Gesicht wird vom Licht der Sonne beleuchtet. Die Tatsache, daß das fremde Kind wie die dämonischen Puppen dem Busch entstammt, durchkreuzt jedoch bereits hier die Deutung, es stelle eine Allegorie der "Unschuld" oder der "Reinheit" dar.
In "Homo ludens" von Johan Huizinga erfährt man von einem spannenden Zusammenhang zwischen dem Licht und dem Spiel. Im Kontext seiner Analyse von Bezeichnungen für "Spiel" in verschiedenen Sprachen berichtet Huizinga, daß es im Sanskrit bei den Bezeichnungen, die der heutigen Vorstellung vom 'Spiel' entsprechen, mindestens vier Wortstämme gibt. Einer der Wortstämme ist "las-":

In der Wurzel las-, von der vilàsa kommt, stecken vereinigt die Bedeutungen von Strahlen, plötzlichem Erscheinen, Ertönen, hin- und herbewegen, Spielen und 'Beschäftigtsein' im allgemeinen oder etwas Treiben (Huizinga, S.37).

Die anderen drei Wortstämme sind mit den für uns vertrauteren Bildern des Spiels verbunden, so z.B. die Bewegung des Windes und der Wellen, der Tanz, das Scherzen, Scheinhaftigkeit oder Leichtigkeit. Verglichen damit mutet die Beziehung zwischen Spiel und Strahlen fremd an. Um so verblüffender ist die Übereinstimmung zwischen diesem Wortstamm und der Figur des fremden Kindes, das wie ein *Lichtstrahl plötzlich erscheint, um zu spielen.*

Das Gesicht des fremden Kindes hat keine feste Form aus Fleisch und Knochen. Wieder zu Hause angekommen, behauptet Christlieb, das fremde Kind sei ein Mädchen gewesen und habe ein schönes Kleid getragen. Felix hingegen ist der Überzeugung, es sei ein Junge im Jägerkleid gewesen. Das fremde Kind wird sowohl für Christlieb als auch für Felix zur Identifikationsfigur. Während die Kinder im Augenblick seiner Anwesenheit etwas Gestaltloses wahrnehmen, das z.B. einem Mondstrahl gleicht, nimmt das fremde Kind in der späteren Rekonstruktion der Erinnerung feste Konturen an, die von Idealvorstellungen bestimmt werden und Identifikationsmöglichkeiten bieten.

Am Ende des Märchens erscheint das fremde Kind als reines Licht, das keinerlei Gestalt mehr erkennen läßt. Sein Glanz ist so kraftvoll, daß Christlieb und Felix die Augen schließen müssen. Die ebenfalls anwesende Mutter kann das fremde Kind nicht sehen. Stattdessen sieht sie ihre beiden Kinder in funkelndem Gold. Bei diesem Anblick empfindet sie Freude und Trost und ist zum ersten Mal bereit, an die Existenz des fremden Kindes zu glauben. Diese letzte Szene lädt den Leser zu der Vorstellung ein, daß die Figur des fremden Kindes die Fähigkeiten der Kinder, z.B. ihre Fähigkeit, Lust am Wald zu empfinden, verkörpert. Es trägt das Attribut 'fremd', obwohl es die den Kindern zunächst vertrauten, ihnen eigenen Fähigkeiten verkörpert, die nach ihrer Konfrontation mit den tatsächlich fremden Fähigkeiten der 'Wissenschaften' des Cyprianus jedoch nicht mehr so unmittelbar zugänglich sind.

Beim ersten Erscheinen läßt sich das fremde Kind nicht nur als Licht, sondern auch als Klang wahrnehmen. Christlieb und Felix hören "das Säuseln des Waldes", "ein süßes Getön" und "die wundervollen Töne". Das fremde Kind erscheint wie eine Summe der verschiedenen Töne des Waldes, und während die Kinder immer genauer seinem Klang lauschen, können sie ihm selbst eine Gestalt geben.

Bereits vor dieser Begegnung haben die Kinder Naturgeräusche sehr genau wahrgenommen. Jetzt aber verstehen sie die Stimmen der Tiere, die Geräusche der Pflanzen oder des Wassers als Sprachen. Dabei spielt das fremde Kind die Rolle eines außergewöhnlichen Übersetzers. Es übersetzt nicht etwa die Sprache der Natur in die Sprache der Kinder, sondern nur durch seine Anwesenheit verwandeln sich die Geräusche der Natur in eine menschliche Sprache. Dieses Phänomen läßt vermuten, daß das fremde Kind latente Fähigkeiten der Kinder aktiviert und verkörpert.

Lustig und sehr hübsch zugleich war es, daß das fremde Kind während des Spielens so zierlich und gescheit mit den Bäumen, Gebüschen, Blumen, mit dem Waldbach zu sprechen wußte. Alle antworteten auch so vernehmlich, daß Felix und Christlieb alles verstanden (Hoffmann, S.593).

Nicht nur Pflanzen, sondern auch der nach herkömmlichen Kategorien unbelebte Waldbach hat eine Sprache, die durch die Anwesenheit des fremden Kindes verständlich wird. Geht man davon aus, daß die Geräusche im Wald keine bestimmte Bedeutung haben, so sind sie auch nicht in eine repräsentative Sprache übersetzbar. Durch die Anwesenheit des fremden Kindes bekommen die Naturgeräusche zwar eine Bedeutung, diese hat jedoch keinen Platz in der 'Wirklichkeit'. Um diese Bedeutung zu bezeichnen, wird wieder das Wort "Zeug" verwendet: "Unter diesem Gezelt saßen mit dem fremden Kinde Felix und Christlieb und horchten darauf, was der Waldbach allerlei seltsames Zeug durcheinanderplauderte" (ebd.,S.595). Hier wird deutlich, daß das Wort "Zeug" keine Abwertung impliziert, sondern eher auf einen Zusammenhang mit dem Spielzeug verweist, dessen Verlust die Kinder befähigt, Naturgeräusche zu verstehen.

4. Von der Magie des anderen Spielzeugs

Als Felix dem fremden Kind vom verlorenen Spielzeug erzählt und sich Vorwürfe wegen des Verlustes macht, antwortet es: "Das Zeug, das du weggeworfen hast, das hat gewiß nicht viel getaugt, du so wie Christlieb, ihr seid ja beide ganz umgeben von dem herrlichsten Spielzeuge, das man nur sehen kann" (ebd., S.589). Hier wird das übliche Spielzeug als 'Zeug' verworfen, und eine ganz andere Art von Spielzeug tritt an seine Stelle: Blumen, Steine, Muscheln und goldene Käfer. Bis dahin war all das Bestandteil des Waldes, so wie auch die Kinder selbst ein Teil des Waldes waren. Jetzt nehmen sie durch die Vermittlung des fremden Kindes die Naturgegenstände als Spielzeug wahr.

Die Kunst des fremden Kindes besteht nicht nur darin, schöne Steine und Blumen zu entdecken, es kann auch aus der Materie, die es im Wald findet, Puppen herstellen, die sich nicht durch Mechanik bewegen, sondern durch Magie belebt werden.

Nun pflückte das fremde Kind Grashalme und brach kleine Ästchen von den Bäumen, die es hinstreute vor Felix und Christlieb. Aber aus den Grashalmen wurden bald die schönsten Puppen, die man nur sehen konnte, und aus den Ästchen kleine allerliebste Jäger. Die Puppen tanzten um Christlieb herum und ließen sich von ihr auf den Schoß nehmen und lispelten mit feinen Stimmchen: "Sei uns gut, sei uns gut, liebe Christlieb." Die Jäger tummelten sich und klirrten mit den Büchsen und bliesen auf ihren Hörnern und riefen: "Hallo! - Hallo! zur Jagd, zur Jagd!" (ebd., S.590)

Das fremde Kind vermag aus Naturelementen Puppen herzustellen, die sprechen können. Aus einem Teil der Natur wird ein Erzeugnis, ein Zeug, ein Spielzeug. Die Kreativität des fremden Kindes verführt Interpreten dazu, es als Verkörperung der Kunst zu verstehen. Hans-Joachim Kruse etwa interpretiert die Figur des fremden Kindes wie selbstverständlich als Verkörperung der "Poesie".

Die Geschichte, in der Hoffmann die Poesie (verkörpert durch das fremde Kind) dem platten utilitaristischen Verstandesdünkel (Magister Tinte) gegenüberstellt und auch mit Seitenhieben auf die sogenannte "höhere Erziehung" nicht spart, erinnert in manchem an Ludwig Tiecks Märchen "Die Elfen", in dem die Elfe Zerine das "hohe Schönheit", Fröhlichkeit und Anmut ausstrahlende Naturwesen darstellt (Kruse, S.745).

Es ist problematisch, wie der Begriff der Poesie hier in die Nähe zum "Naturwesen" gerückt wird. Denn das fremde Kind taucht in Hoffmanns Märchen erst auf, nachdem die Kinder sich mit dem 'nichtnatürlichen' Spielzeug, den Automatenpuppen, auseinandergesetzt haben. Das heißt, die Figur des fremden Kindes kann weder als 'ursprüngliche Natur' noch als Verkörperung von Unschuld verstanden werden. [3]

Man kann jedoch Korrespondenzen zwischen dem fremden Kind und dem 'Poetischen' entdecken. Monika Schmitz-Emans' Aufsatz "Eine schöne Kunstfigur? Androiden, Puppen und Maschinen als Allegorien des literarischen Werks"[4] eröffnet einen Blick auf diese Korrespondenzen, ohne daß dabei die Figur des fremden Kindes als Allegorie der Poesie festgeschrieben wird[5]. Eine Gemeinsamkeit zwischen literarischen Texten und Automatenpuppen sieht sie darin, daß beides bewußt gestaltete Kunstfiguren sind. Aber erst, wenn die Mechanik des "kunstfertigen Formulierens" oder die der "fraglosen Kommunikation" versagt, werden Texte "poetisch" (Schmitz-Emans., S.27).

Das fremde Kind erscheint, nachdem die Mechanik des Spielzeugs zerbrochen ist. Dem Harfenmann gelingt es nicht mehr, die Ohren der Kinder mit seiner Musik zu erfreuen. Als Felix deshalb verärgert ist und heftig an einer Schraube der Puppe dreht, bricht sie zusammen. Bei der Jäger-Puppe verhält es sich ähnlich. Der Junge kann nicht lange ertragen, daß die Puppe immer wieder auf ein und dasselbe künstliche Ziel schießt. Sie soll ins Freie schießen. Als er wütend die kleine Zielscheibe abreißt, versagt die Mechanik. Das Verlangen nach grenzenloser Freiheit zerstört die Mechanik und schafft so die Bedingung für die Entstehung des Poetischen. Auch bei Christliebs Puppe läßt sich im übertragenen Sinne von einem 'Versagen' der Mechanik sprechen. Mit zerrissenem Kleid und gebrochenen Beinen nämlich erfüllt ihre Puppe nicht mehr die Funktion, eine schöne Dame nachzuahmen, die immer wieder neu gekleidet werden kann.

Das Auftreten und Versagen des mechanischen Spielzeugs bildet eine Voraussetzung für die Entstehung magischer Puppen, so wie "(d)ie Magie des Wortes (. . .) sich nur im Durchgang durch die Mechanik des Kunst-Werks (erschließt, Y.T.)" (ebd.,

S.28). E.T.A. Hoffmanns Märchen erzählt nicht etwa von einer Kindheit in der Natur, die durch den Einfluß der industriellen Entwicklung in Gestalt des mechanischen Spielzeugs zerstört wird. Vielmehr beschreibt es eine Magie, die die Mechanik voraussetzt, insofern sie erst nach deren Zusammenbruch möglich wird. Im Märchen erscheint zuerst das mechanische Spielzeug und dann das fremde Kind.

5. Der "Magister Tinte"

Das 'Poetische' hat bei Hoffmann mehrere Gesichter. Das fremde Kind ist sicher eines dieser Gesichter, aber nicht das einzige. Die Figur Pepster z.B. ist nicht etwa als Allegorie der 'Aufklärung' zu lesen[6], die die vom fremden Kind verkörperte 'Poesie' zerstört, sondern zeigt ein anderes, dämonisches Gesicht des Poetischen.

Das Glück, das das fremde Kind ausstrahlt, wird zum ersten Mal zerstört, als Christlieb und Felix es nach seiner Herkunft und seinem Namen fragen.

Das fremde Kind sah sehr ernst, beinahe traurig vor sich hin und seufzte recht aus tiefer Brust. Dann, nachdem es einige Augenblicke geschwiegen, fing es an: "Ach, liebe Kinder, warum fragt ihr nach meiner Heimat? Ist es denn nicht genug, daß ich tagtäglich zu euch komme und mit euch spiele?" (Hoffmann, S.595).

Von Beginn des Textes an ist die Figur des dämonischen Wesens für die Herkunft des fremden Kindes von unverzichtbarer Bedeutung. Das Kind erzählt zunächst von einer Bedrohung, die von diesem Wesen ausgeht. Seine Mutter, die Königin des Feenreiches, ist umgeben von mächtigen Geistern, die ihre Minister sind. Eines Tages nahm sie in die Reihe ihrer Minister den fremden Geist Pepasillio auf, der von sich behauptete, ein bedeutender Gelehrter zu sein. In Wirklichkeit ist dieser Gelehrte aber der Gnomenkönig Pepster, der die Königin ihrer Macht berauben will. Der Gnomenkönig überzieht die funkelnden Edelsteine des Palastes und die schimmernden Blumen mit schwarzem Saft und stopft Gift in die Schnäbel der Vögel, damit sie nicht mehr singen können. Damit gefährdet er das Königreich, denn der Glanz der Dinge und der Gesang der Vögel sind dort nicht bloße Dekoration, sondern ihr Licht und ihre Musik sind wesentliche Elemente der gewaltlosen Macht der Königin. Auch das fremde Kind zieht Christlieb und Felix zunächst in Gestalt von Licht und Klang in seinen Bann.

Als Pepster versucht, die Königin anzugreifen, wird er zwar vom Fasanenfürsten besiegt, überlebt aber den Schlag und wartet nun auf eine Gelegenheit, das fremde Kind zu überfallen. Er taucht schließlich als Hauslehrer "Magister Tinte" in der Welt der Kinder auf, in dessen Gestalt er auf den ersten Blick tatsächlich ein Aufklärer par excellence zu sein scheint. Wie Cyprianus bemängelt auch Magister Tinte, daß es Christlieb und Felix an 'Wissenschaften' fehle. Die Bücher, die die Kinder lesen, und ihren Spielplatz, den Wald, bezeichnet er als "dummes Zeug" (ebd., S.604). Er kann nicht ertragen, daß es im Wald keinen ordentlichen "Steg und Weg" gibt und daß die Vögel "kein vernünftiges Wort" sprechen können (ebd.). Hingegen mag er "einen vernünftigen Garten". Während ihm z.B. die duftenden Blumen in einem Topf gefallen, weil man mit ihrer Hilfe Räucherwerk sparen kann, sind die kleinen Blumen im Wald in seinen Augen nutzlos und müßten eigentlich sofort vernichtet werden. Seine Aggression steigert sich noch, als Christlieb den Magister auf die "Augen" der Blumen aufmerksam macht.

"Aber Herr Magister", rief Christlieb, "siehst du denn nicht die lieben Maiblümchen, die dich recht mit hellen freundlichen Augen ankucken?" - "Was, was", schrie der Magister - "Blumen? Augen? - ha, ha, ha - schöne Augen - schöne Augen! Die nichtsnutzigen Dinger riechen nicht einmal!" - Und damit bückte sich der Magister Tinte zur Erde nieder, riß einen ganzen Strauß Maiblümchen samt den Wurzeln heraus und warf ihn fort ins Gebüsch (ebd., S.606).

Für Christlieb dagegen sind die Blumen weder Gebrauchsgegenstände noch Anschauungs- oder Forschungsobjekte. Vielmehr sind sie selbst Beobachter, die sich mit eigenen Augen die Menschen anschauen. Aber der 'Wissenschaftler' Magister Tinte möchte nicht von der Natur betrachtet werden. Ein Objekt, das zurückblickt, versetzt ihn in Angst und löst seinen Haß aus. Er muß die Augen der Blumen entwurzeln und vernichten, um sich seiner Position als Herrscher über die Natur zu vergewissern. Ähnlich verhält es sich mit den Vögeln. Als ein Zeisig dem Magister Tinte dicht vor sein Gesicht flattert, sich auf einen Zweig setzt und singt, klingt dieser Gesang in den Ohren des Magisters wie Spott. Er ärgert sich so sehr darüber, daß er den Vogel mit einem Steinwurf tötet. Der 'Wissenschaftler' möchte keinen Kommentar der Natur hören. Wenn die Kinder Naturgeräusche wie eine Sprache wahrnehmen, so bezeichnet der Magister Tinte diese Fähigkeit verächtlich als 'Zeug'.

"Was sprecht ihr da für tolles albernes Zeug? - wer hat euch die Narrheiten in den Kopf gesetzt? Das fehlte noch, daß Wälder und Bäche dreist genug wären, sich in vernünftige Gespräche zu mischen, und mit dem Gesange der Vögel ist es auch nichts" (ebd., S.606).

Ebenso wie Pepsters schwarzer Saft das Feenreich bedeckt, übermalt die Tinte des 'Wissenschaftlers' die Natur und die Dingwelt mit Daten und Informationen, bis alles unsichtbar und unlesbar wird. Solche 'Wissenschaft' kehrt das Verfahren des Physiognomikers um, der die Dingwelt durch Beobachtungen und Entzifferungen lesbar macht. Daß Magister Tinte so unangenehm berührt ist, zeigt, daß der Wald voller Sprachen und Zeichen ist. Die Pflanzen und Tiere haben sich noch immer nicht übermalen lassen, obwohl der Magister doch geglaubt hatte, sie durch naturwissenschaftliche Benennung zu beherrschen. Die Bilder und Klänge im Wald sind nicht wie ein "vernünftiger Garten" in einem 'verständlichen' System geordnet. Anstatt sich mit dieser Unverständlichkeit auseinanderzusetzen, entwertet der Magister den Wald und seine Sprachen als "dummes Zeug" (ebd., S.605).

Als der Hauslehrer den Zeisig umbringt, rufen die Kinder das fremde Kind zu Hilfe, das hier - genau wie der Wald - nur ein Gesicht, aber keinen Körper zeigt: "ein holdes Antlitz" mit Tränen in den Augen. Die Konzentration auf das Gesicht erinnert an das Verfahren der Physiognomie, das in Hoffmanns Literatur aber eine entscheidende Rolle spielt. So wie die Städte hat auch der Wald in Hoffmanns Texten mehrere Gesichter - z.B. auch ein dämonisches. Nach dem Mord an dem Zeisig verläßt das fremde Kind Christlieb und Felix mit den klagenden Worten: "ihr werdet mich nicht wiedersehen - lebt wohl! lebt wohl! Der Gnome Pepster hat sich eurer bemächtigt, . . ." (ebd., S.607). Es heißt hier nicht etwa, Pepster habe den Wald zerstört, sondern die Klage gilt der Verändrung der Kinder durch Pepster. Unter dem Einfluß seiner 'Wissenschaften' scheinen sie die Fähigkeit verloren zu haben, die Sprachen der Tiere und Pflanzen zu verstehen: Bei ihrem nächsten Waldbesuch hören sie kein Lebenszeichen mehr von ihnen.

. . . es war alles still und wie verödet drin, kein lustiges Lied von Fink und Zeisig ließ sich hören, und statt des fröhlichen Rauschens der Gebüsche, statt des frohen tönenden Wogens der Waldbüsche wehten angstvolle Seufzer durch die Lüfte. Nur bleiche Strahlen warf die Sonne durch den dunstigen Himmel (ebd., S.612).

"Angstvolle Seufzer" aber sind zu hören, und an diesem Tag wird der Wald von einem Sturm überfallen, bei dem die Puppen auferstehen und zu den Kindern sprechen. Der Wald bildet einen Raum, in dem wie in einem Alptraum ein dämonisches Gesicht sichtbar wird. Sarah Kofman beschreibt in ihrem Buch "Lebens-Ansichten des Katers Murr" die Funktion der in Hoffmanns Literatur so wichtigen Traumräume:

Solchen Träumen Raum geben: denn allein der Traum, die Träumerei, das Phantasieren, die Verzückung, alle Zustände zwischen Wachen und Schlafen, in denen die Einbildungskraft vorherrscht, haben die Macht, hinter den Grenzen und Einteilungen, die von Sprache und Vernunft auferlegt sind, für kurze Augenblicke jene andere Wirklichkeit ahnen zu lassen, die sich so sehr von der durch wissenschaftliche Konvention produzierten unterscheidet (Kofman, S. 44-45).

Kofman versteht den Kampf des Traumes gegen die "wissenschaftliche Konvention" als eines der wichtigsten Motive in Hoffmanns Literatur: "Eine Umkehrung also der traditionell zwischen Vernunft und Unvernunft, zwischen Wachen und Traum etablierten Hierarchie. Daraus leitet Hoffmann auch die Überlegenheit des Künstlers über den Wissenschaftler ab, denn jener partizipiert an den Kräften des Traums und des Wahnsinns . . . "(Kofman, S.46).
Was die Figur des Magisters im Märchen vom "fremden Kind" betrifft, gibt es keine klare Opposition von Vernunft und Unvernunft, wie Kofmann sie darstellt. Der Magister vertritt zwar ununterbrochen eine Ideologie der Vernunft, aber sein oft 'unvernünftiges' oder gar triebhaftes Verhalten widerspricht dieser Rede. Die Widersprüchlichkeit oder Uneindeutigkeit seines Charakters zeigt sich auch darin, daß er mit unterschiedlichen Namen bezeichnet wird, während das fremde Kind zwar keinen einzigen Eigennamen hat, aber immer nur "das fremde Kind" genannt wird. Der Minister nennt sich als solcher "Pepasillio", in Wirklichkeit aber soll er der Gnomenkönig "Pepster" sein, in seiner Funktion als Hauslehrer wird er von den Eltern der Kinder mit "Herr Hofmeister" angeredet, und aus der Erzählperspektive heißt er "Magister Tinte". Allein der Name "Magister Tinte" eröffnet vielfältige Assoziationsmöglichkeiten. Nicht nur für Wissenschaftler, sondern auch für Dichter war Tinte unverzichtbares Material zum Schreiben.
Der Bezeichnung "Gnomenkönig Pepster" läßt sich ebenfalls kein klares Bild zuordnen. Zwar spielt Pepster im Märchen die Rolle des Bösen, aber das Wort "Gnom" stört diese Zuschreibung. Gnome sind eigentlich Elementargeister von unterschiedlicher, meist kleiner Gestalt, die unterirdische Schätze bewachen. Der Name "Gnom" geht auf das griechische Wort "genomoi" (Erdbewohner) oder "gnome" (Verstand) zurück (vgl. Petzoldt, S.79). Die etymologische Verwandtschaft mit der Bedeutung "Verstand" wiederum stellt eine Verbindung

zur Rolle des Magister Tinte her.
Sein Umgang mit Nahrungsmitteln jedoch verweist weder auf Verstand noch auf Vernunft. Vielmehr erinnert sein Verhalten an das einer Fliege, wenn etwa Frau und Herr von Brakel ihn als "Naschmaul" bezeichnen, das "alle Süßigkeiten beschnuppert und dabei so häßlich brummt und summt" (Hoffmann, S.610). Auch Christlieb und Felix lieben Süßigkeiten[7], aber anders als sie verspeist Magister Tinte Nahrungsmittel mit Gier. Diese Gier hat übermenschlichen und nicht etwa unmenschlichen Charakter, denn sie zeigt nicht, daß er kein Mensch ist, sondern sie zeigt, daß er mehr als nur 'ein Mensch' ist. Das Fliegenartige der Gestalt des Magisters wird in der folgenden Szene besonders deutlich.

Aber alles nicht achtend, schwang sich der Magister aus dem Milchnapf, setzte sich auf die Butterbrote hin, schüttelte die Rockschöße und wußte mit den dünnen Beinchen geschickt darüber hinzufahren und sie glattzustreichen und zu fälteln. Dann stärker summend, schwang er sich gegen die Türe, aber er konnte nicht hineinfinden ins Haus, sondern schwankte wie betrunken hin und her und schlug gegen die Fenster an, daß es klirrte und schwirrte (ebd., S.611).

Der Magister Tinte verhält sich hier nicht wie ein Exemplar der Gattung Mensch, sondern nach Art der Insekten. Die Beschreibungen seines Körpers erinnern an einen Käfer. Er ist ein "untersetzter" Mann mit "Spinnenbeinchen" und glänzenden, "hervorstehenden" "Glasaugen" (ebd., S.602). Bei seinem ersten Besuch sticht er Felix während der Begrüßung mit einer versteckten Nadel in die Hand. Auf die entsetzte Frage nach dem Grund für dieses Verhalten antwortet er: "Das ist nun einmal so meine Art, ich kann davon gar nicht lassen" (ebd.,S. 603). Er kann nicht anders als nach Art der Insekten handeln. Das fremde Kind sieht in Pepsters Gestalt die schillernden Augen und den vorgestreckten, spitzen Rüssel einer Fliege. Diese Beschreibung erinnert an alte Abbildungen des "Beelzebuben" (Mt.12, 24ff). Auch, wenn die etymologische Verwandtschaft nicht gesichert ist (vgl. Petzoldt, S.33), stellt sich eine assoziative Verbindung zum syrischen Fliegengott "Baal-Zebub", dem "Herr(n) der Fliegen" her (Pikulik, S.142), in dem das dämonische Wesen mit der Gestalt der Fliegen in Zusammenhang gebracht wird. Aber auch mit "Beelzebub" oder "Baal-Zebub" kann man die Identität des Magister Tinte nicht fassen. Der Magister besitzt gar keine ursprüngliche oder endgültige Gestalt und zeigt sich bisweilen im Prozeß seiner Verwandlung auch als Mischwesen:

Der Magister Tinte hatte sich umgestaltet in eine große scheußliche Fliege, und recht abscheulich war es, daß er dabei doch noch ein menschliches Gesicht und sogar auch einige Kleiderstücke behalten (Hoffmann, S. 607).

Der Prozeß der Verwandlung und die Existenz als Mischwesen finden in den Wissenschaften, die der Magister Tinte angeblich repräsentiert, weder Akzeptanz noch einen Begriff. Er argumentiert zwar in der Logik der Wissenschaften, findet aber in deren Tableau keinen Platz. Gerade er findet paradoxerweise nur in Märchenbüchern oder im Wald einen Ort. Seine Mischgestalt versetzt die Grenzziehung zwischen Tieren und Menschen, Wissenschaftlern und Märchenfiguren oder auch zwischen Traumbildern und alltäglichen Erscheinungen in Bewegung.
Pepster, der auch als Nachfolger der defekten und weggeschmissenen Spielzeugpuppen betrachtet werden kann, spricht manchmal die Sprache der Automatenpuppen. Als er z.B. wegen der Kinder in Wut gerät, ähnelt der Klang seiner Sprache knirschenden Zahnrädern.

Der wurde aber denn ganz zornig, schlug mit beiden Fäusten auf den Tisch und brummte und summte und schnarrte knarrte: "Pim - sim - prr - srrr - knurr - krrr - was ist das! aufgepaßt!" (ebd.,S. 604).

Die Automaten-Sprache und die Geräusche, die eine Fliege produziert, die Sprache der Mechanik und die Sprache der Natur, gehen in der onomatopoetischen Wiedergabe so sehr ineinander über, daß sie nicht mehr unterscheidbar sind. Während seines letzten Auftritts spricht der Magister Tinte gar nicht mehr die Sprache der Menschen. Aber auch die Menschenfiguren haben aufgehört, kommunikativ zu sprechen. Der Vater konzentriert sich nur noch darauf, den fliegenartigen Feind mit einer Fliegenklatsche zu jagen, um ihn totzuschlagen, und auch die Mutter und die Kinder hören auf zu sprechen und befinden sich in einer 'onomatopoetischen Welt'.

- Summ - Summ - simm - simm - trrr - trrr - stürmte der Magister auf und nieder - und klipp - klapp fielen hageldichter des Herrn von Brakels Schläge, und huß - huß - hetzen Felix, Christlieb und die Frau Brakel den Feind (ebd., S.611).

Gerade Magister Tinte, der als Repräsentant wissenschaftlicher Definitionsverfahren eingeführt wird, entpuppt sich im Märchen als widersprüchliche Figur, die keine fixierende Zuschreibung ermöglicht. Ihre heterogenen Eigenschaften beweisen die Unhaltbarkeit des Schemas, das der Leser zu Beginn des Märchens klar zu erkennen glaubt: das Schema eines Kampfes zwischen einer 'natürlichen' kindlichen Welt und einer entfremdeten technischen und aufgeklärten Welt. Auch die Reduktion Pepsters auf die Figur des bösen Gnomenkönigs, der schließlich von den 'guten Mächten' in Gestalt des fremden Kindes und des Vaters Thaddäus besiegt wird, unterläuft der Text, indem die Darstellung immer wieder unauflösbare und unverständliche Momente einführt. Und da Magister Tinte nicht nur Hauslehrer, sondern gleichzeitig eine Fliege ist, kann er auch kaum als Sprachrohr einer Kritik an aufklärerischen Erziehungsprogrammen gedeutet werden. Die widersprüchliche Mehrdeutigkeit dieser Figur befreit das Märchen von jeder eindeutigen Botschaft. Magister Tinte ist nicht deswegen 'dämonisch', weil er ein Teufel, ein Geist oder eine andere mythische Figur ist, sondern weil er die der Aufklärung, der Natur und der Technik innewohnenden dämonischen Gesichter sichtbar macht.

6. Der Tod des Vaters und die Personen als 'Gesichter'

Kurz bevor das Märchen zu Ende ist, stirbt der Vater Thaddäus. Es fällt auf, wie wenig dieser Tod beklagt wird. Zwar gerät die Familie in finanzielle Schwierigkeiten, aber kaum betreten Mutter und Kinder den Wald, erscheint das fremde Kind und bringt ein "glückliches" Licht in ihr Leben. Die absolute Schattenlosigkeit dieses Glücks befremdet den Leser, der sich noch an Thaddäus' Tod erinnert.

Alles, was Felix und Christlieb unternahmen, geriet so überaus wohl, daß sie samt ihrer Mutter froh und glücklich wurden, und noch in später Zeit spielten sie in süßen Träumen mit dem fremden Kinde, das nicht aufhörte, ihnen die lieblichsten Wunder seiner Heimat mitzubringen (ebd., S.618).

Dieser Satz, der letzte Satz des Märchens, beschreibt ein gesichertes Glück und läßt den Eindruck entstehen, das Märchen habe sein Ziel erreicht: ein Glück ohne Vater. Christlieb und Felix sind "samt ihrer Mutter" "froh und glücklich", nichts fehlt ihnen. Die Mutter, die vor dem Tod ihres Mannes nicht an die Existenz des fremden Kindes geglaubt hatte, hat ihre Sichtweise geändert und kann jetzt auch das Glück genießen, das es bringt. Thaddäus dagegen, der schon lange von dem fremden Kind wußte, ist tot.

Das fremde Kind verkörpert jetzt nicht mehr nur die Welt der Kindheit, sondern auch den Lebensraum der Träume. In diesem Raum ist der Vater abwesend. Auch von Pepster und von Cyprianus ist keine Rede mehr, als wären beide zusammen mit Thaddäus abhanden gekommen, als wären alle ein und dieselbe Figur gewesen. Vor diesem Hintergrund fällt auf, daß das fremde Kind von Beginn des Märchens an keinen Vater hat. Das Reich der Feen, in dem seine Mutter regiert, hat utopischen Charakter, obwohl oder gerade weil es dort keinen Vater gibt. Insofern artikuliert das Märchen eine Sehnsucht nach Vaterlosigkeit.

Thaddäus ist im Unterschied zu Magister Tinte eine unauffällige, zurückhaltende, beliebige Person. Der Text führt ihn als

guten Familienvater und damit als tadellose Märchenfigur ein. Während der andauernden und unheimlichen Verwandlungen des Magisters jedoch vergißt der Leser den traditionellen Anfang des Märchens: "Es war einmal ein Edelmann, der hieß Thaddäus von Brakel" (ebd., S.572).
Bei genauerem Hinsehen erweist sich aber auch Thaddäus als rätselhafte Figur. So zeigt sich z.B. im Verlauf seines Kampfes gegen Pepster eine merkwürdige Verbindung zwischen dem Edelmann und seinem Feind: Als der Magister Tinte die Gestalt einer Fliege annimmt, schlägt Thaddäus diese Gestalt mit einer Fliegenklatsche halbtot, doch nach diesem Ereignis wird er krank. Seiner Frau schildert er seinen Zustand folgendermaßen:

"Ich weiß nicht, wie mir seit einigen Tagen so seltsam und wunderlich zumute ist. Beinahe möchte ich glauben, daß der böse Magister Tinte mir es angetan hat, denn seit dem Augenblick, als ich ihm eins mit der Fliegenklatsche versetzte und ihn forttrieb, liegt es mir in allen Gliedern wie Blei" (ebd., S.615).

Wie hängen die Verletzungen der Fliege und Thaddäus' Krankheit zusammen? Thaddäus' Krankheitszustand zwingt uns, erneut die Frage zu stellen, wer Thaddäus von Brakel eigentlich ist. Wenn er schwer krank wird, nachdem er seinen Gegner Pepster ernsthaft verletzt hat, so legt das die Vermutung nahe, daß Pepster ein Teil von Thaddäus ist. Er könnte z.B. das Gesicht seiner Lust sein. Während Pepster eine unkontrollierte und ungezügelte Gier nach Lebensmitteln zeigt, kommt im Text keine einzige Szene vor, in der Thaddäus ißt oder trinkt. Thaddäus wird krank, weil er die Verkörperung seiner eigenen Triebe mit der Fliegenklatsche schlug.
Mit Cyprianus hingegen wird Thaddäus' Über-Ich dargestellt. Es fällt auf, daß Thaddäus während des Besuches von Cyprianus kaum spricht. Die Figur ist dadurch im Text abwesend, bis Cyprianus verschwindet. Die extreme Zurückhaltung des Vaters wird besonders deutlich im Vergleich mit seiner Frau. Frau Brakel versucht durch permanente kleine Ermahnungen und Bemerkungen ihren Kindern die Wertvorstellungen des

Verwandten zu vermitteln, damit dieser sie nicht verachtet. Trotz dieser Versuche identifizieren Christlieb und Felix sich nicht mit den Werten Cyprianus', sondern verachten ihrerseits ihn und und seine Kinder (vgl. ebd., S.579).[8]
Thaddäus kommt erst wieder zu Wort, nachdem die Besucher sein Haus verlassen haben.

Soweit die Kutsche mit dem Grafen Cyprianus von Brakel und seiner Familie den Hügel herabgerollt war, warf der Herr Thaddäus schnell den grünen Rock und die rote Weste ab, und als er ebenso schnell die weite Tuchjacke angezogen und zwei- bis dreimal mit dem breiten Kamm die Haare durchfahren hatte, da holte er tief Atem, dehnte sich und rief: "Gott sei gedankt!" (ebd., S.581).

Indem Thaddäus schnell seinen grünen Rock und die rote Jacke auszieht, artikuliert er den Wunsch, sich vom Vetter Cyprianus zu befreien. Cyprianus gleicht einem Kleidungsstück, das er in bestimmten Situationen anziehen muß. Daß es dabei um mehr als um das Herstellen einer bloß äußerlichen Ähnlichkeit geht, zeigt sich daran, daß die 'Verkleidung' Thaddäus zum Schweigen bringt. Thaddäus kritisiert Cyprianus niemals in dessen Anwesenheit, und zwar nicht aus Angst, sondern weil der Vetter für Thaddäus ein Idealbild verkörpert. Würde er dieses Idealbild kritisieren, würde seine Identität zusammenbrechen. Nur das von Cyprianus mitgebrachte Spielzeug kann Thaddäus nach dessen Abreise kritisieren, denn das Spielzeug ist für ihn ein Objekt, während er Cyprianus nicht als eigenständige Person wahrnimmt, die er von sich isolieren und entsprechend betrachten und bewerten kann, sondern als Teil seiner selbst.
Als die Kinder erzählen, daß sie das Spielzeug verloren haben, das Cyprianus ihnen geschenkt hat, wird die Mutter böse. Der Vater hingegen empfindet diesen Verlust als Befreiung und äußert ein entsprechendes Wohlgefühl, ohne daß der Grund dafür wirklich deutlich wird:

Der Herr Thaddäus von Brakel, der Felixens Erzählung mit sichtbarem Wohlgefallen angehört hatte, sprach aber: "Lasse die Kinder nur gewähren, im Grunde genommen ist's mir recht lieb, daß sie die fremdartigen Spielsachen, die sie nur verwirrten und beängstigten, los sind." Weder die Frau Brakel noch die Kinder wußten, was der Herr von Brakel mit diesen Worten eigentlich sagen wollte (ebd., S.586).

Von diesem Augenblick an, in dem Thaddäus das Spielzeug seines "leiblichen" Vetters als fremd empfindet, beginnt er, sich langsam an das fremde Kind rückzuerinnern, das er aus seiner Kindheit kennt. Als Christlieb und Felix von ihren Begegnungen mit dem fremden Kind erzählen, zeigt er großes Interesse und will genauere Auskünfte, während Frau Brakel die Rede der Kinder nicht ernst nimmt. Thaddäus jedoch bemerkt, daß das 'fremde' Kind ihm im Unterschied zu seinem Blutsverwandten Cyprianus vertraut ist.

Bei Magister Tinte zeigen Grausamkeit, Gier und Häßlichkeit körperlich sichtbare Spuren, so daß Thaddäus in ihm das dämonische Gesicht erkennen kann, das der vornehme Verwandte Cyprianus stets verbirgt. Bereits während der ersten Begegnung mit Magister Tinte ist Thaddäus von ihm entsetzt, weil er Felix mit einer Nadel in die Hand sticht. Cyprianus hingegen fügt den Kindern niemals körperliche Schmerzen zu, sondern übt eine verdeckte Gewalt aus, wenn er z.B. durch seine Erziehungsmethoden die Lebenslust der Kinder tötet.
Auch die Kritik an den Wissenschaften macht Thaddäus nicht an Cyprianus, sondern an Magister Tinte fest. Er bezweifelt, daß seine Kinder Respekt vor einem Hauslehrer haben können, der nicht einmal eine Linde von einem Kastanienbaum unterscheiden kann. Als aber Cyprianus' Kinder Herrmann und Adelgunde, die doch bestens über Zoologie und exotische Raubtiere unterrichtet sind, sich vor dem Hund fürchten, verliert Thaddäus darüber kein Wort. Die Kritik, die der Vater während des Besuches der vornehmen Verwandten nicht zur Sprache bringt, äußert sich mit zeitlicher Verzögerung und in einer Verschiebung als Kritik an Magister Tinte. Erst dessen

Erscheinung ermöglicht Thaddäus, sich gegen die Macht zu wehren, die eigentlich Cyprianus repräsentiert. Erst die Figur des Magisters Tinte verdeutlicht ihm jene Gewalt, die z.B. die Erinnerung an das fremde Kind in ihm vernichtet hat. Als Magister Tinte später in Gestalt einer bedrohlichen Fliege erscheint, hat Thaddäus keine Hemmung mehr, dieses Wesen und die von ihm verkörperte Gewalt zu bekämpfen. Während er die Fliege jagt, ruft er: "über meine Schwelle soll er nicht wieder kommen" (ebd.,S. 612). Mit dieser Schwelle, die Pepster mehrmals übertreten hat, ist mehr als nur die Schwelle des Hauses gemeint. Pepster betrat einst die Schwelle zwischen Bewußtsein und Verdrängung und löschte Thaddäus' Erinnerung an das fremde Kind aus. Er verkörpert also auch eine innere Gewalt, die in Thaddäus selbst lebt und einen Teil seiner Persönlichkeit ausmacht. Denn niemand hatte ihn gezwungen, das fremde Kind zu vergessen, sondern dieses Vergessen ereignete sich im Prozeß der Herausbildung seiner Identität als erwachsener Edelmann. Weil diese Identität das Vergessen des fremden Kindes voraussetzt, kann Thaddäus nicht ohne Pepster existieren. Er schlägt ihn und stirbt selbst. Pepster verkörpert nicht nur die Macht, die die Erinnerung an das fremde Kind in einem Menschen tötet, sondern zugleich auch den Schutz vor dieser Erinnerung, deren Wiederkehr tödlich sein kann.

"Seit einigen Tagen gedenke ich aber so lebhaft meiner schönen Jugendzeit, wie ich es seit vielen Jahren gar nicht vermochte. Da ist denn auch das holde Zauberkind so glänzend und herrlich, wie ihr es geschaut habt, mir in den Sinn gekommen, und dieselbe Sehnsucht, von der ihr ergriffen, erfüllt meine Brust, aber sie wird mir das Herz zerreißen! - Ich fühl es, daß ich zum letztenmal hier unter diesen schönen Bäumen und Büschen sitze, ich werde euch bald verlassen, ihr Kinder! - Haltet, wenn ich tot bin, nur fest an dem holden Kinde! " (ebd.,S. 616).

Das Märchen "Das fremde Kind" beschreibt eine Erinnerung, die als individuelle Erfahrung tödlich ist. Es stellt also gerade keinen biographischen Prozeß des Erwachsenen-Werdens und

keine Suche nach dem eigentlichen Ich dar. Denn je tiefer Thaddäus in sich hineinschaut, desto mehr fremde Gesichter kommen zum Vorschein. Und keines dieser Gesichter, die sich in ihm befinden, ist ein ursprüngliches Gesicht.
In "Kater Murr" parodiert Hoffmann die Vorstellung biographischer Selbstfindung. Sarah Kofman schreibt dazu:

Was heißt Reife? Verzichten auf fremde Federn, zurückkehren zu sich selbst? Oder besteht das "Eigene" des Katers nicht gerade darin, falsch zu sein, eine Maske, ausstaffiert mit lauter zusammengeklaubten Zügen? Also eine Maske, hinter der sich gar keine eigene Substanz verbirgt? Selbst im Zustand der Reife ist die Schrift des Katers stets uneigentlich, zweideutig; es ist die Schrift eines Plagiators, der fremdes Eigentum zu eigenem Vorteil mißbraucht. Plagiator: derjenige, der fremde Kinder stiehlt, der die Sklaven anderer abwirbt oder raubt, der sich wie der Eichelhäher mit dem Balg eines anderen schmückt (Kofman, S.104-105).

Die Maske, von der hier die Rede ist, ist ein aus fremden Zügen zusammengesetztes Gesicht. Liest man "Das fremde Kind" als Biographie, so wird deutlich, daß auch Thaddäus' Lebensgeschichte wie eine Maske aus vielen fremden Gesichtern besteht: ein Gesicht heißt "Cyprianus", ein anderes "Pepster", ein drittes "das fremde Kind". Je genauer man in den Text hineinblickt, desto klarer wird, daß keines seiner Gesichter das ursprüngliche Gesicht der Person Thaddäus ist.

[1] Man kann bei diesem Benjamin-Zitat auch von einer Physiognomie des Gefühls sprechen, insofern der Schrecken, den der lesende Benjamin während der Lektüre empfindet, sich auf ein Gesicht verschiebt, und zwar auf das Gesicht eines Fisches mit stumpfem Maul. Physiognomie bedeutet, durch Lektüre - die der Bücher und die der Dingwelt - etwas Unsichtbarem ein Gesicht zu verleihen.

[2] Dieter Richter benutzt in seiner Arbeit über "Das fremde Kind" das Wort "Spielwarenspuk" (Richter, S.280). Dieses Kompositum betont die unauflösliche Verbindung zwischen dem Spielzeug und dem Gespenstischen, die in Hoffmanns Text inszeniert wird.

[3] Pikulik schreibt in seiner Studie zu "Das fremde Kind": "Das Kinderreich der Feenkönigin, in seiner Grundverfassung eine Liebesgemeinschaft, ist jedenfalls kein Reich der Unschuld und des reinen Glücks; es gibt in ihm auch Unglück, Schuld und Schmerz" (Pikulik, S.145).

[4] Schmitz-Emans beschäftigt sich in diesem Aufsatz zwar mit anderen Texten Hoffmanns, z.B. mit "Der Sandmann" oder "Die Automate", ihre Überlegungen lassen sich aber auch auf "Das fremde Kind" beziehen.

[5] Die mit solchen Festschreibungen verbundene Reduktion des Textes auf verbreitete Denkmuster treibt z.B. Urs Orland von Planta in seiner Studie über "Das fremde Kind" auf die Spitze, indem er die Figur des fremden Kindes nicht nur als Allegorie der "Poesie", sondern gar als Allegorie der Seele überhaupt interpretiert (vgl. Planta, S.68).

[6] Urs Orland von Planta schreibt in seiner Studie über "Das fremde Kind": " (. . .) dieses Märchen ist die reine Darstellung einer Idee und somit eine Allegorie, in der alle Personen eine bestimmte Bedeutung tragen. Besonders handgreiflich verkörpert der Magister Tinte die Aufklärung, als trockner Gelehrter die Vernunft, als starrer Erzieher den Sittenzwang und als zimperlicher Stubenmensch die städtische Dekadenz, und weil die Aufklärung mit ihrem Drang nach Weltbeherrschung und -verbesserung alles Leben vernichtet, erscheint er als Sinnbild des Bösen überhaupt" (Planta, S.40).

[7] Süßigkeiten verkörpern in diesem Märchen eine Lust, die mit Blick auf Hoffmanns Märchen "Nußknacker und Mausekönig" auch als sexuelle Lust gedeutet werden kann. (vgl. "Zahnverlust und Kastrationsangst", der erste Abschnitt des ersten Kapitels "Nußknacker und Mausekönig"). Auf den zu erwartenden Besuch des reichen Verwandten Cyprianus werden Christlieb und Felix zunächst nur dadurch aufmerksam, daß die Mutter mit ungewöhnlich vielen Mandeln und Rosinen Kuchen backt. Während sie die besondere Köstlichkeit genußvoll essen, werden Adelgunde und Herrmann mit Zwieback abgespeist. Die süße Speise verkörpert die Lust, die Cyprianus seinen Kindern mit der Begründung verbietet, Kinder könnten keinen Kuchen vertragen.

[8] Cyprianus' Ehefrau wird im Text als Karikatur dargestellt, wenn sie z.B. Christlieb und Felix mit Bemerkungen überschüttet wie: "O süße liebe rührende Unschuld!" (ebd., S.578) oder "O süße liebe Natur! o ländliche Unschuld!" (ebd.). Lesern, die Christlieb und Felix als Naturkinder interpretieren möchten, hält der Autor an dieser Stelle einen ironischen Spiegel vor, in dem ihre eigene Karikatur zu sehen ist. Zu Recht schreiben Feldges/Stadler, daß die Figuren Christlieb und Felix zwar unbestreitbar von Hoffmanns Auseinandersetzung mit den Ideen Rousseaus und der deutschen Reformpädagogen des 18. Jahrhunderts geprägt seien (vgl. Feldges/Stadler, S.90), daß sie aber "nichts mit einem Abklatsch des Rousseauschen Gedankens 'retour à la nature' zu tun haben, Y.T.)" (ebd., S.92).

Drittes Kapitel

Puppenschrift und Ethnologie

1. Puppenschrift

1.1. Schrift der Objekte

Jacques Derrida kritisiert den "ethnozentrischen Begriff der Schrift", den Lévi-Strauss voraussetzt, wenn er in "Traurige Tropen" die Gesellschaft des Stammes Nambikwara als 'schriftlose' Kultur abstempelt (Derrida, S.193). Zwar kritisiere Lévi-Strauss die Gleichsetzung von schriftloser und unzivilisierter Gesellschaft als eurozentrisch, aber gerade in der Vorstellung eines plötzlichen und tragischen Eindringens der Schrift bei den bis dahin 'unschuldigen' Nambikwara tradiere er den eurozentrischen Phonologismus, der die Schrift immer schon als das "Bedrohliche", als Versuch der Wahrheitsfälschung disqualifiziert habe.

Die 'Überlegenheit' der phonetischen Schrift wird in der Tradition der europäischen Philosophie damit begründet, daß sie kongruent zur gesprochenen Sprache bzw. zur Stimme sei und deshalb mit der Wahrheit in Einklang sei. Der Körper der Schrift hingegen bildet der Wahrheit äußerlich - ein Fremdkörper, der sich nicht dem Logos unterwift.

Lévi-Strauss spricht die Nambikwara frei von der 'Sünde' der Schrift. Er berichtet zwar von "Stricheleien" und "Zickzacklinien", die die Nambikwara auf Kürbisse setzen, aber er erkennt das nicht als Schrift an. Derrida dagegen ruft uns den Schriftcharakter solcher Praktiken in Erinnerung.

Nun handelt es sich bei diesen Zeichnungen nicht nur um bildliche Darstellungen (cf. Figur 19,p. 123), die einen Menschen oder einen Affen zeigen, sondern um Schemata, die eine Genealogie und eine soziale Struktur beschreiben, erklären und niederschreiben. Und genau das ist das entscheidende Phänomen. Aufgrund bestimmter und sehr sicherer Informationen wissen wir heute, daß die Genese der Schrift (im geläufigen Sinn) fast überall und am häufigsten an die Sorge um die Genealogie gebunden war (Derrida, S.218).

Derrida setzt also "bildliche" Darstellungen nicht in Opposition zu "Schrift". Ihm zufolge haben Darstellungspraktiken Schriftcharakter, wenn es sich dabei um "Schemata (handelt Y.T.), die eine Genealogie und eine soziale Struktur beschreiben". Diese Überlegung ermöglicht es, sich eine Schrift vorzustellen, die nicht zweidimensional, sondern dreidimensional ist - eine Schrift z.B., die durch ein Objekt geschrieben wird. Ein Objekt hat zwar einen etwas anderen Charakter als ein Riß oder eine Ritze in Materialien. Aber denkt man von der Leere her, so erhält jedes Objekt seine Bedeutung dadurch, daß es eine Stelle markiert, an der die Leere fehlt. Kakuzô Okakura schreibt in "Das Buch vom Tee" über die Teezeremonie und über das Verhältnis von leerem Raum und Gegenstand:

Lao-tze veranschaulichte das in seiner Lieblingsmetapher vom Vakuum. Er behauptete, nur im Vakuum läge das wahrhaft Wesentliche. Die Realität eines Zimmers zum Beispiel sei in dem leeren Raum zu finden, der von Dach und Wänden umschlossen ist, und nicht in dem Dach und den Wänden selbst. Die Nützlichkeit eines Wasserkruges wohne in der Leere, in die Wasser hineingefüllt werden kann, und nicht in der Form des Kruges oder in dem Material, aus dem es gefertigt ist (Okakura, S.47).

In der europäischen Tradition gab es Phasen einer strengen Trennung zwischen dem Raum und der Schrift, was man z.B. in der Malerei von der Renaissance bis zum Impressionismus deutlich sehen kann. Es gibt kaum Gemälde aus dieser Zeit, die zwischen zwei Gegenstände Schriftzeichen setzen. In mittelalterlichen Büchern hingegen war die Koexistenz von Raum und Schriftzeichen in einem gemeinsamen Raum normal, "so z.B. bei den Initialen in Handschriften. Die Bilder der Heiligen, die Tiere und die Pflanzen wurden dort oft neben oder in einen Buchstaben gemalt, als wäre dieser ein Gebäude. Auch die moderne Kunst setzt Schriftzeichen in Räume, in denen zugleich Gegenstände sind.

Die Schrift, die nicht aus geschriebenen Zeichen, sondern aus Gegenständen besteht, bezeichne ich als "Schrift der Objekte". "Damit meine ich etwas anderes als die "Schrift der Dinge", von der Michel Foucault in "Die Ordnung der Dinge" spricht. Die "Schrift der Dinge" ist eine von Gott geschriebene Schrift, die zu lesen Aufgabe der Menschheit ist. Insofern beruht die "Schrift der Dinge" auf einem monotheistischen Konzept, in dem Gott als Autor der Welt verstanden wird. Die Schrift der Objekte hingegen wird von verschiedenen Menschen immer wieder neu hergestellt. Sie kann von Handwerkern, Müttern oder auch von Künstlern gemacht werden. Bei der Schrift der Objekte ist nicht die Lektüre, sondern das Schreiben vorrangig. Sie ist nie endgültig fertig, sondern muß immer wieder neu geschrieben werden, weil sie nur im wiederholenden Schreibakt sichtbar bleiben kann.
Unter den verschiedensten Gegenständen, mit denen man die Schrift der Objekte schreiben kann, bieten die Puppen einige Vorteile. Sie können z.B. eine Genealogie oder eine soziale Struktur darstellen, indem sie lebende oder tote Menschen abbilden und diese typologisieren oder in einer bestimmten Konstellation einordnen. Im Unterschied zu Buchstaben halten sie nicht die Namen der Menschen fest, sondern ihre Physiognomien, ihre Körperhaltungen und 'äußerliche' Merkmale sozialer Gruppen. Die Schrift, deren Schriftkörper aus Puppen besteht, werde ich im folgenden als "Puppenschrift" bezeichnen.

1.2. Puppenschrift in Indonesien

Die indonesischen Schattenfiguren sind eines der besten Beispiele für die Puppenschrift. Auch während diese Puppen in einer Kiste liegen, also nicht auf der Bühne spielen, erfüllen sie eine Schriftfunktion. Denn auch dann zeigen sie religiöse und soziale Ordnungen, indem sie in einer bestimmten Rangfolge liegen: Ganz oben liegen Götterfiguren, dann folgen göttliche Dienergestalten, halbgöttliche Affen, Priester, Heilige, Fürsten, Minister, Dämonen, Riesen, Krieger, Tiere, und ganz unten liegen Waffen und Bäume (vgl. Spitzing, S.84-86). Wenn die Schattenfiguren aus der Kiste herausgeholt und im Theater

vorgeführt werden, erfüllen sie eine andere Funktion der Schrift: Sie erzählen Geschichten und stellen so einen Ausschnitt der 'großen' Geschichte dar. Das indonesische Puppentheater hat für seine Stoffe unterschiedlichste Quellen, z.B. altindische Mythen, hindujavanische Epen oder islamische Sagen (vgl. ebd., S.21). Diese augenfällige Heterogenität ist selbstverständlich für eine Kultur, die von mehreren Religionen - z.B. der Ahnenverehrung, dem Buddhismus, dem Hinduismus und dem Islam - durchwebt ist. Man kann das Puppentheater auch mit einer Bibliothek vergleichen, in der die kulturellen Erinnerungen aufbewahrt werden. Anders als in einer Bibliothek aber wird das Gedächtnis im Puppentheater kollektiv aktiviert.
Das indonesische Schattenspiel ähnelt Büchern. Die Puppen sind während der Aufführung nur als Schatten auf der Leinwand zu sehen. Die Leinwand erinnert an das Blatt Papier, und während des Spiels erscheinen die Puppen wie Schriftzeichen, als wären sie mit schwarzer Tinte geschrieben. Interessanterweise sind die balinesischen Puppen, die ausschließlich für das Schattentheater benutzt werden, fein und bunt bemalt, obwohl man die Farben beim Spiel nicht sieht. Sie sind nicht mit einem Maschinenteil vergleichbar, das eingesetzt wird, damit die Maschine funktioniert, sondern jede Puppe, die Schriftkörper ist, hat zugleich ihre eigene Geschichte, die sich nicht auf die im Theater dargestellten Geschichten reduzieren läßt.

1.3. Hinaningyô

Während die indonesischen Schattenfiguren sprechen und sich bewegen können, gibt es andere Puppenschriften, die stumm und unbeweglich sind, z.B. die japanischen Hinaningyô. Die Hinaningyô werden jedes Jahr im März zum Mädchentag von einer Familie, in der es ein oder mehrere Mädchen gibt, zu Hause ausgestellt. Sie zeigen deutlich den Charakter einer Schrift. Eine komplette Puppengruppe, die aus mindestens 15 Puppen besteht, wird auf dafür gebaute Stufen gestellt. Die Puppen werden alle in einer genau durchdachten Rangfolge platziert, so daß das Gesamtbild eine 'Hierarchie' darstellt. Auf der obersten Stufe sitzen zwei Puppen, die den Kaiser und die Kaiserin verkörpern. Weiter unten sitzen höfische Würdenträger, Minister, Hofdamen und Musiker. Mägde und Knechte befinden sich auf der untersten Stufe. Die Puppen halten eine gesellschaftliche Norm fest: die vertikale Hierarchie. Zwar sehen die Puppen wie konkrete Nachbildungen der Menschen aus, aber sie verkörpern keine konkreten Personen, sondern eine abstrakte Struktur. Der hierarchische Charakter der Hinaningyô wird deutlicher, wenn man sie mit den Mizuko-Jizô vergleicht. Die Mizuko-Jizô, Figuren aus Stein, die Mütter für ihre abgetriebenen Kinder aufstellen, verkörpern keine Hierarchie. Jede Puppe steht für ein einzelnes Leben. Wenn die Mizuko-Jizô auf Stufen stehen, hat das nur den Grund, daß der Tempelgarten am Hang liegt.

Bei den Hinaningyô gibt es immer auch Musiker-Puppen. Sie sind nicht dafür zuständig, wirkliche Musik zu machen, denn sie haben keine Spieldose im Bauch. Die obligatorische Anwesenheit der Musiker-Puppen betont vielmehr die Stummheit der Puppenschrift.

Die Funktion der Hinaningyô, eine Hierarchie abzubilden, muß aus dem Bedürfnis entstanden sein, eine soziale Struktur, die im Mittelalter zu verschwinden drohte, in Puppenschrift festzuhalten. Vorher - auf dem Land z.T. heute noch - hatten die Hinaningyô eine ganz andere Funktion. Man berührte mit den Puppen, die früher aus Papier waren, die Körper der Mädchen und legte sie dann in ein winziges Boot, das man anschließend auf den Fluß setzte. Dieses Ritual war eine Reinigungszeremonie, die das weitere Leben der Mädchen vor Krankheiten und Unfällen bewahren sollte. Als es zur Tradition wurde, die Hinaningyô in Gruppen auf Stufen zu stellen, verloren die Puppen ihre rituelle Bedeutung und damit ihre magische Kraft. Die Puppenschrift der Hinaningyô bekam eine neue Aufgabe, bewahrt aber die Spur der verlorenen Magie auf. Die Puppen verschwinden nun nicht mehr im Fluß, sondern werden in einer Kiste aufbewahrt wie Buchstaben in einem Buch.

1.4. Zinnsoldaten und Weihnachtskrippe

Die durch die Hinaningyô symbolisierte Hierarchie hat die Form einer vertikalen Struktur. Die Puppen in Europa stellen die Hierarchie anders dar. Die Zinnsoldaten z.B. werden je nach militärischem Grad und nationaler Zugehörigkeit in unterschiedlichen Farben angemalt und oft so angeordnet, daß sie eine historische Schlacht rekonstruieren. Aber die Darstellung einer Hierarchie ist nicht die wichtigste Funktion der Zinnsoldaten. Das sieht man z.B. daran, daß Kinder die Anordnung der Zinnsoldaten ändern dürfen. Die Sitzordnung der Hinaningyô hingegen darf niemals geändert werden. Zinnsoldaten zeigen in erster Linie einen Kampf. Es gibt noch eine andere Puppenschrift, mit der man in Europa einen Kampf schreibt: die Schrift der Schachfiguren. Allerdings wird diese Puppenschrift von Erwachsenen verwendet, was sonst in Europa eher selten passiert.

Ein weiteres Beispiel für europäische Puppenschrift sind die Figuren der Weihnachtskrippe. Ihre Aufstellung folgt einer festen Ordnung, die aber nichts mit vertikaler Hierarchie zu tun hat. Es ist unvorstellbar, die einzelnen Figuren wie die Hinaningyô-Puppen auf mehreren Stufen verteilt aufzustellen. Das Christuskind kann nicht auf der obersten Stufe stehen, sondern muß *in der Mitte* sein, weil die Mitte der Ort ist, der dieser Ordnung Bedeutung gibt. Die Topographie ist eines der wichtigsten Ausdrucksmittel der Puppenschrift.

Die Puppenschrift der Weihnachtskrippe hat innerhalb der christlichen Kultur keine sehr große Bedeutung, weil die Geburt Jesu auch in den Schriften der Bücher und der Kunst dargestellt wird, und zwar genauer, ausdrucksvoller und vielfältiger als mit den Figuren der Weihnachskrippe.

1.5. Die Puppen-Armee des Kaisers Qin Shi Huangdi

Ein anderes Beispiel für Puppenschrift sind die 7000 Kriegerfiguren, die 40 Kilometer nordöstlich der chinesischen Stadt Xian unter der Erde entdeckt worden sind. Weil alle Figuren unterschiedliche Gesichter und Körperhaltungen haben, nimmt man an, daß diese Puppenarmee eine Abbildung der

Armee des Kaisers Qin Shi Huangdi (259-210 v. Chr.) sei. Die Kriegerfiguren sind so gruppiert, als würden sie das Grab des verstorbenen Kaisers schützen. Es gibt keine Gewißheit darüber, warum der Kaiser die Figuren herstellen ließ. Die Legende erzählt zwar, daß dieser eine außergewöhnlich große Angst vor dem Tod hatte, aber das erklärt nicht die Funktion der Figuren. Der technische Vorgang ihrer Herstellung wird immer transparenter, während die Motivation ein Rätsel bleibt (vgl. Imaizumi, S.30).
Versteht man die Figuren als Puppenschrift, so könnte die Herstellung der Puppenarmee ein Versuch sein, die diesseitige Macht des Kaisers ins Jenseits des Grabes zu übertragen, indem man sie buchstäblich in die Grabanlage 'abschreibt'. Der Vorgang dieses Schreibens hatte eine große Bedeutung und nahm sehr viel Energie in Anspruch. 720000 Menschen sollen elf Jahre lang an der Anlage gearbeitet haben.
Die Kriegerfiguren verkörpern keine abstrakten Begriffe wie etwa "Ewigkeit" oder "Glorie". Sie sind keine allegorischen Figuren, die mit wenig Materie 'große Bedeutung' erzeugen. Macht wird hier in erster Linie durch die Quantität der Schrift ausgedrückt.

1.6. Bunraku-Puppen

Mit Hilfe der Puppenschrift wird nicht nur versucht, Macht oder Hierarchie festzuhalten und darzustellen. Auch die Trauer der Opfer schreibt sich in Puppenschrift, besonders in Form des Puppentheaters.
In "Das Reich der Zeichen" interpretiert Roland Barthes die Puppen des japanischen Bunraku-Theaters als Schrift:

Der Bunraku praktiziert also drei gesonderte Schriften, die er gleichzeitig an drei Orten des Schauspiels zu lesen gibt: die Marionette, den Spieler und den Sprecher: die ausgeführte Gebärde, die ausführende Gebärde und die stimmliche Gebärde. Die Stimme: der wirkliche Einsatz der Moderne, der besondere Stoff der Sprache, den man überall zum Triumph führen will. Ganz im Gegensatz dazu hat der Bunraku eine begrenzte Vorstellung von der Stimme; er unterdrückt sie nicht, aber er weist ihr eine wohldefinierte und wesentlich triviale Funktion zu. (Barthes 1981, S.70)

Das Puppentheater zeigt die Diskrepanz zwischen Stimme und Schriftkörper deutlicher als das Theater mit Schauspielern. Während die Schauspieler mit ihren eigenen Stimmen körperlich verbunden sind, ist eine Bunraku-Puppe völlig unabhängig von der Stimme der Person, die ihren Körper in Szene setzt. Der Sprecher sitzt auf seinem Platz am Rand der Bühne, während die Puppen von Puppenspielern bewegt werden.

1.7. Die Unabhängigkeit der Puppenschrift

Die Puppenschrift ist weder eine Vorgängerin noch eine Weiterentwicklung der Schrift. Die verbreitete Annahme, es gebe eine lineare Entwicklung der Schrift, in der immer nur eine "Schriftform existiere, bis sie durch eine bessere abgelöst werde, kann man anhand einiger Beispiele leicht widerlegen.[1] So verwendet man z.B. in Europa nicht nur die phonetische Schrift, sondern auch Ideogramme für Zahlen und Piktogramme in öffentlichen Gebäuden. Weil diese Ideogramme und diese Piktogramme den Eindruck erwecken, sie könnten schnell und korrekt in die phonetische Schrift übersetzt werden, nimmt man in Europa an, jede andere Schrift könnte in die phonetische Schrift umgesetzt werden. Die Auffassung, ein in einer anderen Schriftform dargestellter Inhalt könne durch die phonetische Schrift mit weniger Aufwand und präziser ausgedrückt werden, ist in Europa weit verbreitet. Würde diese Vermutung stimmen, müßte man auch die Puppenschrift problemlos in die phonetische Schrift übersetzen können.
Europäische Ethnologen wurden oft enttäuscht, wenn sie die fremden Puppen mit der Hoffnung auf Übersetzbarkeit betrachteten. In vielen ethnologischen Schriften kann man nachlesen, daß Ethnologen nach der Bezeichnung und der Bedeutung einer Puppe fragen, aber von den Einheimischen keine 'klare' Antwort oder immer wieder andere Antworten bekommen. Das monotheistische Bedürfnis, eine einzige

Wahrheit zu erfahren, bleibt unbefriedigt.

Die Schwierigkeiten bei der Erforschung der Puppen kommen daher, daß die Puppen von den Ethnologen nicht wie eine Schrift betrachtet werden. Stattdessen verstehen sie die Puppen als Gegenstände, die als solche eine Funktion haben müssen. Sind sie Spielzeug, Dekoration, heilige Statuen, Kunstwerke oder Gebrauchsgegenstände? Diese Fragen, die so einfach klingen, können nur selten beantwortet werden. Auch Lévi-Strauss klagt über die Schwierigkeit, den Status einer Puppe zu definieren:

Für die Kinder stellten die Frauen kleine Figuren - Personen oder Tiere - aus allem möglichen Material her, das ihnen in die Hände fiel: Ton, Wachs oder getrocknete Schoten, deren Form sie lediglich durch eine darauf geklebte Knetmasse korrigierten.

In den Händen der Kinder sah man auch kleine geschnitzte Holzstatuetten, die im allgemeinen mit irgendwelchem Tand bekleidet waren und als Puppe dienten, während andere, obwohl sie den ersteren ähnelten, von einigen alten Frauen sorgfältig in ihren Körben aufbewahrt wurden. Handelte es sich um Spielzeug? Um Götterbilder? Um Ahnenfiguren? Dies festzustellen, war angesichts dieses widersprüchlichen Gebrauchs um so schwieriger, als ein und dieselbe Statuette zuweilen auf beide Arten benutzt wurde (Lévi-Strauss, S.165-166).

Für Lévi-Strauss ergibt sich aus dieser Beobachtung die Frage, ob man das Heilige wirklich als Gegensatz zum Profanen ansehen müsse oder ob das ein nur in Europa geltender Dualismus sei. Auch hier sieht man sein Bemühen, nicht eurozentrisch zu denken. Er lehnt es ab, von einem "Symptom für den Zusammenbruch eines Kultes" zu sprechen, wenn eine kulturelle Praxis nicht über den Gegensatz zwischen dem "Heiligen" und dem "Profanen" funktioniert (ebd.). "Aber er zieht daraus nicht die Konsequenz, den Schriftcharakter der Puppen anzuerkennen. Wie bereits erwähnt, konnte er schon die Linien auf den Kürbissen nicht als Schrift verstehen.

Mir scheint es sinnvoll, ein ethnologisches Paradigma der 'Puppenschrift' zu entwickeln. Ethnologen haben es oft als unverständlichen Widerspruch empfunden, wenn Einheimische ein und dieselbe Puppe gleichzeitig wie Spielzeug und wie eine heilige Statue behandeln. Wenn die Puppen aber eine Schrift bilden, so ist es nicht mehr verwunderlich, daß man mit denselben Puppen verschiedene Texte schreibt: Kleine Mädchen malen sich mit den Puppen ihr zukünftiges oder imaginäres Leben aus, während die Erwachsenen mit denselben Puppen die Götterwelt darstellen. In Europa ist es auch nicht anders. Kinderbücher werden mit derselben Schrift geschrieben wie die Bibel: mit dem Alphabet. Auch das Gesetz und die Pornographie werden mit derselben Schrift geschrieben. Die materiellen Bedeutungsträger der heiligen und der profanen Schrift weisen keine Unterschiede auf.

1.8. Puppenschrift und Ornament

Das Ornament bildet eine Brücke zwischen den Puppen und dem, was man traditionell als Schrift versteht.
Den Zusammenhang von Schrift und Ornament kann man an vielen Beispielen sehen. Die christlichen heiligen Schriften aus dem Mittelalter z.B. sind mit vielen Ornamenten versehen, die man nicht leichtfertig mit dem Begriff der 'Dekoration' abtun kann. Besonders die Initialen, die Anfangsbuchstaben einer Buchseite, zeigen deutlich den Ornamentcharakter der Schrift. Anstatt aus Linien bestehen sie oft aus Flächen, in denen pflanzliche Ornamente zu sehen sind (vgl. Alexander, S.16). Es gibt auch Initialen, die zwar in sich kein Ornament tragen, aber selbst ein Ornament sind, in dem verschiedene Tierformen kombiniert werden (vgl. ebd., S.27).
Wenn Puppen seriell auftauchen, bilden sie auch eine Art 'Ornament'. Diese Verbindung zwischen den Puppen und dem Ornament zeigt sich, wenn das Bewußtsein abwesend ist, z.B. im Zustand des Rausches oder im Traum. Wie Egon Wissing protokollierte (1931), berichtete Walter Benjamin bei einem Drogenversuch, er habe Wendeltreppen aus Eis gesehen: Auf jeder Stufe saßen "sehr zartfarbige, winzige, hinschmelzende, puppenähnliche Gestalten", die er als "Puppenmännchen" und "Puppenfrauen" bezeichnete (Benjamin, Bd.VI, S.593-

594). Das Bild erinnert an die japanischen Hinaningyô-Puppen, die auch auf Stufen sitzen. Dann folgte eine "Periode", in der Benjamin "vegetabilische Formen" sah (ebd.): die Ornamente.

Das Ornament kann als eine sehr alte Form der Schrift verstanden werden, die eine noch längere Geschichte besitzt als die Bilderschrift. Miyoko Nakano beschreibt einen historischen Prozeß, in dem sich "aus vegetabilischen Ornamenten die bildliche Vorstellung des "Drachen" entwickelte. Das chinesische Ideogramm für das Wort "Drache", das auf den ersten Blick wie eine einfache Bilderschrift aussieht, ist erst lange nach den vegetabilischen Ornamenten entstanden. Es steht nicht etwa als bildhaftes Zeichen am Anfang einer Schriftentwicklung, sondern ist Effekt einer komplizierten Kombination phonetischer, semiotischer und bildlicher Zeichenelemente (vgl. Nakano, S.52-86)[2] Das Ornament stellt also keine Abstraktion vom Bildlichen dar, sondern ist umgekehrt die Schrift, die vor dem Bild existierte. Das Ornament ist eines der ältesten Gesichter der Schrift.

Auch in einem Erinnerungsbild Benjamins aus der Kindheit findet sich eine Reihe kleiner Puppen, die ein Ornament bilden. Es handelt sich dabei um Puppen des Schwiegerlingschen Marionettentheaters in Bern.

Und eben wie ich dies schreibe, kommt mir noch eine andere Erinnerung von damals. Ein langer Clown steht auf der Bühne, verbeugt sich, beginnt zu tanzen. Während des Tanzes schüttelt er einen kleinen Zwergclown aus dem Ärmel, der genau so rotgelb geblümt gekleidet ist wie er; und so bei jedem zwölften Walzertakt einen neuen. Bis schließlich zwölf ganz gleiche Zwergen- oder Babyclowns um ihn im Kreise herumtanzen (Benjamin, Bd.III, S.216).

Die zwölf Puppen sind nicht individuell verschieden, sondern sehen alle gleich aus und bilden so ein Ornament. Man könnte sagen, daß dieses Ornament 'vegetabilisch' ist, da auf den Kleidern der Puppen rote und gelbe Blumen zu sehen sind. Das beschriebene Marionettentheater wird von Benjamin als "Zau-

berbude" bezeichnet (ebd., S.215). Es gehört also zur Zauberkunst, ein Ornament zu schreiben, und der große Clown ist ein Zauberer, der schreibt, indem er 'Kopien' seiner selbst aus dem Ärmel schüttelt.
Der Traumcharakter dieser Erinnerung besteht u.a. darin, daß die vom Konkreten abstrahierende Redewendung "aus dem Ärmel schütteln" hier zugleich haargenau das materielle Ereignis beschreibt. Man bekommt den Eindruck, das Zusammenfallen von Redewendung und materiellem Ereignis hätte das Bühnenstück erinnerbar gemacht.

Eine ähnliche Szene gibt es in Raymond Roussels "Locus Solus": "Zwölf wundervoll geformte und bemalte Figuren" stellten sich "- so der Text - in zwei parallelen Reihen einander gegenüber und tanzten "in der klassischen Form eine hinreißende Gigue" (Roussel, S.226). Die Figuren wurden von Lucius Egroizard geführt, einem Mann, der "plötzlich verrückt geworden war, als er mit ansehen mußte, wie seine einjährige Tochter von einer Gruppe von Mördern, die eine Gigue tanzte, schändlich zu Tode getrampelt wurde" (ebd., S.225). Der Tanz der Puppen erzählt den Mord an "der Tochter nach. Aber weder die Puppen noch die Zuschauer sprechen während der Nacherzählung im Tanz. Vielleicht artikuliert sich die Erinnerung an die Ermordung der Tochter in der Puppenschrift, weil der "Verrückte' durch den Mord die Sprache verlor.

Am 16.12.1922, einige Tage nach der Premiere von "Locus Solus" erhält Michel Leiris einen Brief von Raymond Roussel, der wie folgt beginnt:

Dank, mein lieber Michel, für Ihren interessanten und aufschlußreichen Brief.
Ich sehe, daß Sie wie ich dem Bereich der Realität den der Konzeption vorziehen (Leiris 1988, S.32).

In Michel Leiris' Afrika-Tagebuch "Phantom Afrika" wird deutlich, warum Leiris der Realität nicht den Vorrang vor dem Bereich der Konzepzion geben kann. "Phantom Afrika" zeigt, daß es keinen Realitätsbereich gibt, der unabhängig von einer Konzeption wahrnehmbar wäre. Auch Leiris' Umgang mit afrikanischem Spielzeug folgt einer Konzeption: seiner Konzeption der Schrift, die sich von der der Einheimischen erheblich unterscheidet.

2. "Phantom Afrika" von Michel Leiris

2.1. Verschiedene Konzeptionen der Schrift

In Michel Leiris' Tagebuch "Phantom Afrika" (1931-1933), das er während seiner Expedition von Dakar nach Djibouti schrieb, gibt es mehrere Szenen, in denen sich eine Puppe in ihrem Schriftcharakter zeigt und den Ethnographen dadurch verwirrt.
Puppen entstehen z.B. auch, wenn ein Naturgegenstand mit einem kleinen Zeichen versehen wird, der an ein menschliches Abbild erinnert. Leiris' Kenntnis der 'ready-mades' von Marcel Duchamp ermöglicht es ihm - allerdings erst lange nach seiner afrikanischen Reise -, einer solchen Verwandlung von Gegenständen Bedeutung zu geben. In seinem Aufsatz "Die Neger Afrikas und die plastischen Künste" (1953) widmet er den Maispuppen große Aufmerksamkeit:

Wenn es auch neben den plastischen Künsten der Männer keine weibliche Bildhauerei im eigentlichen Sinne gibt, so sind bei vielen Völkern zumindest die Puppen zu erwähnen, die von den kleinen Mädchen für ihren persönlichen Gebrauch oder von ihren Müttern oder älteren Schwestern für sie angefertigt werden. Es sind Figürchen von oft bemerkenswerter Formeleganz; bei den in der Ausführung vollkommensten ist der Kopf oder gar der ganze Körper aus Wachs modelliert, während die elementarsten bisweilen nichts anderes sind als ein lediglich etwas retuschierter Naturgegenstand (so z.B. im Gebiet der Mandingo ein geschälter Maiskolben, bei dem die Blätter, die die Frucht umgeben, geflochten sind, um die Zopfhaartracht zu imitieren), ein Gegenstand, der praktisch, wenn nicht gar von der damit verbundenen Vorstellung her als Entsprechung zu den 'ready-mades' angesehen werden kann, wie man ihnen an der vordersten Spitze der modernen europäischen Kunst in bestimmten Werken Marcel Duchamps und der Surrealisten begegnet (Leiris 1985, Bd.2, S.212).

In diesem Text vergißt Leiris die in der Ethnologie beliebte und während seiner Reise für ihn so wichtige Frage nach der Bedeutung der Puppe. Er bleibt von der Beunruhigung verschont, die ihn überfallen hat, als er mit der Frage konfrontiert war. Jetzt hat er gleich zwei Ordnungsfächer gefunden, in die er die Maispuppen einordnen kann: das Fach für Spielzeug und das Fach für Kunst. Eine solche Kategorisierung der Puppen bedarf offensichtlich der zeitlichen und räumlichen Distanz. Als Leiris den Aufsatz schreibt, befindet er sich nicht mehr in Afrika, sondern wieder in Europa, wo er sicheren kulturellen Boden unter den Füßen spürt.
Anders als bei Duchamps 'ready mades' kann es für die Einheimischen keine Geste der Provokation sein, aus einem Naturgegenstand durch eine ganz kleine Veränderung eine Puppe zu machen. Die Herstellung der Maispuppen bedeutet für die Einheimischen, eine Ähnlichkeit zwischen dem Maiskolben und einer Menschengestalt zu entdecken und diese Ähnlichkeit zu verdeutlichen. Das von Marcel Duchamp bei seinem 'ready-made' benutze Verfahren hingegen besteht in der Radikalisierung einer ganz anderen und ihm vertrauten Funktionsweise der Zeichenwelt: Die phonetische Schrift hat überhaupt keine Ähnlichkeit mit dem Gegenstand, den sie bezeichnet. Allein die kulturellen Absprachen verbinden Schriftzeichen und Gegenstände. Durch veränderte Absprachen läßt ein geschriebenes Wort sich mit jedem beliebigen Gegenstand neu verbinden. Auch läßt sich die 'Bedeutung' eines Gegenstandes dadurch verändern, daß man ihn beliebig beschriftet. In seinem Aufsatz "Kunst und Gewerbe des Marcel Duchamp" (1946) beschreibt Leiris, wie Duchamp ein Objekt von seiner üblichen, an einen bestimmten Gebrauch gebundenen Bedeutung trennt und mit einer neuen Bedeutung versieht:

. . . so gibt es nichts dergleichen in der sehr einfachen und verwir-

renden Erfindung, die Duchamp 'ready-made' getauft hat: kommerzielle Produkte oder vorgefertigte Objekte (wie zum Beispiel Reklamebilder), die er signierte, denen er mitunter auch einige Worte hinzufügte, die eine Legende ergaben, oder die er leicht veränderte. Hier wird der gewählte Gegenstand einfach isoliert, benannt, seiner Umgebung entzogen, in eine neue Welt projiziert (Leiris 1988, S.121).

Solche Praktiken sind nur in einer Kultur interessant, in der die Verbindung zwischen Sprache und Welt allein auf Vereinbarungen beruht. Duchamps Verfahren, den Dingen durch beliebige Bezeichnung oder durch die Verortung in befremdenden Kontexten ihre jeweilige Bedeutung zu geben, macht die Arbitrarität der Sprache überhaupt erst sichtbar. Es erinnert aber auch an den Verlust der magischen Sprache, die mit der Welt durch 'ähnlichkeiten' verbunden war.

In ihrer ursprünglichen Form, als sie den Menschen von Gott gegeben wurde, war die Sprache ein absolut sicheres und wahres Zeichen der Dinge, weil sie ihnen ähnelte. (. . .) Die Transparenz wurde in Babel als Bestrafung für die Menschen zerstört. Die Sprachen wurden voneinander nur getrennt und wurden miteinander unvereinbar insoweit, als zunächst jene Ähnlichkeit mit den Dingen ausgelöscht wurde, die die erste raison d'être der Sprache war (Foucault, S.67).

Die den Dingen ähnliche Sprache ist hier ein Geschenk Gottes. Die "ähnlichkeit" kann daher nicht von Menschen wiederhergestellt werden. Ihre ursprüngliche Form ist für immer verschwunden, sobald sie einmal verändert oder zerstört wurde. Die Ähnlichkeit der Puppenschrift hingegen ist keine ursprüngliche, sondern wird immer wieder neu hergestellt.
Auch in Hinblick auf das Alphabet gibt es die Vorstellung einer verlorenen Ähnlichkeit. Walter Benjamin zitiert die radikale Auffassung des "Biomorphismus", derzufolge die "Buchstabenschrift aus einer Bilderschrift entstanden" sei, im Zusammenhang mit Kinderbüchern. Alle Buchstaben seien Bilder gewesen, und bei einigen Buchstaben sei das zugrunde-

liegende Bild noch ohne weiteres erkennbar: "Es macht keine Schwierigkeiten, einem Kinde klar zu machen, daß das P einen Mann mit einem Kopf bedeutet, daß das O ein Auge ist . . . Das Kind versteht auch ohne weiteres, daß das H und E einen Zaun darstellen, und bereichert das E sogar mit dem vierten Querstrich, den es einmal besessen und erst in der frühesten Periode der griechischen Schrift verloren hat" (Benjamin, Bd.III, S.269). Benjamin selbst geht nicht davon aus, daß im Buchstaben ein ursprüngliches Bild aufbewahrt wird. Er entdeckt aber z.B. in einem erfinderischen Kinderspiel Momente, in denen die verlorene Ähnlichkeit in einer anderen Form wiederhergestellt wird. So schreibt er z.B. über ein Kind, das seine Zeichnung eines Autos mit dem Buchstaben A begann. "Das Auto war in Vorderansicht abgebildet. Der Kühler mit der Aussicht auf die Vorderräder gab den Umriß, der Abschluß des Kühlers nach unten zu den Querstrich des A: so kam das A in Gestalt des Autos, das Auto in Gestalt des A mir entgegen" (ebd.).

Im Unterschied zu Benjamin interessiert sich Leiris nicht für spielerische Momente, in denen eine Ähnlichkeit zwischen Sprache und Gegenstand ins Zeichen hineinkommt. In der im folgenden zitierten Szene behandelt Leiris Steine wie phonetische Schriftzeichen. Er kann nicht akzeptieren, daß der Einheimische dieselben Steine als Puppen und zugleich als Schrift benutzt.

Frappierendes Beispiel für die Art von Mißverständnissen, die die Untersuchung unweigerlich immer wieder durcheinanderbringen, sobald es um die Übersetzung geht. Als ich Ambibè Babadyi verständlich machen will, daß ich von den Texten, die er mir gibt, keine annähernden, sondern wörtliche Übersetzungen haben möchte, lese ich eine Handvoll Kieselsteine zusammen. Ich lege die Steine einen nach dem anderen in einer Reihe auf den Tisch und sage bei jedem Kieselstein: "Das ist jetzt das Wort, dieses Wort, jenes Wort." Ich nehme anschließend eine zweite Handvoll Steine, ersetzte die aufgereihten Steine nach dem anderen durch die neuen, sage dabei "Das ist jetzt das französische Wort für dieses Wort, das französische Wort für jenes Wort . . ." und möchte dann, daß er mir erklärt, was der fragliche Satz bedeuten sollte, und zwar so, als wenn es darum ginge - einmal angenommen, das wäre möglich - , jedes Wort des Satzes in der Geheimsprache durch das entsprechende (vom Dolmetscher dann ins Französische übertragene) Dogonwort zu ersetzen, genau so wie ich es mit den Kieselsteinen gemacht hatte. Ambibè Babadyi nimmt den ersten Stein - der dem Wort "Mann" entsprach - und ich glaube, er hat verstanden, worum es geht. Aber er greift nach einem zweiten, legt ihn in die Nähe des ersten und sagt, das sei eine Peul-Frau. Dann zieht er mit seinem Finger auf dem Tisch eine Linie, nimmt den ersten Stein, läßt ihn diese Linie entlangwandern und erklärt, daß der Mann jetzt auf der Straße geht. Mein ganzer schöner Plan fällt in sich zusammen (Leiris 1985, Bd.3, S.154).

Wenn Leiris einen Stein durch einen anderen ersetzt und damit das Verfahren einer Übersetzung meint, symbolisiert der Stein den Wortlaut, den Signifikanten. Anders gesagt ist der Signifikant für ihn durch einen *Gegenstand* repräsentierbar. Ambibè Babadyi versteht, daß der Stein eine Schrift ist, aber er versteht ihn nicht als phonetische Schrift, sondern als Puppenschrift. Er bewegt den Stein wie eine Puppe, er schreibt mit der Puppenschrift den Satz: Der Mann geht jetzt auf der Straße. Für Leiris hat dieses Verfahren nichts mit einer Schrift zu tun. Er sieht darin eine "Dummheit" Ambibè Babadyis, der "unfähig ist, sich einen klaren Begriff von der Sprache als solcher zu machen"(ebd.).
Leiris verlangt, daß die Sphäre der Sprache von der der Gegenstände abgetrennt wird. Sprache soll selbständig und ohne jede Ähnlichkeit mit einem Objekt oder mit einem Lebewesen funktionieren. Aber genau an dieser Stelle ist Leiris damit konfrontiert, daß die verlorene Ähnlichkeit in die Sprache zurückkehrt. Sie kehrt in der Form der Puppenschrift zurück.

2.2. Die Schrift des Paradieses

Leiris äußert im Vorwort des Tagebuches den großen Wunsch, Menschen einer anderen Kultur zu berühren. Diese Berührung gelingt ihm aber nicht. Einheimische Kinder geben ihm z.B. kein Zeichen dessen, was Leiris unter Herzlichkeit versteht. Kontakt mit den Kindern gibt es nur, wenn er oder seine Kollegen ihnen Spielzeug abkaufen.

Sobald wir uns den Dörfern nähern, ergreifen die Kinder im allgemeinen die Flucht. Manche schreien sogar vor Angst, wenn man ihre Hütten betritt. (...) Als wir weiterfahren, kauft Griaule ihnen ein paar Puppen ab, einfache Maiskolben mit einem als Zopf geflochtenen Blätterschwanz (Leiris 1985, Bd. 3, S.67).

Die Maispuppen, denen Leiris in einem späteren Text einen ästhetischen Wert zuschreibt, gelten ihm im Afrika-Tagebuch nur als Kommunikationsmittel. Die Puppen werden nicht etwa wie Spielzeug benutzt, kein Kind spielt mit ihnen. Anstatt in der Kinderstube mit Puppen zu spielen, betreiben kleine Mädchen ein Puppen-Geschäft und sehen dabei aus wie Händler, Soldaten oder wie beides in einer Figur:

Nach dem Mittagessen empfange ich in meinem Abteil eine Abordnung von 3 jungen Mädchen in Sonntagsstaat, die - wie jeden Tag viele andere - gekommen sind, uns Puppen zu verkaufen. Die älteste macht einen militärischen Gruß, die jüngste reicht mir die Hand (Leiris 1985, Bd. 3, S. 85).

Die Mädchen zwingen Leiris, eine Ware zu kaufen, die für ihn keinen Wert hat, und werden dabei für Leiris zu einem Spiegelbild der europäischen Herrschaft. Denn nach seiner Ansicht zwingt diese Herrschaft die Einheimischen mit militärischer Drohung, etwas *in Kauf zu nehmen,* das ihnen keine Vorteile bringt. Die Kinder interessieren sich nur für das Geld, das Leiris in der Tasche hat, aber niemals für eine "Berührung". Auch ein "Geschenk", das von der Vorstellung der Geldzahlung frei zu sein scheint, funktioniert hier über Geld.

Am Nachmittag Autoausflug nach Ngor, zusammen mit Larget. Spaziergang im Dorf und am Strand, wo viele mit winzigen Lendenschurzen (um die Hüften geknüpften Tüchern) bekleidete Kinder spielen und Segelpirogen aufs Meer hinausfahren lassen. Eine Schar kleiner Mädchen kommt herbeigelaufen. Die meisten tragen noch kleinere Kinder auf dem Rücken. Sie umringen uns und rufen: "Sonntag! Sonntag!" Zuerst verstehen wir nicht, was das heißen soll, aber als uns dann einfällt, daß am Sonntag sicher die Ausflügler aus Dakar dieses Dorf besuchen, kommen wir darauf, daß sie mit "Sonntag" wohl ein kleines Geschenk meinen. Wir kaufen einem der Kinder sein Schiffchen ab, ... (Leiris 1985, Bd.3, S.40).

Das "Geschenk" bedeutet hier, einem Kind ein Spielzeug abzukaufen, und nicht wie üblich, einem Kind ein Spielzeug zu schenken. Das Spielzeug, das Leiris gekauft hat, symbolisiert das, was er den Kindern nicht geschenkt hat. Zugleich steht es an der Stelle von etwas, das er von den Kindern nicht bekommen hat. Leiris' Wunsch nach einer Berührung mit den Menschen der anderen Kultur wird ständig enttäuscht. Kein Austausch der Gefühle findet statt, sondern es wird immer nur Spielzeug gegen Geld getauscht.
Dieses "Geschenk" ist für ihn etwas Schmerzhaftes, weil es die fehlende Berührung mit den einheimischen Kindern verkörpert. In einem Traum fallen körperlicher Schmerz und die Vorstellung des Geschenkes deutlich zusammen:

In einem Traum sind mir diese Magenbrände wie eine besondere Art von Geschenk erschienen, das von ganz bestimmten Würdenträgern und zu ganz bestimmten Anlässen dem Erbprinzen von Abessinien überreicht wird. Der Name dieses Geschenkes läßt sich nur sehr schwer in Lautschrift wiedergeben. Vielleicht ist das der Grund für die Schmerzen? (Leiris 1985, Bd.3, S.238).

Interessant ist, daß Leiris die Unbenennbarkeit des Geschenkes hier genauer bestimmt, in "Lautschrift" nämlich lasse es sich nur schwer wiedergeben. Das Geschenk, dessen Name in Lautschrift nicht dargestellt werden kann, bildet für ihn eine Leer-

stelle, die schmerzhaft ist. Auch der Verlust der ursprünglichen Sprache, die Gott den Menschen schenkte, hat eine Leerstelle hinterlassen. Während diese Sprache Ähnlichkeit mit der Welt hatte, muß die Lautschrift, die phonetische Schrift, ohne solche Ähnlichkeit auskommen.
Leiris versucht, die Leerstelle u.a. mit einer Vorstellung der 'Kindheit' zu füllen. Vielleicht soll die Kindheit einen Zeitraum symbolisieren, in dem die Welt noch nicht in phonetischer Schrift festgeschrieben ist. In der Kindheit existieren viele Gegenstände, deren Namen das Kind noch nicht geschrieben hat. Und viele Wörter werden noch nicht richtig ausgesprochen.
Diese Kindheit ist mit der Vorstellung des Paradieses vergleichbar. Auch im Paradies gibt es noch keine menschlichen Schriftzeichen. Stattdessen gibt es eine Schrift, mit der Gott die Welt geschrieben hat.

Was Gott in der Welt niedergelegt hat, sind geschriebene Worte. Als Adam den Tieren ihre ersten Namen gab, hat er die sichtbaren und schweigenden Zeichen nur abgelesen. Das Gesetz Gottes ist den Tafeln anvertraut worden und nicht der Erinnerung der Menschen, und das wahre Wort muß in einem Buch gesucht werden. Vigenère und Duret sagten beide und in fast identischen Worten, daß die Schrift stets dem Gesprochenen vorausgegangen sei, ganz gewiß in der Natur, vielleicht auch im Wissen der Menschen. Denn möglicherweise hat es vor Babel, vor der Sintflut eine Schrift gegeben, die aus den Zeichen der Natur zusammengesetzt war, so daß diese Charaktere die Kraft gehabt haben, direkt auf die Dinge einzuwirken, sie anzuziehen oder sie abzustoßen, ihre Eigenheiten, ihre Kräfte und ihre Geheimnisse darzustellen (Foucault, S.70-71).

In Leiris' Tagebuch gewinnt sein Bild der Kindheit im Laufe der Reise eine zunehmend klare Gestalt. Zuletzt wird sie eins mit der Vorstellung des Paradieses, obwohl Leiris - trotz aller Bemühungen - die afrikanischen Kinder nicht berühren und nicht mit seiner Welt in Einklang bringen kann. Sein Bild der Kindheit kann in Afrika keinen Platz finden. Es findet sich nur in der jüdisch-christlichen Vorstellung des Paradieses. Leiris imaginiert Kindheit zunächst als 'verlorenes Paradies' und schreibt diese Vorstellung dann nachträglich seinem eigenen Leben zu.

Am Anfang ist Kindheit etwas, das *neu* und *unbekannt* ist:

Jetzt endlich liebe ich Afrika. Die Kinder machen auf mich einen Eindruck von Munterkeit und Leben, wie ich ihn nirgendwo sonst gehabt habe. Das geht mir unendlich nahe (Leiris 1985, Bd.3, S.40).

Die Formlierung "wie ich ihn nirgendwo sonst gehabt habe" beschreibt "Munterkeit und Leben" als etwas, das Leiris aus seiner eigenen Vergangenheit nicht kennt. Bald darauf aber findet eine Verkehrung statt. Nun projiziert er "Munterkeit und Leben" in seine eigene Vergangenheit. Die Umkehrung markiert den Anfang eines Prozesses, in dem Leiris nach und nach seine 'Kindheit' als den von ihm begehrten Lebensort gestaltet.

Nicht nur die Kinder Afrikas, sondern auch Afrika im Sinne einer für Leiris neuen Welt übernehmen nach und nach die Aufgabe, dem imaginären Ort namens "Kindheit" eine konkrete Gestalt zu geben. In der folgenden Textpassage wird die Reise nach Afrika zunächst als 'neue' Erfahrung wahrgenommen, dann aber in eine Reise in die eigene Vergangenheit umgedeutet:

Endlich ein Herz zu haben: Das hoffte ich, als ich nach Afrika aufbrach! Ich bin jetzt über dreißig, ich werde alt, und immer noch diese Intellektualität ... Gibt es für mich je einen Weg zurück zur Frische? (Leiris 1985, Bd.3, S.168)

Das Wort "Endlich" drückt die Sehnsucht nach etwas Neuem, bisher Entbehrten aus, aber in einer Umkehrung der Richtung wird diese Sehnsucht zu einer Suche nach einem "Weg *zurück* zur Frische". Leiris entwickelt eine immer stabilere Konstruktion zweier Welten, die einen Kontrast bilden: einerseits das kindliche Paradies, in das er nicht mehr zurückkehren kann, und andererseits die Gegenwart, in der eine abschreckende Nähe zum Tod spürbar ist. Das Kindheitsbild 'ist ein während der Reise geformtes Kunstprodukt, das aber Voraussetzung für die 'Erinnerung' der Kindheit ist. Umgekehrt ist auch das 'Phantom' Afrika ein Kunstprodukt, das durch die 'Kindheitserinnerung' geprägt wird.

Wie Leiris über den ethnologischen Blick die eigene Kindheit (re-) konstruiert, ist in seinen Aufsätzen "Das Heilige im Alltagsleben" (1938) und "Das Auge des Ethnographen" (1930) ablesbar.

In "Das Heilige im Alltagsleben" ist von einem möglichen Ende der 'Kindheit' die Rede. Dieses Ende wird durch den Sieg der phonetischen Schrift über die Puppenschrift herbeiführt. Leiris beschreibt, wie ein 'falscher' Wortlaut zum Verstummen gebracht wird bzw. wie es plötzlich unmöglich wird, ein geschriebenes Wort 'falsch' zu lesen. Der Zwang, die phonetische Schrift nur noch mit einem einzigen Wortlaut zu verbinden, setzt sich durch.

Ich erinnere mich, wie ich eines Tages beim Spielen mit Zinnsoldaten einen davon auf den Boden fallen ließ, ihn wieder aufhob und, als ich sah, daß er nicht zerbrochen war, ausrief: 'glicheweis!' Woraufhin irgend jemand, der sich in meiner Nähe befand - meine Mutter, meine Schwester oder mein älterer Bruder - mich darauf aufmerksam machte, daß man nicht 'glicheweis' sagt, sondern 'glücklicherweise' - was auf mich die Wirkung einer verblüffenden Entdeckung hatte. Und auch von dem Augenblick an, wo ich erfuhr, daß der Name Moise (Moses) nicht 'Moisse' ausgesprochen wird, wie ich es die ganze Zeit über immer angenommen hatte . . . (Leiris 1985, Bd.1, S.236)

Der Absturz des Zinnsoldaten geht mit der Niederlage der Puppenschrift einher. Der Sieger heißt: die phonetische Schrift.

Die Puppenschrift kontrolliert den Klang der Sprache nicht. Wenn das Kind ein Wort 'falsch' ausspricht, so wird es nicht vom Zinnsoldaten korrigiert, denn das gesprochene Wort interessiert die Puppen nicht, die ihre eigene, von der Ausspra-

che unabhängige Schrift schreiben. Im Unterschied dazu verpflichtet die phonetische Schrift zur Identität von Schrift und gesprochenem Wort, was eigentlich gar nicht geht. Zeigen sich Diskrepanzen zwischen phonetischer Schrift und gesprochener Sprache, so wird daraus der Schluß gezogen, daß das Wort entweder falsch geschrieben oder falsch ausgesprochen wurde.
Gerade der Klang der Sprache und die Buchstaben als Verkörperung der Materialität der Sprache bringen bei Leiris literarische Schreibweisen hervor. Wir werden diesen Vorgang später an einem Beispiel untersuchen.
Der Ausdruck "Von dem Augenblick an" in der oben zitierten Textstelle jedenfalls verweist auf einen Einschnitt, mit dem die Sprache der Kindheit verlorengegangen ist.
Nach Benjamins Sprachtheorie geht auch das Ende des Paradieses mit einem sprachlichen Verlust einher: dem Verlust der Sprachmagie (vgl. Benjamin, Bd.II, S.140-157). Leiris imaginiert die Kindheit als Ort des Ursprungs, der noch kaum verfälscht' sei. Besonders deutlich wird dies, wenn er Kindheit und Paradies zum Bild des "kindlichen Paradies(es)" verschmilzt. Im Gegensatz zur 'Kindheit', die für Leiris ein wahres und unverstelltes Gesicht hat, kommt ihm die Gegenwart vor wie ein geschminktes Gesicht:

Jetzt bin ich allein (. . .) und denke über meine Arbeit hier nach. Eine unzureichende, traurige Schminke, mit der ich vor mir selbst mein anhaltendes (und zunehmendes) Grauen vor dem Tod, dem Altern, ja selbst vor dem Leben verbergen möchte. Aus dem asketischen Leben, das ich hier führe, ersteht mir kein kindliches Paradies (Leiris 1985, Bd.3, S.172).

Das "asketische" Leben allein reicht nicht aus, um das Paradies herzustellen, denn das Sexuelle ist nicht das einzige, was dem Paradies fehlt. Im Paradies fehlt außerdem die menschliche Schrift. Es gab dort nur die von Gott geschriebene Schrift. Auch Lévi-Strauss' Vorstellung einer unschuldigen 'schriftlosen' Gesellschaft hat ein solches Paradies zum Vorbild. Die 'schriftlose' Gesellschaft dürfte Produkt einer Ethnologie sein, die ihr Objekt, das so vorher gar nicht existierte, im Untersuchen erst 'gestaltet'. Leiris schreibt, für Lévi-Strauss sei die Welt der Nambikwara "eine Art Äquivalent zu jenem grünen Paradies der kindlichen Lieben" gewesen (Leiris 1985, Bd.2, S.56). Aber auch er selbst hat ähnliche Erwartungen, wenn auch widersprüchlicher und nicht direkt geäußert. Im Lauf der Zeit verstärkt sich Leiris' Eindruck, Afrika sei voller 'Fälschungen' und damit sei es hoffnungslos, dort ein ursprüngliches und unverstelltes 'Paradies' zu suchen. Das Spielzeug, vor allem die Puppen, verkörpert diese Fälschung in besonderem Maße. Die Puppen sind aus christlicher Sicht Fälschungen, weil sie menschliche Gestalten haben, die nicht von Gott geschaffen wurden. Aber auch die Holztiere sind verfälschte Kreaturen:

Als wir das Camp verlassen, stoßen Griaule, der Chef und ich auf einen fliegenden Händler. Er verkauft Holzspielzeuge, die Tiere darstellen. Wir vermuten, daß es sich um Sachen handelt, die ausschließlich für die Europäer hergestellt werden und Griaule stellt dem Händler, der im übrigen unverschämte Preise verlangt, verschiedene Fragen: "Wer hat dich auf den Gedanken gebracht, so etwas zu machen?" "Allah", antwortet der Händler. Der Chef amüsiert sich sehr über diese Antwort ... (Leiris 1985, Bd.3, S.46-47).

Die Holztiere sind für Griaule und Leiris in doppelter Weise Fälschungen: Zum einen werden sie nicht von Gott geschaffen, zum anderen sind sie - so wird vermutet - gar kein 'echtes' afrikanisches Spielzeug, sondern wurden nur für den Verkauf an die Europäer produziert.
Eines der beliebtesten Spielzeugmotive in Europa ist die "Arche Noah". "Kaum ein anderes Spielzeug war ab Mitte des 19. bis ins erste Jahrzehnt des 20. Jahrhunderts so verbreitet wie die Arche Noah" (Bilz, S.59). Im 19. Jahrhundert wurden in allen deutschen Spielzeugzentren Archen hergestellt. Besonders die Archen aus dem Erzgebirge waren wegen ihres reichen Angebotes berühmt: Bis zu zweihundert verschiedene Tierarten wurden dort produziert.
Wenn die göttliche Schrift bei der Sintflut verlorengegangen ist, dann sind die geretteten Tiere auf der Arche Noah nicht

dieselben geblieben: Vor der Sintflut konnte Adam die göttliche Schrift lesen, indem er die Tiere als Schrift las. Nach der Sintflut aber sind diese Tiere zu Holztieren geworden, zu verfälschten Kreaturen, die man nicht mehr unmittelbar lesen kann. Insofern kann man europäische Holztiere als Alibibeweis verstehen: Sie erinnern die Menschen immer wieder an die Abwesenheit der Schrift der Dinge. Jene Holztiere aber, die man jederzeit und ohne Gottes Hilfe herstellen kann, bilden die Puppenschrift, in die sich die Schrift der Dinge verwandelt hat.

2.3. Die Magie des Regenmacherfigürchens

Bevor die Ethnologen bestimmte Gegenstände deuten, müssen sie sie sammeln. Die Einheimischen helfen ihnen manchmal dabei. In Leiris' Tagebuch ist z.B. von einem Einheimischen die Rede, der Leiris und seinen Kollegen Kinderrasseln, Puppen, Flitzebogen für Kinder und andere Objekte mitbringt (vgl. Leiris 1985, Bd.3, S.63). Die Sammler warten, bis ihnen die Sammelobjekte gebracht werden, oder sie gehen selbst auf die Suche. Finden sie etwas, so nehmen sie es - manchmal auch ohne die Erlaubnis der Besitzer - an sich. Natürlich geben die Einheimischen Dinge, die in ihrem Leben oder in ihrem Denken eine wichtige Bedeutung haben, nur selten freiwillig her. Aber je wichtiger ein Gegenstand für sie ist, desto größer ist die Lust der Ethnologen, ihn mitzunehmen. Das macht die Besonderheit der Ethnologen unter den Sammlern aus. Auch im Tagebuch von Leiris werden ethnologische Diebstähle beschrieben, was einen Skandal auslöste, als das Buch 1934 in Paris erschien.

Gestern hatte man uns voller Entsetzen die Mitnahme mehrerer Regenmacherfigürchen sowie einer Figur mit erhobenen Armen verweigert, die wir in einem anderen Heiligtum entdeckt hatten. Wenn wir diese Gegenstände mitgenommen hätten, hätten wir das Leben selbst des Landes mit uns genommen, sagte uns ein Junge, der zwar "Schütze gemacht" hatte, aber doch seinen Bräuchen so treu geblieben war, daß er beim Gedanken an das Unheil, daß unsere Freveltat heraufbeschwören möchte, fast in Tränen ausbrach und - sich mit all seinen Kräften unserem üblen Vorhaben entgegenstemmend - die Greise zusammengetrommelt hatte. Im Herzen Freibeuter, nehmen wir heute morgen herzlich Abschied von den Greisen, die entzückt sind, daß wir sie doch noch verschont haben, und halten dabei den gewaltigen grünen Regenschirm im Auge, den wir gewöhnlich als Sonnenschutz aufspannen, der heute aber sorgfältig verschnürt bleibt. Von einer sonderbaren Geschwulst gebläht, gleich dem Schnabel eines Pelikans, enthält er jetzt die Statuette mit den erhobenen Armen, die ich höchstpersönlich vom Fuß des Erdhügels weggenommen habe, der ihren Altar und den Altar ähnlicher Figuren bildet (Leiris 1985, Bd.3, S.166).

Erfahrungen wie diese rufen bei Leiris eine immer stärkere kritische Distanz zur Ethnologie und zum Kolonialismus hervor. Er vergleicht seine Position als europäischer Ethnograph[3] mit der eines Diebes und Polizisten zugleich, denn er muß nicht nur bestimmte Gegenstände stehlen, sondern auch die Einheimischen entsprechend genau, streng und emotional unbeteiligt befragen, um die Bedeutung der Gegenstände herauszufinden. Auch beim Diebstahl der Statuette verhält er sich so und verdrängt dadurch z.B. sein Schuldgefühl. Möglicherweise verweist aber die Genauigkeit seiner Beschreibung des Diebstahls auf ein verschobenes Moment von Selbstkritik und übernimmt die Funktion einer Beichte.

Die erzählerische Genauigkeit verschafft dem Text aber auch literarische Komponenten: So entsteht z.B. über die Wiederholung eines Wortelements eine Verbindung zwischen dem Objekt des *Regen*macherfigürchens und dem Objekt des *Regen*schirms. Der Leser des Tagebuchs weiß nicht, ob diese sprachliche Übereinstimmung vom Autor beabsichtigt war oder nicht. Es sieht eher so aus, als habe der Text den Autor gezwungen, den Diebstahl so genau zu beschreiben, damit das Wort "Regenschirm" auftauchen kann. Hätte Leiris z.B. abstrahierter von dem Diebstahl berichtet, wäre der Regenschirm nicht im Text aufgetaucht. Aber dadurch, daß er den für den Diebstahl benutzten Gegenstand konkret benennt, entsteht im Text ein interessantes Bild: Ein Regenmacherfigürchen verschwindet in einem Regenschirm. Das erste Objekt stammt aus einer Kultur, in der das Leben vom Regen abhängig ist; das zweite kommt aus einer Kultur, in der Regen für die meisten Menschen nichts weiter bedeutet als eine Belästigung, vor der man sich schützen muß. In der Kultur des Regenmacherfigürchens kann man von der magischen Kraft des Objektes sprechen, die den Regen anzieht, während in der Kultur des Regenschirms *die Literatur* für die Magie zuständig ist. Das Wort "Regenmacherfigürchen" ruft zwar hier keinen Regen hervor, aber es zieht das Wort "Regenschirm" in den Text hinein. Wenn man das Tagebuch von Leiris als Versuch verstehen will, "das Magische festzuhalten" (Heinrichs, S.97), so gelingt dieser Versuch weniger aufgrund der Intention des Autors als vielmehr dadurch, daß sich die Magie unabhängig dieser Intention im Text ereignet. Die Magie des Regenmacherfigürchens geht verwandelt in den Text ein.

Die Vorstellung, daß die Literatur eine ähnliche Funktion haben kann wie Magie, findet man bereits in Leiris' Text über Rimbaud (1926). Dort heißt es über den Dichter: "Lebt er in einer Zeit oder in einem Land, wo er noch an die Kraft der Magie glauben kann, so wird er Hexenmeister oder Schwarzkünstler werden ..." (Leiris 1985, Bd.2, S.50).

Es kann kein Zufall sein, daß die ethnologischen Schriften - z.B. von Lévi-Strauss und Leiris, aber auch von Aby Warburg, Mircea Eliade oder Hubert Fichte - literarische Momente haben oder literarische Texte sind. Auch wenn ein Ethnologe es gar nicht beabsichtigt, kann es passieren, daß seine ethnologischen Schriften sich in Literatur verwandeln. Besonders dort, wo die Texte Magie beschreiben, scheint es geradezu unvermeidlich zu sein, daß diese Magie als Sprachmagie eine literarische Wirkung im Text zeigt.

Die Ethnologen haben oft mit magischen Objekten zu tun, die sie - ob nun bewußt oder nicht bewußt - an die Vorstellung der verlorenen Schrift der Dinge zu erinnern scheinen. Die Ethnologen lesen die magischen Objekte als Spur einer verlorenen paradiesischen Schrift, und diese Lektüre verbindet die Ethnologie mit der Literatur.

2.4. Magie und Theatermasken

Leiris glaubt nicht an die magische Wirkung bestimmter Objekte oder Handlungen. Entsprechende Zeremonien deutet er als Täuschungen. Das Ereignis der Zeremonie, das auch für ihn wirklich ist, vergleicht er mit dem Theater.

(...) eine kuriose Komödie, die ich mit so manchen anderen Dingen in Vergleich setzen möchte, die ihrerseits sicher auch niemand hinters Licht führen: So z.B. die Unkenntnis der Identität der Maskentänzer, denn während des Tanzes soll angeblich niemand wissen, wer die verkleideten Tänzer sind; oder das Regenopfer, das zu einem Zeitpunkt stattfindet, wo der Himmel stark bedeckt ist und der bevorstehende Niederschlag für niemand in Zweifel stehen kann (Leiris 1985, Bd.3, S.139).

Das Bild des Theaters - ob nun "Komödie" oder Tanztheater - benutzt Leiris oft, um magische Praktiken zu beschreiben. Über die Metapher der Komödie rückt er diese Praktiken nicht nur in die Nähe zum Lächerlichen sondern bezeichnet sie vor allem als Fälschung der 'Wirklichkeit': Sie sind "nur Theater". Im Maskentheater verdoppelt sich der Charakter der 'Fälschung' noch, weil darin zusätzlich die Maske das 'Original' des nackten Gesichts verfälscht.

Die Verwendung von Theatermetaphern in der Beschreibung magischer Praktiken ist sehr verbreitet. Sie gründet nur selten in der Kenntnis historischer Verwandtschaften zwischen den magischen Praktiken und dem Theater. Meistens ist sie Ausdruck einer Hilflosigkeit der Ethnologen gegenüber ihnen unverständlichen Phänomenen. Auch in "Schlangenritual" von Aby Warburg ist von 'Theater' die Rede, als er den Maskentanz in Oraibi beschreibt. Die Irritation Warburgs, aus der heraus er auf die Deutungsmuster der antiken Tragödie zurückgreift, könnte, wie Sigrid Weigel gezeigt hat, mit der Auflösung des ihm vertrauten Verhältnisses von Nachahmung und Original zu tun haben.

Daß die Beschreibung dieses Rituals nun durch die Figur des Schauspiels überlagert wird, mag durch die Irritation über das Verhältnis von Nachahmung und Original ausgelöst sein: "Hier sah ich im lebendigen Original die Maskentänzer, die ich in einer Stube in eben diesem Oraibi schon vorher als Puppen gesehen hatte". Wenn aber die Puppen Nachahmungen der Masken sind, wovon sind dann die Masken Nachahmung? (Weigel 1994a, S.24)

Die Erwartung, daß das Original der Fälschung vorgelagert ist, wird hier deutlich enttäuscht. Gleichzeitig wird eine Verwandtschaft zwischen Masken und Puppen vorstellbar. Die Masken verfälschen nicht etwa 'echte' Gesichter, sondern bilden eher enthauptete Puppen: Wenn ein Schauspieler oder Tänzer eine Maske aufsetzt, entsteht eine Theaterpuppe, deren Kopf aus einer Maske, deren Körper aber aus menschlichem Fleisch besteht.
Die Ethnologen können sich die Puppen nicht als Schrift vorstellen. Für sie ist die Theatermaske eine Nachahmung und außerdem eine Oberfläche, hinter der sich ein Tänzer verbirgt. Leiris geht davon aus, daß die Maske aus zwei Schichten besteht. Er versucht, die Schicht ihres Namens und die Schicht der dahinter verborgenen Bedeutung herauszufinden. Das gelingt ihm aber nicht. Dieses Mißlingen erklärt er sich damit, daß die Maske nicht nur die Identität des Tänzers, sondern auch ihre eigene Bedeutung absichtlich verdecken würde.

Sonst eher trister Tag, abgesehen vielleicht von dem Erwerb einer Tanzmaske, die wir dem von Mamadou Vad aufgestöberten Freund des Noumou Tamba abkauften. Die Maske ist sehr schön: Eine Tiergestalt mit dem Kopf eines Schlangenadlers, den Hörnern einer Pferdeantilope, einem Menschenhals und dem Körper eines Hasen oder sonstigen kleinen Säugetieres. Sie ist das Werk eines gewissen Baouré, eines Schmiedes aus Birgo. Die Maske wird zu denselben Anlässen getragen wie die ersten, die wir gekauft haben, aber es ist unmöglich, über ihre Bedeutung auch nur die geringste Aufklärung zu erhalten (Leiris 1985, Bd.3, S.83).

Weil es Leiris nicht gelingt, die Bedeutung eines Sammelobjektes herauszufinden, kommt ihm die ganze Kultur der 'Wilden' zunehmend wie eine Maske vor, hinter der er kein Gesicht findet. Mehr noch: die Maske scheint das Gesicht der fremden Kultur zu sein. Leiris notiert einen Traum, in dem ein "griechischer oder römischer Held" gegen den "Chef der Wilden" kämpft. Dieser "Chef der Wilden" wird folgendermaßen beschrieben:

Der hat dasselbe akademische Kriegerkostüm an wie sein Widersacher, aber er hat keinen Kopf. Auf seinen Schultern sitzt eine bizarre Form, ziemlich hoch, aber weich und abgerundet wie bestimmte in der Chemie verwandte Gerätschaften, und anscheinend aus einer weißlichen Substanz gefertigt: ein Chef der Wilden, dessen Kopf zweifellos durch eine rituelle Maske ersetzt worden ist (Leiris 1985, Bd.3, S.265).

Wie sein "akademisches Kostüm" zeigt, gehört 'der Wilde' keiner 'urspünglichen Natur' an. Sogar ist er in doppelter Weise ein künstliches Wesen. Zum einen besteht sein Kopf nicht aus Fleisch und Knochen, sondern aus einer rituellen Maske. Zum anderen besteht diese Maske nicht - den Vorstellungen der Ethnologen entsprechend - aus 'natürlichen' Materialien wie Ton oder Holz, sondern sie ist "aus einer weißlichen Substanz gefertigt" und gleicht "bestimmte(n) in der Chemie verwandte(n) Gerätschaften". Hier wird deutlich, daß die 'wilde' Kultur für Leiris die Funktion hat, die Fälschung zu verkörpern.

2.5. Abwesenheit des Mutterleibs

Es gibt ein Objekt, nach dem Leiris leidenschaftlich sucht: die "Mutter der Maske". Anders als sonst hat er hier nicht zuerst ein Objekt in der Hand, nach dessen Bedeutung er dann fragt, sondern er lernt zuerst die Bezeichnung "Mutter der Maske" kennen, ohne zu wissen, welches Objekt damit gemeint ist. Die Bezeichnung allein übt eine solche Anziehungskraft auf ihn aus, daß er keine Ruhe mehr kennt, bis er sie gefunden hat. Die Anziehungskraft kann nicht im Objekt begründet sein, da Leiris es ja gar nicht kennt. Sie kann nur aus dem

Wort "Mutter" oder aus dem Wort "Maske" oder aber aus der Verknüpfung beider Worte herrühren.

Angeblich hat heute nacht die 'Mutter der Maske' geweint. Die Mutter der Maske: Ein kleines, eisernes Musikinstrument, das in einem Loch aufbewahrt wird. Das war ein Zeichen des Todes (Leiris 1985, Bd.3, S.132).

Einen Tag später wird diese erste Vorstellung eines zugehörigen Objektes wieder zurückgenommen.

Von einer Erklärung zur nächsten: Die Mutter der Maske ist ein 'bull-roarer', ein Flügelblatt, das am Ende einer Schnur befestigt ist und zu dröhnen beginnt, wenn man sie kreisen läßt. 'Man nennt sie die 'Mutter', weil sie die größte ist, weil sie das Blut der Frauen und der Kinder trinkt" (Leiris 1985, Bd.3, S.132).

Die Mutter der Maske scheint ein Gegenstand zu sein, der durch kreisende Bewegungen Töne erzeugt, und hat offensichtlich mit dem Tod zu tun. Zunächst lassen sich nur diese Eigenschaften festhalten. Acht Tage später, am 9.10.1931, erhält Leiris eine neue Informationen über die Mutter der Maske.

Eine Enthüllung nach der anderen. Seit gestern habe ich gute Gründe anzunehmen, daß eine der Masken der besagten Gesellschaft nur eine Darstellung des Donners sein kann. Von einem Greis (. . .) höre ich heute abend, daß die Mutter der Maske und die Maske 'mehrstöckiges Haus' ein und dasselbe sind: Die eine ist 'diejenige, die man nicht sieht, die andere die, die man sieht; die eine die große Schwester, die andere der große Bruder'. Identisch sind sie in ihrem Kreisen, denn die Mutter der Maske, der bull-roarer, ist etwas, das kreist, genau wie auch die Maske zu Ende ihres Tanzes (ebd., S.145).

Einerseits ist hier von zwei 'identischen' Masken die Rede, andererseits stehen sie in einem Verhältnis des Gegensatzes zueinander: eine ist sichtbar, die andere unsichtbar. Die Maske mit dem Namen “Mehrstöckiges Haus” hatte Leiris schon einige Tage zuvor im ”Haus der Toten” gesehen (ebd., S. 135-136). Auch hier besteht also ein Zusammenhang zwischen der “Mutter der Maske” und dem Tod.

Die Maske “Mehrstöckiges Haus” ist nicht nur durch Assoziation und Bezeichnung mit der Mutter der Maske verbunden, sondern sie befindet sich auch in einem Raum, der an eine Gebärmutter erinnert. Das ist die sogenannten Höhle der Masken. “Ein paar Kinder aus diesen Dörfern verbringen dann drei Monate in der Höhle der Masken und lernen dort alle Geheimnisse kennen”(ebd., S.147). In der Höhle der Masken existiert eine Geheimsprache, die Leiris zu übersetzen versucht. Das gelingt ihm aber nicht. Diese Geheimsprache hat Ähnlichkeit mit der modernen Literatur, denn sie ist - so Leiris - “eine formelhafte Sprache, voller Rätsel, Gedankensprünge, Kalauer (?), stufenweise sich wiederholender Phoneme und einander gegenseitig durchdringender Symbole” (ebd., S.146). Leiris begegnet der Sprache der modernen Literatur in einer Höhle, die der Gebärmutter ähnelt. Dieses wichtige Bild verbindet das Körperinnere der Mutter und die moderne Literatur.

Die Mutter der Maske könnte sich auch in einer “Spalte” befinden. Griaule entdeckt “am 14.10. beim Spaziergang eine Felsspalte, in der zerbrochene Tongefäße liegen. Leiris notiert im Tagebuch: “In dieser Spalte muß die Mutter der Maske liegen” (ebd., S.148). Die Spalte verkörpert möglicherweise die Unübersetzbarkeit der Geheimsprache mitsamt ihren widersprüchlichen Mehrdeutigkeiten, mit der Leiris gerade konfrontiert ist. Am nächsten Tag klagt Leiris über seine Schlaflosigkeit, am 21.10. findet die Beerdigung eines Jägers statt, und wieder einen Tag später sieht Leiris eine Frau, die auf einer anderen Beerdigung mit der Maske “mehrstöckiges Haus” tanzt. Die Todesfälle um ihn herum häufen sich, als wäre das eine magische Folge seiner Beschäftigung mit der Maske. “Das ‘mehrstöckige Haus’ erweist den Sachen des Toten seine Referenz” (ebd., S.152). Es besteht sogar die Gefahr, daß die Maske einen Lebenden zu den Toten mitnimmt.

Eine Frau in Trance hat mit den Masken getanzt. Es ist die Schwester des Toten. Sie ist verrückt. Anscheinend hat 'die Maske ihr den Kopf genommen'" (ebd.).

Am 24.10 und am 25.10 gibt es je einen Trauerfall. Die Maske nimmt aber dem Ethnographen nicht wie der 'verrückten' Frau den Kopf. Er findet zur stabilen Position eines Forschers. Am 28.10. ist er davon überzeugt, zu einem endgültigen Ergebnis gekommen zu sein. In dessen Eindeutigkeit wird die Undefinierbarkeit der Maske und mit ihr jede Irritation beseitigt:

Man hat mich hinters Licht geführt. Die wirkliche Mutter der Maske ist nicht der bull-roarer, sondern ein gigantischer sirigué oder 'mehrstöckiges Haus': (...) Ein riesiges Holz dieser Art ist vorgestern nacht zum Haus des toten Jägers getragen und gegen die Terrasse gelehnt worden. (...) Ich bin wütend und gedemütigt, daß ich die beiden Mütter miteinander verwechselt habe, die eigentliche Mutter mit dem Fürsprecher, den riesigen Baum mit dem Spielzeug (Leiris 1985, Bd.3, S.155).

Hier ist von der "eigentliche(n) Mutter" die Rede, die Leiris nach langer Suche endlich gefunden zu haben glaubt. Wir können nicht entscheiden, ob auch diese Erklärung nur wieder auf Irrtümern beruht oder nicht. Wichtig ist aber Leiris' Reaktion. Er ist offensichtlich glücklich darüber, daß die 'eigentliche' Mutter 'riesig' ist. Die Größe des Gegenstandes entspricht seiner Erwartung und stillt seine Sehnsucht. Demgegenüber ist die falsche Mutter ganz klein und außerdem nur ein Spielzeug. Leiris' Suche nach der "Mutter der Maske" ist aber noch nicht zuende. Am 8.11. schreibt er erneut darüber. Hier bezeichnet er sie als "Mutter" statt als Maske: "Lutten holt noch eine weitere Mutter, die in der Höhle zurückgeblieben war, aus der ich die erste hatte abtransportieren lassen" (ebd., S.163). Zu diesem Zeitpunkt gibt es Vermutungen, daß im Zusammenhang mit den Masken "Menschen geopfert werden. Die Beziehung zwischen Maske und Tod erhielt eine weitere Dimension. Das Menschenopfer, der Abtransport aus der Höhle, die Mutter - aus den zahlreichen und mehrdeutigen Bildern, die im Umfeld der Maske in Leiris' Kopf entstehen, bildet sich am 18.11. ein Traum, in dem verdrängte Erinnerungen an die eigene Mutter und an die zeitgenössische politische Situation durch die Traumarbeit der Verdichtung und Verschiebung zu einer Geschichte verwebt werden:

Traum: Meine Mutter wartet eines Abends an einer belebten Chaussee auf die Straßenbahn. Sie hat Durst und gießt ein Schöppchen Wein in eine Limonadenflasche ab; zur gleichen Zeit werden zweimal auf einem großen, weißen, mit Kerzen beleuchteten Katafalk zwei Opfer einer Schlägerei, die auf dem Rücken nebeneinanderliegen und Mützen auf dem Kopf haben, ins Krankenhaus gebracht. Ich schlafe dann noch auf einem Dampfer, in einem isoliert stehenden Bett in 10 Meter Höhe, und habe die vage Vorstellung von einem Flirt mit einer schwerreichen Holländerin mit farblosen Lippen, aschblonden Haaren, fahler Haut. Es ist die Tochter jüdischer Diamantenhändler aus Südafrika und sie ist mit einem ausgessprochen sympathischen, eleganten Mann im reifen Alter verheiratet. Ende der Seereise in einer gewundenen Förde, flankiert von hohen Felswänden. In einer Biegung taucht plötzlich die Freiheitsstatue auf, und wir wissen dann, daß wir soeben in die Hudsonbai eingelaufen sind (ebd., S.169).

Der Traum beginnt mit der Person der Mutter, geht dann aber über zu zwei anderen, anonymen Akteuren. Durch diese Verschiebung entgeht die Mutter dem Tod, der stattdessen die beiden Unbekannten trifft. Leiris, der mit dem Tod nichts zu tun haben will, liegt auf einem sehr hohen Bett. Die Frau, die er von dort aus begehrt, ist jüdischer Herkunft. Am Anfang des Traums verkörpert der Durst der Mutter die sexuelle Lust. Diese wird jetzt in das Bild der Jüdin verschoben. Auch die Jüdin ist durch Vorstellungen wie "farblose Lippen" oder "fahle Haut" indirekt mit dem Tod verbunden. Sie wird als Tochter eines reichen Mannes beschrieben, und verschwindet sofort wieder hinter einem sympatischen, eleganten Mann, der sie heiratet. An ihrer Stelle taucht nun die Freiheitsstatue auf, die den Wert der westlichen Zivilisation verkörpert.

2.6. Die Abwesenheit der Mutter in der Kindheit

In Leiris' Erinnerung an die Kindheit ist der Körper der Mutter abwesend. In seinem Aufsatz "Das Heilige im Alltagsleben" (1938) fällt auf, daß der Vater sehr präsent ist, während die Mutter keine nennenswerte Rolle spielt. Um die Frage nach dem Ort des Heiligen im Alltagsleben zu beantworten, zitiert Leiris fast ausschließlich Beispiele aus seinen Kindheitserinnerungen, denn "von allen uns zur Verfügung stehenden Materialien, sind diese aus dem Nebel der Kindheit hervorgezogenen Elemente wahrscheinlich noch die unverfälschtesten" (Leiris 1985, Bd.1, S.228). Zuerst erwähnt Leiris Gegenstände, die seinem Vater gehörten, wie z.B. seinen Zylinder, seinen Trommelrevolver oder seine Goldschatulle. Diese Gegenstände sind nach Leiris Symbole der Macht und Autorität des Vaters gewesen, die bei ihm und seinem Bruder Respekt, Begierde und Schrecken erweckten.

Von den Gegenständen, die der Mutter gehörten, ist nirgendwo die Rede. Aber in dem Aufsatz kommen drei weibliche Gestalten vor, die ihm heilig zu sein schienen.

Die erste heilige weibliche Gestalt findet sich an dem "mit einem Frauenbildnis (ähnlich einem Brustbild der Republik) geschützten Heizofen" (ebd., S.229). Das Bildnis ähnelt einem Brustbild der Republik, hat also allegorischen Charakter, und die abgebildete Frau ist durch ihre allegorische Funktion 'körperlos'. Die Allegorie nämlich ist die Verkörperung einer Vorstellung, bei der eine "Entleibung (. . .) (stattfindet, Y.T.), die sich am Material und an den Bildern vollzieht, die zur allegorischen Darstellung ge- und verbraucht werden" (Weigel 1994b, S.162).

Die zweite weibliche Figur, die Leiris erwähnt, wird durch den Namen "Rebekka" eingeführt. Leiris stellt sich bei diesem Namen "eine Frau mit kupferfarbenem Gesicht und kupferfarbenen Armen" vor (Leiris 1985, Bd.1, S.235). Als heilig empfindet er nur den Klang des Namens "Rebekka" und nicht etwa eine konkrete Frau, die diesen Namen trägt. Die mit dem Namen verbundene Vorstellung bezeichnet Leiris als "typisch biblisches Bild" (ebd). Auf diese Weise wird der weiblichen Figur eine kulturell festgeschriebene Bedeutung zugewiesen.

"Rebekka" besteht nur aus einem Wortlaut, der an eine fixierte Bedeutung gekettet ist. Ihr Körper existiert nur nachträglich in Leiris' Vorstellung. Eine Frau ohne materiellen Körper, deren Körperlichkeit nur noch aus einem Klang besteht, dürfte in der Tradition des Phonologismus einen hohen Stellenwert haben. Sie läßt sich eher mit der im Phonologismus tradierten Vorstellung von der 'Wahrheit' in Übereinstimmung bringen als solche Frauen, deren Körper unlösbare Überreste bilden.[4]
Bei der dritten weiblichen Figuration in Leiris' Text ist die Entkörperung von Frauen am deutlichsten zu sehen. Die individuellen und materiellen Frauenkörper werden im Text gerade dort getilgt, wo Weiblichkeit der allegorischen Darstellung einer abstrakten und tabuisierten "Nacktheit" dient.

... die Anziehung all dessen, was nicht zur normalen Welt zu gehören scheint, wie z.B. ein Hurenhaus - erfüllt von Nacktheit und vom stehenden Geruch schwitznasser Hitze -, das unendlich weit von der bekleideten und gelüfteten Welt der Straße entfernt ist, auch wenn diese Straße nur durch eine bloße Schwelle, die Konkretisierung des den Ort der Verderbnis treffenden Tabus, von ihm getrennt ist (Leiris 1985, Bd.1, S.234).

Die drei Konstellationen, in denen Leiris Weiblichkeit zitiert, verweisen auf eine Abwesenheit des mütterlichen Körpers in der Zeichenwelt seiner Kindheit.
Leiris' Suche nach der "Maske der Mutter" kann als Suche nach dem Zeichen verstanden werden, das die Abwesenheit der Mutter verkörpert. Die Stelle der abwesenden Mutter kann aber nicht von afrikanischen Frauen besetzt werden, weil diese Leiris' Vorstellung von einer Frau nicht entsprechen.

Die schwarzen Frauen sind mir gewöhnlich zu nackt, um wirklich erregend zu sein. Eine erotische Beziehung zu ihnen brächte nichts Soziales ins Spiel. Eine weiße Frau lieben heißt, sie einer großen Zahl von Konventionen zu entkleiden, sie sowohl körperlich, als auch den gesellschaftlichen Institutionen gegenüber zu entblößen. Nichts dergleichen ist möglich mit einer Frau, deren Institutionen von den unsrigen so sehr verschieden sind. In gewis-

ser Hinsicht ist sie keine 'Frau' im eigentlichen Sinne mehr (Leiris 1985, Bd.3, S.158).

Gerade die Mutter der Maske, in der das Wort Mutter vorkommt, macht den Leser darauf aufmerksam, daß Leiris in seinem Tagebuch nie einen mütterlichen Leib erwähnt. Das ist bei einer so langen afrikanischen Reise eher erstaunlich. Hätte Leiris nicht nach der Mutter der Maske, sondern nach einer mütterlichen Puppe gesucht, so wäre er eher fündig geworden. Die Schwangerschaft ist nämlich eines der wichtigsten Motive, das man bei afrikanischen Puppen findet. Es gibt viele Puppen, die schwangere Frauen darstellen, oder Puppen, die den Mädchen gegeben werden, damit sie fruchtbar werden. Außerdem gibt es Puppen für schwangere Frauen, die bewirken sollen, daß sie schöne Kinder gebären (vgl. Germann, 1929). Solche Puppen kommen aber in Leiris' Tagebuch nie vor. Er sucht nach der Mutter nur dort, wo sie körperlos und unsichtbar ist: hinter der Maske des Todes.
Nach Julia Kristeva ist der Mutterleib in einer von Monotheismus und Kapitalismus geprägten Kultur ein verdrängter Ort.

Aber das Phänomen, daß eines der Völker dieser Gegend diese spezifische Form von Religiosität, die der Monotheismus darstellt (. . .), entdeckt hat, entspricht einerseits der Funktion des menschlichen Symbolismus, eine Kommunikations- und Kohäsionsinstanz zu sein, sofern er per Interdikt und Schnitt verfährt (Ding/Wort, Körper/Sprache, Vergnügen/Gesetz, Inzest/Fortpflanzung . . .), während er andererseits und gleichzeitig die väterliche Funktion repräsentiert: Die patrilineare Filiation mit Übertragung des Vaternamens zentralisiert die Erotik auf das einzige Ziel der Fortpflanzung, unter dem Zugriff einer symbolischen, abstrakten Autorität, die von der Entstehung im mütterlichen Körper nichts wissen will, die aufgrund der matrilinearen Filiation aber in den Köpfen noch gegenwärtig war und somit noch Möglichkeiten von Polymorphismus, wenn nicht gar von Inzest offenhielt (Kristeva, S.244).

Der Mutterleib verkörpert einen Raum, der an die Zeit vor dem 'Schnitt' erinnert. Die Sehnsucht nach diesem Ort kennt bei Leiris keine Ermüdung. Es gibt eine Stelle im Tagebuch, an der diese Sehnsucht besonders stark zum Ausdruck kommt. Er zitiert dort einen fremden Dichter und bringt Literatur, unsichtbare Frauen, Magie und den Mutterleib miteinander in Verbindung.

Heute morgen von dem hinkenden Dabtara die Geschichte von Tewani gehört, dem abessinischen Erfinder einer der wichtigsten Poesieformen und der meisten magischen Rezepte, die gegenwärtig im Gebrauch sind. Er wurde in diese beiden Künste von unsichtbaren Frauen eingeweiht, die ihn in die Lüfte entführten, verfaßte als einen seiner ersten Verse ein heute vollkommen unverständliches Rätsel, zwang durch seinen Talisman sieben Jahre lang den Todesengel, vor seiner Tür zu verharren, und schrieb in dieser Zeit des Kampfes gegen den Tod ein Großes Gedicht, das mit den folgenden Worten beginnt: "Lieber doch möchte ich Wasser sein im Bauch meiner Mutter" (Leiris 1985, S.140).

Der Wunsch des Dichters Tewani, Wasser im Bauch der Mutter zu sein, erinnert an eine sprachliche *und* körperliche Bewegung, die Kristeva dem Mutterleib zuordnet. Sie spricht von einem "Zustrom von mütterlichen, unsinnigen Rhythmen, die dem Satz im Bereich des Sprechens vorangehen" (Kristava, S.257). Dieser "Zustrom" spielt in der Literatur der Moderne eine große Rolle. Wenn er in die Sphäre der Sprache zurückkehrt, aus der er verdrängt wurde, bricht die symbolische Ordnung teilweise und kurzfristig zusammen, wie man z.B. in Leiris' literarischem Text "Glossar" (1926) beobachten kann.

2.7. Literatur und Sprachmagie

In "Glossar" sind die Bedeutungen, der Klang und die Buchstaben eines Wortes nicht mehr in Übereinstimmung zu bringen. Die 'verabredete' Verbindung zwischen ihnen wird zerstört. Auf diese Weise praktiziert der Text jene "Sprachmagie", die nach Benjamin an die "paradiesische Sprache" erinnert. Die Sprachmagie spielt in der Literatur eine ähnliche Rolle wie das, was Kristeva als Effekt des Semiotischen bezeichnet.5

Der Text “Glossar” (1926) ist wie ein Wörterbuch aufgebaut.6 In diesem “Wörterbuch” wird das Wort “Abenteuer” z.B. mit dem Wort “Rabeneuter” erklärt, “Abgrund” heißt “Grab und Bad”, “Absolut” bedeutet “blutlose Taube”, “Fischteich” ist “feuchter Tisch”, “Freiheit” heißt ”reife Tiere”, “Glück” wäre “Lücke im glühenden Globus”, “Gott” wird als “Oktober in Togo” verstanden u.s.w. [7]

Leiris arbeitet hier mit der ‘Ähnlichkeit’ des Klangs verschiedener Worte mit unterschiedlichen Bedeutungen. Die neu ausgedachte Bedeutung zerstört die alte, bekannte. Sie hat eine akustische oder optische Ähnlichkeit mit dem alten Wort und klingt dabei plausibel. Die gemeinsamen Lautelemente oder im Falle eines Anagramms die gemeinsamen Buchstaben verunsichern die magielose, verabredete Verbindung zwischen Bezeichnung und Bezeichnetem.

Leiris’ Text ahmt den Klang oder den Buchstaben der alten Wörter nach. Seine Schreibweise vollzieht mimetische Bewegungen, durch die der Text einen magischen Charakter bekommt. Denn die Magie funktioniert - wie Adorno und Horkheimer in der “Dialektik der Aufklärung” festgestellt haben - “durch Mimesis” (Horkheimer/Adorno, S.13).

“Glossar” ist eine Puppenstube, in der magische Puppen auf den Leser warten. Jedes Wort im Text kann einen Zauber bewirken - einen Zauber, den die Ethnologie als “Analogiezauber” bezeichnet. Viele afrikanische Puppen aus dem Analogiezauber haben mit Schwangerschaft zu tun. Aufgabe solcher Analogie-Puppen ist, das ‘gleiche’ noch einmal zu produzieren und dabei der Besitzerin der Puppe eine Identität zu liefern, indem sie nämlich mit Hilfe der Puppe auch sich selbst als Wiederholung verstehen kann.

Die Puppe stellt also den ‘Zwilling’ des Kindes dar, d.h. das zweite Ich des Kindes. (. . .) Nun erfährt diese das Kind selbst darstellende Puppe eine weitere Wandlung. Man benutzt sie, um durch einen Analogiezauber das zu erreichen, was sie darstellt, nämlich das Kind. Zu diesem Zwecke wird sie jungen Mädchen nach der ersten Menstruation überreicht und von jungen Müttern getragen (Germann, S. 145).

Die 'Ähnlichkeit' , die Leiris in seinem literarischen Analogiezauber ins Spiel bringt, stellt nicht etwa neue, feste Verbindungen zwischen Sprache und Welt her, sondern verursacht Lachen, Unsicherheit oder Angst.

2.8. Resümee

Der Versuch der Ethnologie, eine schriftlose, paradiesische Gesellschaft zu 'erfinden', gilt einer Sehnsucht nach der verlorenenen Magie der Sprache. Diese Sehnsucht rückt die ethnologischen Texte oft in die Nähe des literarische Schreibens. Die afrikanischen Puppen zeigen eine magische Wirkung in den ethnologischen Schriften, weil sie die Ethnologen an die verlorene, paradiesische Schrift erinnern. Die Puppen haben aber in der polytheistischen Tradition, der sie entstammen, nichts mit einer verlorenen Gottesschrift zu tun. Ihr Charakter als Puppenschrift besteht gerade darin, daß sie eine Schreibweise der Wiederholung praktizieren, der kein verlorener Anfang vorausgeht.

1 Z. B. werden im modernen Japanischen die Ideogramme und die Silbenschrift gemischt benutzt. Zwischen diesen verschiedenen Schriftzeichen läßt sich noch das europäische Alphabet verwenden, wie es z.B. in der Reklamesprache, aber auch in Fachbüchern oder in der modernen Dichtung praktiziert wird. Innerhalb einer Kultur können mehrere Schriftsysteme parallel existieren.

2 Auch Roland Barthes schreibt: "Die japanische Schreibwarenhandlung hat jene ideographische Schrift zum Gegenstand, die in unseren Augen von der Malerei abstammt, während sie in Wirklichkeit deren Grundlage bildet (es ist wichtig, daß die Kunst ihren Ursprung in der Schrift hat und nicht im Ausdruck)" (Barthes 1981, S.117).

3 Leiris bezeichnet sich selbst immer als Ethnographen und nicht als Ethnologen. Die "Ethnographie" wurde lange als "Stiefkind der Ethnologie und als Synonym für empirisches Arbeiten im Feld' auf die Funktion eines Datenlieferanten reduziert", aber heute wird sie als ursprünglicher Akt der Inskription, in dem die Anderen distanziert und objektiviert werden, als primärer Prozeß der Produktion des Bildes der Anderen thematisiert" (Berg/Fuchs 1993, S.13).

4 Interessanterweise kommt "Rebekka" auch in "Locus Solus" von "Ray-

mond Roussel vor: "Da sie in Amimelech, einer kürzlich aufgeführten biblischen Oper, die Rolle der Vertrauten erstmals gesungen hatte, begann sie in der fast höchsten Stimmlage: "O Rebekka'" (Roussel 1983, S.231). "Lucius führte die Goldnadel abermals über die Linie und ließ uns mehrmals den Satz: O Rebekka . . .' hören, dessen letzter Ton ihn in angstvolle Erregung versetzte. Während er sich an das Ende der Passage hielt und sich unersättlich die zweite Hälfte des letzten Tones immer wieder anhörte, gebot er uns, heftig erregt, durch ein Zeichen, zu gehen" (ebd.,S.235). Wie Leiris stellt Roussel "Rebekka" als eine Frau dar, die nur aus einem Klang besteht.

5 Es gibt Paralellen zwischen dem "Semiotischen" bei Kristeva und der "Sprachmagie" bei Benjamin. Die Magie der "paradiesischen Sprache" "bei Benjamin verschwindet durch das Auftauchen der mitteilenden Sprache, so wie in Kristevas dialektischer Konzeption des Sinngebungsprozesses die semiotische "chora" dem "Symbolischen" ihren Platz räumen muß (vgl. Weigel 1990, S.26-28).

6 Die deutsche Übersetzung verdeutlicht den Effekt dieses Aufbaus sehr gut, obwohl es schwierig ist, solche Effekte zu übersetzen. Der Übersetzer Simon Werle beschreibt sein Verfahren so: "Die Übersetzung konnte lediglich das Vokabular an Grundwörtern und die analytische Verfahrensweise des Originals übernehmen. Die deutschen Entsprechungen von Leiris' Basiswörtern wurden erneut in alphabetische Reihenfolge gebracht . . ." (Leiris 1991, S.93).

7 Felix Philip Ingold erklärt in seinem Aufsatz "Übersetzung als poetisches Verfahren'" Leiris' Methode folgendermaßen: "Zumeist leitet er von einem vorgegebenen Themawort durch Buchstaben- oder Phonemversetzungen sowie durch Beifügung ergänzender Redeteile poetische Varianten ab, die bald definitorischen, bald mystifizierenden Charakter haben. So kann etwa aus *matière* "die Ableitung "mare tiède" (oder auch: "notre litière maternelle') und aus *zéro* die Wort-Laut-Folge "oh! l'érosion de l'essor rosé . . ." gewonnen werden. In anderen Fällen wiederum begnügt sich Leiris mit der phonetischen Übersetzung des jeweiligen Themaworts (*morphine* - 'mort fine'; *je* - 'jeu'; *ciel* - 'si elle?') oder auch bloß mit der verbalen Transkription von Buchstabenfolgen: chaine (c/h/a-i/ne) - c'est / hache / haie / (et) / noeud . Das Ergebnis dieses Verfahrens bestätigt aufs eindrücklichste, was Ferdinand de Saussure aufgrund seiner Anagrammstudien zu erkennen glaubte, daß nämlich die Lautgestalt der Sprache (und folglich auch jene der Poesie) durch latente Tiefenstrukturen bestimmt sei, die sich so oder anders auf der Wortebene manifestieren, ob der Sprachkünstler (oder der Sprachkritiker) 'es nun wolle oder nicht'. (Leiris 1991, S.102-103)

Viertes Kapitel

Kreisel und Spielbälle bei Franz Kafka

1. Der Kreisel und der Philosoph - Die Befreiung des Spielzeugs aus dem Status eines Forschungsobjekts

Die Kulturgeschichte des Kreisels, besonders in seiner Funktion als magisches Objekt, ist kaum bekannt. Im Unterschied zu Puppen hat der Kreisel nie eine nennenswerte Rolle in der europäischen Literatur und Kunst gespielt, und heute wird er lediglich als Kinderspielzeug betrachtet. Die Ethnologie bietet aber Beispiele von den Südseeinseln und aus Indonesien, die zeigen, daß die Bewegungen des Kreisels manchmal als Orakel gelesen werden. (vgl. Damm, S.334).

Im Orakel gibt es eine Ansammlung von Zeichen, die man interpretiert, um zum Beispiel einen Rat für richtiges Handeln zu erhalten. Die Mehrdeutigkeit der Zeichen des Orakels wird meist in der Mehrdeutigkeit der Sprache der Interpreten wiederholt. Die Funktion des Orakels wurde in Europa zuerst durch die monotheistischen Religionen und dann durch die Wissenschaften ersetzt, wobei die Mehrdeutigkeit insbesondere aus der Wissenschaft verdrängt wurde und in das Gebiet der Literatur flüchtete. Es gibt einen Prosatext von Franz Kafka, in dem die Folgen der Substitution der Magie durch die Wissenschaft kritisch und spielerisch thematisiert werden. In diesem Text mit dem Titel "Der Kreisel"[1] wird ein Philosoph dargestellt, der der Bewegung eines Kreisels folgt. Zu Anfang des Textes heißt es: "Ein Philosoph trieb sich immer dort herum, wo Kinder spielten. Und sah er einen Jungen, der einen Kreisel hatte, lauerte er schon" (Kafka 1970, S.383). Der Philosoph wartet darauf, daß er den Kreisel erbeuten kann. Seine Haltung ist zugleich passiv und aggressiv. "Kaum war der Kreisel in Drehung, verfolgte ihn der Philosoph um ihn zu fangen. Daß die Kinder lärmten und ihn von ihrem Spielzeug abzuhalten suchten kümmerte ihn nicht, hatte er den Kreisel, solange er sich noch drehte, gefangen, war er glücklich, aber nur einen

Augenblick, dann warf er ihn zu Boden und ging fort" (ebd). "Der Philosoph zerstört hier das Kreiselspiel. Der Kreisel fasziniert die Zuschauer nur, solange er sich dreht. Ergreift man ihn, endet die faszinierende Bewegung. Die einzige Erkenntnis, die sich durch diese Erfahrung gewinnen läßt, ist die, daß es unmöglich ist, einen sich drehenden Kreisel in den Griff zu bekommen. Der Philosoph aber will den Kreisel fangen, weil er glaubt, "die Erkenntnis jeder Kleinigkeit, also zum Beispiel auch eines sich drehenden Kreisels, genüge zur Kenntnis des Allgemeinen" (ebd.). Der Philosoph geht also davon aus, daß ein kleiner Gegenstand eine Kleinigkeit und deshalb mühelos zu verstehen ist. "Darum beschäftigte er sich nicht mit den großen Problemen, das schien ihm unökonomisch, war die kleinste Kleinigkeit wirklich erkannt, dann war alles erkannt, deshalb beschäftigte er sich nur mit dem sich drehenden Kreisel" (ebd). Der Philosoph glaubt, ein kleiner Gegenstand könne sein Dasein als selbstsicheres Subjekt nicht erschüttern und sei mühelos in einen Forschungsgegenstand verwandelbar, den man im Griff haben kann. Das genau mißlingt aber. Stattdessen verwandelt der Philosoph sich selbst in eine Art Kreisel. "Und immer wenn die Vorbereitung zum Drehen des Kreisels gemacht wurde, hatte er Hoffnung, nun werde es gelingen, und drehte sich der Kreisel, wurde ihm im atemlosen Laufen nach ihm die Hoffnung zur Gewißheit, hielt er aber dann das dumme Holzstück in der Hand, wurde ihm übel und das Geschrei der Kinder, das er bisher nicht gehört hatte und das ihm jetzt plötzlich in die Ohren fuhr, jagte ihn fort, er taumelte wie ein Kreisel unter einer ungeschickten Peitsche" (ebd.). Der Philosoph ist hier kein von den Einwänden einiger Kinder unbeeinflußbarer Herr des Geschehens. Er kann den kleinen Gegenstand nicht als Beute betrachten oder wie Müll wegwerfen. Vielmehr wird er selbst von den Kindern wie ein taumelnder Kreisel fortgejagt. Der Philosoph verliert die Distanz zu dem Kreisel und ahmt am Schluß nur noch dessen Bewegung nach. Die Mimesis, die hier gegen seinen Willen in die Wissenschaft zurückkehrt, erinnert an eine berühmte Stelle aus der "Dialektik der Aufklärung", wo es heißt: "Die Zauberei ist wie die Wissenschaft auf Zwecke aus, aber sie verfolgt sie durch

Mimesis, nicht in fortschreitender Distanz zum Objekt" (Horkheimer/Adorno, S.13). Kafkas Philosoph scheitert an seinem wissenschaftlichen Verfahren, weil sich die Bewegung des Kreisels im Stillstand nicht erfassen läßt und weil sie die fixierte Position des Betrachterkörpers und die klare Grenzziehung zwischen Spielzeug und Betrachter ins Wanken bringt. Das Scheitern seiner Forschungsmethode zwingt den Philosophen zur Nachahmung der Kreiselbewegung und wirft ihn somit unfreiwillig auf das Verfahren der Zauberei zurück. Die Mimesis kehrt als Gewalt gegen seinen Körper wieder. Da der Philosoph kein Wissen von Magie besitzt, kann er durch diese Gewalt zugrunde gehen.

2. Zwei Spielbälle - Spielzeug als entstellte Bilder

Es ist kaum bekannt, daß Spielbälle genau wie der Kreisel als Requisiten für Orakel verwendet worden sind. Man muß nicht einmal in weit entfernten Kulturen nach Beispielen suchen, denn es gibt solche Beispiele auch im deutschsprachigen Raum: "Vereinzelt findet sich der Brauch, den Ball als Orakel zu benutzen. Den Kindern soll er die Lebensdauer prophezeihen, ähnlich wie der Kuckuck" (Handbuch des deutschen Aberglaubens, Bd.1, S. 862). Zwischen dem Kreisel und dem Ball existieren noch andere Ähnlichkeiten: Beide sind ein Spielzeug der Bewegung, und genau wie ein Kreisel verliert ein Ball im Stillstand seinen Reiz. Die wichtigste Gemeinsamkeit ist aber, daß beide in Kafkas Literatur vorkommen.

Kafkas Erzählung "Blumfeld, ein älterer Junggeselle ..."[2] beginnt mit einer Szene, in der der Titelheld von der Arbeit nach Hause kommt und Sehnsucht nach einem Lebensbegleiter verspürt, als er die Treppen zum sechsten Stockwerk hinaufsteigt, in dem er wohnt. Zuerst kommt ihm die Idee, sich einen Hund anzuschaffen, und er bedenkt Vor- und Nachteile eines solchen Haustieres. Als er sein Zimmer betritt, erwartet ihn eine Überraschung. Kein lebendiges Tier wartet auf ihn, sondern zwei Spielbälle, die sich wie Lebewesen bewegen.

Blumfeld hat sofort ein unangenehmes Gefühl, das ihn verfolgt und zunehmend verunsichert, ohne daß er einen konkreten Grund dafür wüßte. Nach einigen vergeblichen Versuchen, die Bälle zu fangen, gelingt es ihm erst am nächsten Tag, sie in den Kleiderkasten zu locken und dort einzusperren. Blumfeld verläßt dann das Haus, geht zur Arbeit und dort seinem beruflichen Alltag nach. Von den Bällen ist keine Rede mehr, sondern nur noch von zwei Praktikanten, die unfähig sind zu arbeiten. Auf den ersten Blick wirkt es rätselhaft, wie der Text Hund, Spielbälle und Praktikanten verbindet.

Der Spielball bildet in diesem Text eine von mehreren Formen, die gemeinsam einer Kette von Verwandlungen angehören. Das erste Bild, das den von Blumfeld gewünschten Lebensbegleiter verkörpert, ist ein Hund. Die Verwandlung des Hundes in zwei Spielbälle kann man über zwei Spuren nachvollziehen. Die erste Spur basiert auf einer akustischen Assoziation. Blumfeld erinnert sich an einen Hund, der einen ihm vertrauten Menschen immer mit einem "großen Bellen" (Kafka 1970, S.219) begrüßt. Klangähnlichkeit zwischen den Worten "Bellen" und "Bällen" bringt den Hund und die Spielbällen in eine Verbindung. Die zweite Spur beruht auf einem metonymischen Verfahren und funktioniert darüber, daß Hunde gewöhnlich gerne mit Bällen spielen. Als Blumfeld sich von den Bällen überfordert sieht, erinnert er sich an seinen Wunsch, einen Hund als Haustier zu haben. "Jetzt könnte Blumfeld einen Hund gut brauchen, so ein junges wildes Tier würde mit den Bällen bald fertig werden" (ebd., S.225). Es scheint, als hätte Blumfeld sich erst in diesem Moment daran erinnert, daß Hunde gerne mit Bällen spielen. Aber die Bälle erscheinen überhaupt nur deshalb, weil Blumfeld zuvor an ein Tier dachte, das mit Bällen spielt.
Die Spielbälle, die plötzlich in Blumfelds Zimmer auftauchen, springen durch den Raum, laufen hinter ihm her und lassen sich nicht fangen. Blumfeld fürchtet vor allem, jemand könnte sie als seine 'Begleiter' deuten. Gerade die Absurdität dieser Sorge verweist darauf, daß das Erscheinen der Bälle eine Materialisierung seines Begehrens nach einem 'Begleiter' ist. Dieses

Begehren bleibt in Form der Bälle nach wie vor unfaßbar. Die Unfaßbarkeit der springenden Bälle besteht nicht nur darin, daß sie sich nicht fangen lassen, sondern auch darin, daß sich ihre Funktion nicht klar definieren läßt. Blumfeld versucht, den Bällen eine eindeutige Definition zurückzugeben, indem er sie in den Kleiderkasten einsperrt. Der Kasten soll die Rolle einer Spielzeugkiste übernehemen, um den Bällen für eine Weile den Anschein zu verleihen, Kinderspielzeug zu sein.

Es ist merkwürdig wie wenig Sorge ihm die Bälle machen, seitdem er sie von sich getrennt hat. Solange sie hinter ihm her waren, konnte man sie für etwas zu ihm Gehöriges halten, für etwas, das bei Beurteilung seiner Person irgendwie mit herangezogen werden mußte, jetzt dagegen waren sie nur ein Spielzeug zuhause im Kasten (ebd., S.233).

Der Begriff des Spielzeugs hat hier die Funktion, die undefinierbaren, magischen Objekte zu überwältigen. Über die Aufbewahrung im Kasten sollen sie belanglos, harmlos und sogar nützlich erscheinen.
Am stärksten quält Blumfeld nicht der Anblick der Bälle, sondern deren Geräusch. Von ihrem Lärm gestört, wird sein Schlaf unruhig. Die Augen kann er schließen, aber nicht die Ohren. Er stopft diese Organe, die man nicht schließen kann, mit Watte zu. Erst nachdem er die die Bälle im Kasten eingesperrt hat, befreit er seine Ohren von der Watte. Die Ohren sind ungeschützte Öffnungen, durch die Bälle in Blumfelds Leben eindringen, was im Kontrast zur im Text mehrmals erwähnten Schwerhörigkeit einer "Bedienerin" besonders deutlich wird.
Am nächsten Tag hat Blumfeld im Flur eine gute Idee: er will die Bälle dem kleinen Sohn der Bedienerin schenken. Blumfeld, der sich beeilen muß, um rechtzeitig zur Arbeit zu kommen, fordert den Jungen auf, selber in die Wohnung zu gehen, den Kasten zu öffen und sich der Bälle zu bedienen. Die zögernde Reaktion des Jungen erweckt fast den Eindruck, Blumfeld habe ihm angeboten, den verbotenen Bereich der Sexualität zu betreten: "Der Junge verzieht bloß den Mund, er weiß nicht, wie er sich verhalten soll, er dreht sich um und

sieht fragend zu seiner Mutter hinunter" (ebd., S.234). Die schwerhörige Bedienerin scheint nicht zu verstehen, worum es geht, und gibt keine Antwort. Die Schwerhörigkeit dieser Frau kann man auch als Zeichen ihrer Verachtung gegenüber einer männlichen Begierde verstehen, die durch die Bälle verkörpert wird. Während der Junge dem Angebot mit zögerndem Unverständnis begegnet, erscheinen zwei Mädchen, die eine hemmungslose Neugierde für die Bälle zeigen und sie anstelle des Jungen aus dem Kasten holen wollen. Anders als der Junge, wissen sie genau, daß diese Bälle Objekte eines Begehrens sind.

"Blumfeld, ein älterer Junggeselle ... " ist ein Text, in dem über das Spielzeug ungewöhnliche Zusammenhänge entwickelt werden. Das Zeug, der zweite Teil des Wortes "Spielzeug", bildet hier einen Bezug zu zwei weiteren wichtigen Begriffen: zum "Augenzeugen" und zur "Zeugung". Für Blumfeld impliziert die Vorstellung eines Lebensbegleiters einen Zuschauer, einen Augenzeugen seiner Tätigkeiten: "Irgendein Begleiter, irgendein Zuschauer für diese Tätigkeiten wäre Blumfeld sehr willkommen gewesen" (ebd., S.219). Sogar von einem Hund als Haustier erwartet er, daß dieser Augenzeuge seines Lebens wäre. Den Alltag eines alten Hundebesitzers stellt er sich vor wie einen Zeitraum, "(. . .) wo einen das eigene Alter aus den tränenden Hundeaugen anschaut" (ebd., S.220). Blumfeld versteht unter einem Lebensbegleiter zwei fremde Augen, die auf sein Leben blicken. Die Form und die Anzahl der Bälle erinnern an die Augäpfel eines Menschen. Insofern könnte man die zwei Spielbälle als direkte bildliche Umsetzung seines Wunsches verstehen.
Das "Zeug" des Spielzeugs steht nicht nur in Verbindung mit dem Augenzeugen, sondern auch mit der Zeugung. Die Fortpflanzung ist eines der wichtigsten Motive, das diese Erzählung durchzieht. Die Bälle erinnern nicht nur an die Augäpfel, sondern auch an jene rundlichen Drüsen, in denen männliche Samen gebildet werden[3]. Im Schatten eines viel repräsentativeren, männlichen Geschlechtsorgans bleiben die Hoden oft unbeachtet. Das 'erste' Organ hat einen dominanten Ort im

symbolischen Bereich, gerade auch dort, wo es als Körperteil vergessen wird. Auch das Neidgefühl, das nach Freud kleine Mädchen gegenüber den Jungen haben sollten, bezieht sich nur auf den Penis und nicht auf die Hoden.
Blumfeld ist unangenehm berührt, wenn die vergessenen Organe ans Licht kommen, und erlebt es eher als Gewalt, die von außen kommt.

Schade daß Blumfeld nicht ein kleines Kind ist, zwei solche Bälle wären für ihn eine freudige Überraschung gewesen, während jetzt das Ganze einen mehr unangenehmen Eindruck auf ihn macht. Es ist doch nicht ganz wertlos, als ein unbeachteter Junggeselle nur im Geheimen zu leben, jetzt hat irgendjemand, gleichgültig wer, dieses Geheimnis gelüftet und ihm diese zwei komischen Bälle hereingeschickt (ebd., S.222).

Sexuelle Konnotationen werden bereits in den ersten beiden Sätzen der Erzählung angeregt, wenn betont wird, daß Blumfeld im sechsten Stockwerk lebt. Die Formulierung, "daß er jetzt diese sechs Stockwerke förmlich im Geheimen hinaufsteigen müsse" (ebd., S.219), bildet durch die Worte "sechs" und "im Geheimen" oder auch durch die Bewegung des Steigens erotisch beladene Vorstufen seines Wunsches nach einem 'Lebensbegleiter'. Zwar denkt Blumfeld dabei nicht an eine Frau, sondern an einen Hund, aber in seinen weiteren Überlegungen erweist sich, daß der Hund nur ein verschobenes Bild der Frau ist. Blumfeld hat nämlich sofort Sorge, ob ein Hund nicht "die Reinheit seines Zimmers" (ebd., S.220) zerstören würde und ob nicht die Gefahr bestünde, daß er eine "ansteckende Krankheit" (ebd.) hätte. Der Leser wird an das Wort "Hündin" erinnert, eine abwertende Bezeichnung für eine sexuell erregte Frau und für Prostituierte, die oft mit Unreinheit oder mit einer ansteckenden Krankheit in Verbindung gesetzt werden. Blumfelds Haß richtet sich aber nicht gezielt gegen Prostituierte, sondern allgemeiner gegen Frauen, die Kinder zeugen. Die einzige Mutterfigur, die im Text vorkommt, ist die "Bedienerin", und in der Beschreibung ihrer Person ist Blumfelds Entsetzen über die Fortpflanzung deutlich spürbar: "Blumfeld begreift nicht, warum solche Menschen wie die Bedienerin auf dieser Welt gedeihen und sich fortpflanzen" (ebd., S.236). Blumfeld empfindet die Ähnlichkeit zwischen dem kleinen Jungen und seiner Mutter, die er "Zeichen seines Ursprungs" (ebd., S. 232) nennt, als unerträglich. Sein Versuch, den Jungen durch das Angebot, sich die Bälle zu holen, in die männliche Welt hinüberzuziehen, verweist darauf, daß sein Haß sich nicht eigentlich gegen die Fortpflanzung selbst richtet. Vielmehr möchte er den Vorgang der Fortpflanzung von dem mütterlichen Leib abkoppeln, dessen fleischliche Materialität ihn erschreckt. In der Beschreibung der Bedienerin etwa wird betont, daß sie fett und stumpfsinnig sei (vgl., ebd., S.229). Blumfeld sucht eine Fortpflanzung ohne Fleisch. Es wäre denkbar, in seiner Firma junge Menschen als Nachfolger auszubilden und dadurch die biologische Fortpflanzung zu ersetzen. Aber auch hier wartet eine Enttäuschung auf Blumfeld, denn seine Abteilung bekommt lange Zeit keine Praktikanten zugeteilt. Das Problem des Mangels an "Nachwuchs" (ebd., S.238) scheint sich zwar zu lösen, als Blumfeld an einem Tag gleich zwei Praktikanten zugewiesen bekommt, aber diese Praktikanten sind körperlich schwach, geistig leer und fast immer wie gelähmt. Die Gelähmtheit legt nahe, sie als verwandelte Spielbälle zu interpretieren. Wie bereits erwähnt, sperrte Blumfeld die Bälle in den Kasten, bevor er zur Arbeit ging. Im Text wird explizit formuliert, daß die Bälle im Kasten "gelähmt" sind.

Man kann den Kasten auch als 'Gehirnkasten' verstehen: Blumfeld steckt das Problem der Bälle in einen Gehirnkasten und versucht, es mit Hilfe der Vernunft zu ignorieren. In der Sprache der Vernunft würden die Bälle eindeutig in die Kategorie des Spielzeugs gehören, und Blumfeld hätte keinerlei Grund, durch sie beunruhigt zu sein. In einem Brief vom 21.3.1915 an Felice Bauer schreibt Kafka von einer akustischen Belästigung, die ihn quält: "Die Dame, von der ich das Zimmer gemietet habe, hört es zwar auch, versucht aber (. . .) den Lärm logisch zu negieren, indem sie darauf hinweist, daß das Atelier unvermietet und leer ist" (Kafka 1967, S.631). Auch Blumfeld versucht, eine verschobene Materialisierung

seines Begehrens durch 'logisches' Denken in etwas nicht Existierendes zu verwandeln.
Der Kasten, in dem die Bälle gelähmt werden, läßt sich auch mit Kastration in Verbindung setzen, nicht nur wegen des Gleichklangs der ersten Silbe, sondern auch über das Motiv der Lähmung einst lebendiger Bälle. Blumfelds Versuch, die Bälle zu fangen, war trotz seiner Verzweiflung eindeutig mit autoerotischer Lust verbunden[4], der nach Freud die Kastrationsangst folgen kann. Es geht hier selbstverständlich nicht um die Frage, ob Blumfeld 'wirklich' Angst vor Kastration hatte, sondern die Angst bildet sich in Form einer Assoziationskette aus.
Die Kastrationsangst impliziert nicht nur eine Furcht vor Bestrafung, sondern auch die Notwendigkeit, eine autoerotische Lust zu beseitigen, um arbeitsfähig zu sein. Die Bälle aber haben über Nacht ihre Potenz verstärkt. "Sind sie aufgewacht, haben sie im Gegensatz zu ihm über die Nacht neue Kräfte gesammelt?" (Kafka 1970, S.229). Die Bedienerin betritt Blumfelds Zimmer, um ihm Frühstück zu bringen. Er versucht, die Bälle unter dem Bett zu halten, damit die Bedienerin sie nicht sieht. In dieser Szene ähnelt der ältere Junggeselle einem Jugendlichen, der seine Sexualität vor den Augen der Mutter verbergen muß. Die Bedienerin bleibt länger in Blumfelds Zimmer als sonst üblich, zeigt ein undeutbares Lächeln, scheint aber das Geräusch nicht zu hören, das die springenden Bälle unter dem Bett hervorrufen. Blumfeld erklärt sich das mit der Schwerhörigkeit der Frau. Wie bereits erwähnt, läßt sich diese Schwerhörigkeit aber auch als Zeichen ihrer Ignoranz gegenüber seiner Begierde verstehen. Blumfeld reagiert verlegen und verwirrt auf die Situation, als müßte er wegen der Bälle Schuldgefühle haben.
Nicht nur die Bedienerin, auch die anderen Menschen sollen die Bälle nicht sehen: "Bisher hat er die Vorhänge nicht hochgezogen, sondern ist aus Vorsicht lieber im Halbdunkel geblieben, für die Bälle braucht er keine fremden Augen" (ebd., S.231). Die Spielbälle fungieren in mehreren Szenen als entstellte Bilder, die auf den Bereich des Sexuellen verweisen. Einerseits möchte Blumfeld einen Augenzeugen für sein Leben

haben, andererseits soll diesen Bereich niemand sehen. Während die Bedienerin Blumfeld mit ihrer Schwerhörigkeit ärgert, macht das offensichtliche Interesse der Mädchen an den Bällen Blumfeld ebenfalls wütend. Im Jungen hingegen, der unfähig ist, mit den Bällen zu spielen, entdeckt Blumfeld sein Selbstbildnis, das ihn allerdings am meisten empört.
Mit der Ankunft an seinem Arbeitsplatz scheint Blumfeld das Problem der Spielbälle vergessen zu haben. Anstelle der Spielbälle warten auf ihn zwei Praktikanten. Die Zahl Zwei bildet eine unübersehbare Spur der Verwandlung der zwei Bälle in zwei Praktikanten. Zudem liefert der Text keinerlei Erklärung dafür, daß Blumfeld zuerst überhaupt keinen Praktikanten bekommt und dann plötzlich gleich zwei auf einmal, obwohl er doch nur einen verlangt hatte.
Die Praktikanten scheinen nichts vom Geschäft zu verstehen, sind unpünktlich und leisten nichts. Einer der beiden ist auf der Gasse "frisch", "aber die Nähe der Arbeit macht ihn müde" (ebd. S.244). Der andere interessiert sich nur für das "Fegen", obwohl es gar nicht zu seinen Aufgaben gehört. Wenn man den Besen als phallisches Objekt deutet, läßt sich der Akt des Fegens mit dem Versuch in Verbindung bringen, eine Erektion zustande zu bringen.

(. . .) daß der schuldige Praktikant die Begierde zu kehren nicht unterdrücken kann, jedenfalls bückt er sich, allerdings sehr vorsichtig, als greife er nach einem Tier und nicht nach dem Besen, streicht mit ihm über den Boden, wirft ihn aber sofort erschrocken weg, als Blumfeld aufspringt und aus dem Verschlage tritt (ebd., S.246).

Der Ausdruck des "Kehrens" zeigt eine Nähe zu dem Wort "Verkehren" im Sinne von Geschlechtverkehr. Blumfeld spielt hier die Rolle des Vaters, der dem Jungen den Verkehr verbietet. Die sexuelle Konnotation wird durch die Wörter "schuldig" und "Begierde" verstärkt. Ohne Berücksichtigung dieser Assoziationskette läßt sich nicht verstehen, warum die Erzählung mit der Darstellung des fegenden Praktikanten endet[5]. Auch der Praktikant ist Teil einer Assoziationskette, die dadurch gebildet wird, daß einmal eingeführte Bilder immer weiter verschoben und entstellt werden und sich dabei in neue Bilder verwandeln.

Die fortlaufende Verschiebung der Bilder in Kafkas Text kennt keinen 'Ursprung'. Der Hund ist zwar das erste Bild, das dem Junggesellen in den Sinn kommt, aber auch dieses ist ein bereits entstelltes Bild. Man kann weder die Spielbälle noch sonst ein Bild in diesem Text als Metapher für etwas verstehen, was man an einen 'Ursprung' knüpfen könnte. Die Bälle bleiben unfaßbar und beweglich. Insofern gehören sie zur Familie des "Odradek", einer gleichfalls unfaßbaren Figur aus Kafkas "Sorge des Hausvaters"[6]. Walter Benjamin interpretiert diese Figur folgendermaßen:

Odradek ist die Form, die die Dinge in der Vergessenheit annehmen. Sie sind entstellt. Entstellt ist die "Sorge des Hausvaters", von der niemand weiß, was sie ist, (. . .) (Benjamin, Bd.II, S.431).

Wenn Benjamin Odradek als entstelltes Bild der "Sorge" des Hausvaters deutet, deren Inhalt unbekannt ist, so rückt er die literarische Figur Odradek in die Nähe der Traumbilder, denen Freud den Status entstellter Gedächtnisbilder ohne Ursprung zuweist (vgl. Weigel 1997, S.77). Dabei ankert das Vergessene, von dem die Entstellung ausgeht, im Körper. Einige Zeilen zuvor schreibt Benjamin, daß "die vergessenste Fremde unser Körper - der eigene Körper - ist" (Benjamin, Bd.II, S.431). Blumfelds nicht definierbare "Sorge", "die im Kafka-Text entstellte Bilder motiviert, stammt ebenfalls aus dem vergessenen Territorium des Körpers, vor allem aus dem sexuellen Bereich. Im Unterschied zur Figur des Hausvaters im Odradek-Text besitzt Blumfeld keine Familie, wie bereits die ersten Wörter der Erzählung, "Blumfeld, ein älterer Junggeselle", verraten. Er ist nicht mehr jung, aber immer noch ein Junggeselle, und kann keine Nachkommen produzieren. Blumfelds Sorge könnte aus dem Wissen resultieren, daß ein Hausvater die undefinierbare, ziellose, unnütze Lust verdrängen muß. In der Firma, in der Blumfeld eine 'väterliche' Rolle spielt, läßt sich die Veränderung des väterlichen Begehrens deutlich beobachten: Die lebendigen Bälle verschwinden, und an ihrer Stelle erscheinen zwei blasse, schwache Praktikanten, denen Blumfeld auch noch das Fegen verbieten muß. Denn um die Rolle des Vaters spielen zu können, muß er das Gesetz vertreten, das die Sexualität außerhalb der Fortpflanzung verbietet. Und die Form der Sexualität nimmt die vergessene Körperlichkeit gerade deshalb an, weil sie in der Gesellschaft, in der Blumfeld lebt, verboten ist.

Folgt man Benjamins Kafka-Lektüre, so ist von Bedeutung, daß das erste Bild der Verwandlungskette ein Hund ist. Das Tier nämlich verkörpert zwar nicht unmittelbar das Vergessene, hat aber bei Kafka wie bei Tieck die Funktion eines Behälters für das Vergessene:

Übrigens sind die Tiere nicht allein bei Kafka Behältnisse des Vergessenen. Im tiefsinnigen "Blonden Eckbert" Tiecks steht der vergessene Name eines Hündchens - Strohmian - als Chiffre einer rätselhaften Schuld. So kann man verstehen, daß Kafka nicht müde wurde, den Tieren das Vergessene abzulauschen (Benjamin, Bd.II, S.430).

In Benjamins Notizen zu seinem Essay über Kafka (Benjamin über Kafka, S.138) findet man einen "Stammbaum der Kafkaschen Figuren". Dieser Stammbaum besteht aus fünf Figurengruppen, die in Kafkas Literatur immer wieder auftauchen und jeweils ihre Gestalt verändern: die Väter, die Gehilfen, die Monstra, Tiere und die Frauen. Der Hund im Blumfeld-Text gehört zweifellos in die Gruppe der Tiere, die Bedienerin und die Mädchen zu der der Frauen, und die Praktikanten sind nichts anderes als Gehilfen. Auf den ersten Blick scheint es zwar befremdlich, die Spielbälle als "Monstra" zu bezeichnen, aber meine Interpretation dürfte nahelegen, die Bälle derselben Gruppe zuzuordnen, der auch Odradek oder der Käfer Gregor Samsa angehören.
In seiner Aufzeichnung notiert Benjamin, daß die Monstra "im Familienschoß ausgebrütet" seien (ebd.). In Kafkas Litera-

tur befinden sich Tiere und Monstra nicht etwa in der Natur, außerhalb der Stadt oder jenseits der Zivilisation, sondern sie werden mitten in einer bürgerlichen Familie gezeugt[7]. Um die Bedeutung genauer zu verstehen, die Benjamin hier dem Wort "Familie" gibt, kann man eine Textpassage zu Kafka aus Benjamins "Berliner Kindheit um Neunzehnhundert" hinzuziehen. Dort ist von einem Nähkasten die Rede, der als Haus einer 'Familie' beschrieben wird:

Und schwerlich hätte ich mich sehr gewundert, wenn bei den Spulen eine redende, die Spule Odradek, gelegen hätte, die ich fast vierzig Jahre später kennen lernte. Zwar nennt der Dichter diese redende und rätselhafte, welche auf den Treppen und in den Zimmerecken sich herumtreibt, 'die Sorge des Hausvaters'. Das wird aber der Vorstand einer jener zweideutigen Familien sein, bei denen sich die Geschlechtsverhältnisse verkehren. Soviel zumindest spürte ich schon damals, daß die Zwirn- und Garnrollen mich mit verrufener Lockung peinigten. Und zwar war deren Sitz in ihrem Hohlraum, in dem früher die Achse kreiste, deren schnelle Drehung den Faden auf die Rolle wickelte. Nachher verschwand dies Loch auf beiden Seiten unter der Oblate, die meistens schwarz war und mit goldenem Aufdruck den Firmennamen und die Nummer trug. Zu groß war die Versuchung, meine Fingerspitzen gegen die Mitte der Oblate anzustemmen, zu innig die Befriedigung, wenn sie riß und ich das Loch darunter tastete (Benjamin, Bd. IV, S.290).

Die Spule hat einen Körper, dessen Öffnung durch den Namen einer Firma und durch Zahlen verdeckt bleibt. Der Vater der zweideutigen Großfamilie, die "Spule Odradek", besitzt also einen zweideutigen Körper, dessen weibliche Stelle mit einer Beschreibung verhüllt wird, die dem Körper den Status eines Büroangestellten verleiht. Wenn das Kind im Spiel die Verhüllung zerreißt, entdeckt es die Zweigeschlechtlichkeit des väterlichen Körpers.

In den Augen des Kindes hat ein Nähkasten unverkennbare Ähnlichkeit mit einem Spielzeugkasten, so daß das Kind das Nähzeug als magisches Objekt betrachtet. Die Gegenstände im

Kasten sind auch deshalb zwei-deutig, weil sie gleichermaßen praktisches Werkzeug und Traumbilder sind: "Zweifel beschlichen mich, ob dieser Kasten von Haus aus überhaupt zum Nähen sei -" (ebd., S.290). Auch die zwei Stockwerke des Kastens repräsentieren eine Zweideutigkeit der Sprache. Im Nähkasten gibt es eine "obere Region" und einen "finsteren Untergrund" (ebd., Vgl. S.290). Im tiefer liegenden Bereich findet man Formen, die nie in der Öffentlichkeit zu sehen sind. "Auch Knöpfe waren unter diesem Ausschuß; manche von solcher Form, wie man sie nie an irgend einem Kleid gesehen hat" (ebd., S.290). Die "Spule Odradek" hat ihren Platz in der oberen Abteilung. Die Formen, die sich im Nähkasten finden lassen, sind wie Traumbilder, deren Entstellungen mehrere Stockwerke durchlaufen.

Benjamin sieht den Nähkasten als Materialisierung der Schreibweise Kafkas. Zwischen Benjamin und Kafka steht ungenannt Freud, denn erst Benjamins Auseinandersetzung mit der Freudschen Gedächtnistheorie (vgl. Weigel 1997, S.36 ff.) ermöglicht ihm, die Bilder in Kafkas Texten als entstellte Bilder des Vergessenen zu lesen und auch die eigenen Erinnerungsbilder als solche zu (re)konstruieren[8].

Benjamins "Nähkasten" beginnt mit einer phallischen Phantasie eines Jungen und geht über die Figur Odradek langsam zum Thema 'Gedächtnis und Literatur' über. In der ersten Szene wird der Fingerhut der Mutter beschrieben, in den das Kind so gerne den Finger steckt. Einerseits schützt der Fingerhut den Finger, so daß das Kind nicht riskiert, wie das Dornröschen drei Tropfen Blut zu verlieren. Andererseits hat der Fingerhut die Farbe des Blutes, so daß das Blut als Abwesendes präsent bleibt. Auch die Spule wird wie ein weiblicher Körper beschrieben, wenn der Junge ihre mit einer Oblate verdeckte Öffnung mit dem Finger zerreißt und dabei Befriedigung empfindet. Aber durch die Einführung der Figur Odradek wird die Spule in einen zweigeschlechtlichen Körper verwandelt, und mit Hilfe der Zweideutigkeit des Wortes "zweideutig" wird die Konnotation einer 'unanständigen' sexuellen Ver-

haltensweise in die Konnotation einer Mehrdeutigkeit der Sprache transformiert.
Die letzte Szene des Textes, in dem das Kind ein Stück Papier bestickt, läßt sich als Darstellung der Schreibweise Kafkas verstehen.

Und während das Papier mit leisem Knacken der Nadel ihre Bahn freimachte, gab ich hin und wieder der Versuchung nach, mich in das Netzwerk auf der Hinterseite zu vergaffen, das mit jedem Stich, mit dem ich vorn dem Ziele näherkam, verworrener wurde (Benjamin, Bd.IV, S.291).

Kafkas Texte sind mit der Rückseite des bestickten Stoffes vergleichbar. Während die Sprache eine Bahn erhält, erscheinen zugleich immer mehr verworren wirkende Bilder. Beim Sticken werden durch die Erstellung eines Musters jene Linien, die auf der Vorderseite versteckt werden, auf der Rückseite sichtbar und bilden Spuren, die an entstellte Bilder erinnern. Die Entstellung der Bilder bei Kafka funktioniert also keineswegs beliebig, sondern die entstellten Bilder entstehen dadurch, daß die Linien der Vergessenheit monströse Gestalten zeichnen.

[1] Der Text entstand im Jahr 1920. Der Titel "Der Kreisel" stammt von Max Brod.

[2] Kafka begann mit der Niederschrift dieses Textes am 9.2.1915. Er gab dem Text keinen Titel.

[3] Die Ethnologie versteht den Ball - besonders in Form des Osterballs - als Symbol der Fruchtbarkeit. „An eine rituelle Verknüpfung des Ballsspiels mit Ostern könnte man vielleicht da denken, wo es Sitte ist, am ersten Ostertag vor Sonnenaufgang Ball zu spielen, wenn die Sonne drei Freudensprünge über die Auferstehung Christi macht. Aber warum spielt man an demselben Tag auch bei Sonnenuntergang? Wenn von Osten nach Westen gespielt wird, soll der Ball vielleicht magisch die Kraft der aufsteigenden Sonne beeinflussen. Dieser Gedanke würde bestärkt werden dadurch, daß ähnliche Osterspiele mit Eiern und Holzscheiben veranstaltet werden, die Symbole der Fruchtbarkeit und der Sonne sind" (Handbuch des deutschen Aberglaubens, Bd.1, S.860).

[4] Und tatsächlich springt im nächsten Augenblick auch der untere Ball auf das Bett hinauf. 'Jetzt habe ich sie', denkt Blumfeld heiß vor Freude und reißt den Schlafrock vom Leib, um sich ins Bett zu werfen" (ebd.,227). Blumfelds Lust, die in dieser Szene lebhaft zum Ausdruck kommt, kann natürlich nur dann als "autoerotisch" bezeichnet werden, wenn man die Bälle als Rematerialisierung des vergessenen Körpers von Blumfeld versteht.

[5] Es handelt sich hier nicht unbedingt um ein "Ende", das auf einer Absicht des Autors gründet, denn der Text stammt aus dem Nachlaß, und es ist nicht bekannt, wann und warum Kafka die weitere Niederschrift aufgab. Ich beziehe mich auf die überlieferte Form des Textes. Wenn der Text an dem Punkt nicht weitergeschrieben wurde, verkörpert die Szene, die das Fegen verbietet, ein Ende, das zwar nicht vom Autor beabsichtigt sein muß, aber aus dem Text heraus als solches zu verstehen ist.

[6] Gerhard Kurz schreibt: "Wie der Hausvater Odradek zu fangen sucht, verfolgt der Philosoph den Kreisel, um ihn zu fangen" (Kurz, S.101). Im Text "Die Sorge des Hausvaters" wird Odradek als Zwirnspule beschrieben. Zur Etymologie des Wortes "Odradek" ist wenig bekannt. Heinz Politzer erwähnt das tschechische und im Allgemeinen westslawische Wort "odraditi". Es bedeutet, jemandem von etwas abzuraten (Politzer, S.153). Buchstäblich betrachtet gehört der mittlere Teil des Wortes "Odradek" eher in das semantische Feld des Wortes "Rad" als in das des "Rates". Auch die Form der Spule verbindet "Odradek" mit einem Rad. Das Rad wiederum hat durch seine Drehbewegung Ähnlichkeit mit einem Kreisel, so daß die Verwandtschaft zwischen Odradek und dem Kreisel auf mehreren Ebenen feststellbar ist.

[7] Sie erscheinen nicht in der Natur, sondern in Häusern, und dort oft auf Treppen oder im Bett. Odradek z.B. sitzt auf einer Treppe, und Gregor Samsas Verwandlung in einen Käfer ereignet sich im Bett. Blumfelds Begehren findet einen ersten Ausdruck, während er die Treppen hochsteigt, und er schläft in dem Bett, unter dem in der Nacht die Bälle herumspringen.

[8] Gleichzeitig reichert Benjamin die Schriften Freuds an, indem er sie parallel zur Literatur Kafkas liest und zwischen beiden eine Verbindung herstellt, ohne dabei die Bedeutung der Texte Kafkas Freuds Theorie unterzuordnen. Benjamins Nähkasten könnte die Funktion eines Zwischenraums haben, der Kafka ebenso wie Freud vor trivialen Vorstellungen 'psychoanalytischer Literaturinterpretation' schützt. Während diese die literarischen Figuren 'diagnostiziert', unternimmt Benjamin den Versuch, die Funktionsweise des Gedächtnisses topographisch darzustellen und mit der Struktur eines literarischen Textes zu vergleichen.

Fünftes Kapitel

Magie der Oberfläche
Walter Benjamin als Spielzeugsammler

1. Oberfläche der Kinderbücher

Nicht jeder wird sofort mit meiner Ansicht einverstanden sein, daß ein Bilderbuch auch als "Spielzeug" bezeichnet werden kann. Eine Spielpuppe dagegen wird sofort als typisches Spielzeug anerkannt. Worin besteht aber der entscheidende Unterschied zwischen einem Bilderbuch und einer solchen Puppe? Warum sagt man nicht, daß ein Kind mit seinem Bilderbuch 'spiele'?
Das Bilderbuch bildet eine "Oberfläche". Wenn ein Kind sich mit Bildern und Schriftzeichen beschäftigt, bewegt es sich in einer Welt, die jenseits unserer dreidimensionalen Welt existiert: in der Welt der Oberfläche.
Spielt aber die Oberfläche nicht auch bei einer Puppe eine entscheidende Rolle? Im Passagen-Werk betrachtet Walter Benjamin eine Schaufensterpuppe.

Eigentlich ist die Wachsfigur der Schauplatz, in der der Schein der Humanität sich überschlägt. In ihr kommt nämlich Oberfläche, Teint und Kolorit des Menschen so vollkommen und unüberbietbar treu zum Ausdruck, daß diese Wiedergabe seines Scheins sich selber überschlägt und nun die Puppe nichts darstellt als die schreckliche durchtriebene Vermittlung zwischen Eingeweide und Kostüm (Benjamin, Bd.V, S.516).

Eine Puppe stellt einen menschlichen Körper dar, indem sie vor allem seine Oberfläche nachahmt. Es gibt in ihrem Körper nichts, was menschlichen Eingeweiden entspricht. Besonders bei Schaufensterpuppen ist es deutlich, daß die Oberfläche ihr Wesen ausmacht. Auch bei einem Bilderbuch nimmt man meistens nur eine Oberfläche wahr, auf die Bilder und Schrift gedruckt sind. Ein Bilderbuch wäre damit eine radikale Form der Puppe.

In der Rundfunksendung "Berliner Spielzeugwanderung" spricht Benjamin von seiner Faszination durch Spielzeug, das den Bilderbüchern ähnlich ist: "Abziehbilder" und bunte "Oblaten", die in Serien bekannte Märchenfiguren darstellen. Benjamin fragt sich zwar zwischendurch, ob diese Bilder noch als Spielzeug bezeichnet werden können, aber anstatt sich lange mit der Definitionsfrage aufzuhalten, spricht er weiter von ihrem Reiz. Es ist auffällig, daß das eindeutig den Bilderbüchern verwandte Papierspielzeug Benjamin besonders fasziniert.

Für mich geht überhaupt nichts über Papierspielzeug. Angefangen vom kleinen Faltboot oder Papierhelm, mit denen wir beinah zuerst Bekanntschaft gemacht haben, bis zu den Einsteckbüchern, von denen ich euch jetzt noch etwas erzählen will. Stellt euch ein Bilderbuch mit wenigen Seiten vor. Auf der ersten vielleicht eine Stube, auf der zweiten eine Landschaft mit Bergen, Äckern und Wald, auf der dritten eine Stadt mit ihren Straßen, Toren, Plätzen und Häusern. Nun seht näher zu. Ihr entdeckt dann auf jedem dieser Bilder eine Fülle von kleinen Ritzen; Spalten zwischen Fenster und Fensterbrett, zwischen Schwelle und Tür, zwischen Brunnen und Pflaster, zwischen Stuhlsitz und Lehne, zwischen Ufer und Fluß usw. Und solchen Büchern sind dann hinten in einer kleinen Tasche allerhand Menschen, Möbel, Fuhrwerk, Schiffe, Speisen, Pflanzen beigegeben, die man an kleinen Zäpfchen in die Ritzen auf den Bildern hineinschiebt. So kann man die Stube auf hundert verschiedene Arten möblieren, die Landschaft mit hundert verschiedenen Blumen und Tieren ausputzen, die Stadt bald an einem Markttage, bald an einem Sonntag zeigen, und, wenn es einem Spaß macht, sogar Hirsche und Eichhörnchen auf ihrem Pflaster spazierengehen lassen (Benjamin, Bd. VII, S. 107).

Das hier beschriebene Spiel könnte man zwar auch mit Holzfiguren durchführen, aber die Papierfiguren, die direkt aus Büchern stammen, lösen eine besondere Faszination aus. Ihre Verwandtschaft mit den Büchern bleibt durch ihr Material, Papier, und durch ihre flächige Form deutlich erkennbar. Die Fläche der Buchseiten hat "kleine( ) Ritzen", die "Spalten". 'Lesen' bedeutet in diesem Fall, zuerst die Ritzen auf der Bildoberfläche zu entdecken. Die Spalte "zwischen Schwelle und Tür", die sich in der Oberfläche befindet, hat zwei Funktionen: Sie verweist auf die Schwelle, die gleichsam eine Seite von einer anderen Seite trennt. Gleichzeitig bietet die Spalte als Tür die Möglichkeit, in eine andere Seite hineinzutreten. So wie bei allen Kinderbüchern, die Benjamins Aufmerksamkeit auf sich ziehen, fällt auch bei diesem Buch das Lesen mit dem Schreiben zusammen. Denn die Kinder schreiben das Buch auch mit, indem sie die Figuren in die Ritzen hineinstecken. Dabei können z.B. Bilder entstehen, die einem Traum ähneln. So kann etwa ein Hirsch den Wald verlassen und auf dem Pflaster in einer Großstadt spazierengehen.

Bei den sogenannten ABC-Büchern wird die Analogie zwischen Bildoberfläche und Traum noch deutlicher. In seinen Texten über die ABC-Bücher rückt Benjamin diese Analogie in den Blick. So werden z.B. in seinem Aufsatz "ABC-Bücher vor hundert Jahren" die Autoren der beschriebenen Bücher nicht erwähnt. Nicht sie, sondern die Buchstaben werden als 'Subjekt' der historischen Entwicklung von ABC-Büchern dargestellt. Der Subjektstatus der Buchstaben hat bei Benjamin mehr als nur eine rhetorische Bedeutung.

Daneben begannen die Buchstaben schon früh einen Hof von Gegenständen um sich zu bilden. Die Älteren unter uns haben noch den Hut dienstfertig beim h hängen, die Maus harmlos am m knabbern sehen und das r als den dornigsten Teil der Rose kennengelernt (Benjamin, Bd.IV, S.619).

Hier setzen nicht die Autoren ihre Bilder in Buchstaben um, sondern die Buchstaben sind eigenständige Wesen, die "einen Hof von Gegenständen um sich bilden". Daß die Buchstaben die sie umgebenden Bilder erzeugen, ist bei einem ABC-Buch selbstverständlich. In einem ABC-Buch entstammt die Figur der Maus keiner Erzählung, und es gibt auch keine symbolische Bedeutung, die sich hinter dem Bild der Maus verbirgt. Vielmehr wurde die Maus aus dem Buchstaben M geboren.

Die Freudsche Psychoanalyse eröffnet mit der "Traumdeutung" eine Möglichkeit, Bilder auch als verwandelte Buchstaben zu betrachten. Jacques Lacans Lektüre der "Traumdeutung" wiederum, die die Beziehung zwischen dem Traum und der Schrift hervorhebt, rückt ABC-Bücher und Traum ganz nah zusammen.

Freud führt auf unterschiedliche Weise vor, daß dieser Signifikantenwert des Bildes nichts zu tun hat mit seiner Bedeutung, und beruft sich dabei auf die ägyptischen Hieroglyphen, wo es lächerlich wäre, aus der Häufigkeit des Geiers oder Kükens, die den Buchstaben Alef und den Buchstaben Waw darstellen, womit eine Form des Verbs "sein" und dessen Plurale ausdrückt werden, abzuleiten, der Text habe auch nur im geringsten etwas mit diesen Vogelarten zu tun (Lacan, Bd. II., S.35).

Das Verhältnis zwischen Bildern und Buchstaben kann also in ABC-Büchern ähnlich sein wie in einem Traum. Der Zusammenhang zwischen Traum und Kinderbuch muß Benjamin bewußt gewesen sein, denn in seinen Überlegungen zu den ABC-Büchern gebraucht auch er das Bild der Hieroglyphik und spricht dabei von einer Verdichtung.

Mit der zwingenden Aufforderung zur Beschreibung, die in dergleichen Bildern liegt, rufen sie im Kinde das Wort wach. Wie es aber diese Bilder (Bilder mit schwarz-weißem Holzschnitt, Y.T.) mit Worten beschreibt, so "beschreibt" es sie in der Tat. Es bekritzelt sie. Anders als jede farbige ist ihre Fläche gleichsam nur andeutend bestellt und einer gewissen Verdichtung fähig. So dichtet denn das Kind in sie hinein. Es lernt an ihnen zugleich mit der Sprache die Schrift: Hieroglyphik (Benjamin, Bd.IV, S.610).

In diesem Zitat steht ein wichtiges Wort: "hineindichten". Das Dichten, die Verdichtung und das Eintreten in eine Fläche werden hier in einer Bewegung zusammengebracht. Das Kind betritt die Fläche des Buches, indem es sie bekritzelt, und stellt dabei eine zusätzliche Schriftschicht her. Die Oberfläche wird also nicht etwa zerstört, um einen Raum dahinter oder darunter zu erreichen. Vielmehr ist es wichtig, auf der Fläche zu bleiben und sie zu verdichten.

In Benjamins Aufsatz über die ABC-Bücher bleiben die Autoren auch im weiteren Verlauf des Textes im Hintergrund. Der Wille der Buchstaben und der Wille der Bilder, die aus den Buchstaben entstanden sind, bestimmen die weitere Entwicklung der Gattung: Die "kleinen illustrierenden Gegenstände, die bis dahin verlegen um den herrschaftlichen Buchstaben herumgelungert hatten" (ebd.,S.620), emanzipieren sich in dieser Weiterentwicklung von den Buchstaben und stehen dann selbst auf der Bühne des Buches. So stehen plötzlich Adler, Apfel, Affe, Amboß, Anker, Armbrust, Arznei, Ast und Axt nebeneinander: "Die Ammen, Apotheker, Artilleristen, Adler und Affen (. . .) erkannten ihre Solidarität" (ebd.) und setzten sich zusammen. Ein ABC-Buch zu lesen heißt, eine Kette der Signifikanten wahrzunehmen und sich den durch ihre Logik hervorgebrachten Signifikaten zu überlassen.
Die Bilder in einem ABC-Buch wirken auf Erwachsene manchmal geheimnisvoll und unzugänglich. Aber Kinder dichten oft einfach in die Oberfläche des Buches hinein. Sie erzeugen dabei eine Verdichtung, die der Oberfläche eine stoffliche Qualität gibt. Man kann sich die Bewegung der Verdichtung wie die des Webens vorstellen. Das Blatt Papier verwandelt sich in einen Stoff, aus dem man z.B. eine Tasche nähen könnte. Benjamin schreibt: "Solche Bilder kennen Kinder wie ihre Tasche, sie haben sie genauso durchwühlt und das Innerste zu äußerst gekehrt, ohne das kleinste Fetzchen oder Fädchen zu vergessen"(ebd., S.610).

Unter dem von Benjamin gesammelten Papierspielzeug befindet sich auch ein Rebus, ein Bilderrätsel. Der Rebus ist ein Spielzeug für Erwachsene, das eine Gemeinsamkeit mit dem ABC-Buch hat: Auch der Rebus ist mit einem Traum vergleichbar. Lacan schreibt zu Freuds "Traumdeutung":

Die erste ausdrückliche Bestimmung gleich im Eingangskapitel - denn diese Mitteilung leidet keinen Aufschub - besagt, daß der Traum ein Rebus sei. Und Freud präzisiert, daß diese Bestimmung, wie ich zu Anfang gesagt habe, buchstäblich aufzufassen sei. Im Traum nämlich verfolgen wir die Einwirkung eben der verbuch-

stäblichenden (oder anders gesagt: phonematischen) Struktur (structure littérante), in welcher sich der Signifikant im Diskurs artikuliert und sich analysieren läßt (Lacan, S.35).

In Benjamins Text über den Rebus erhielt die - bei Lacan aus psychoanalytischer Perspektive formulierte - Überlegung zur Funktionsweise des Signifikanten eine kulturhistorische Dimension:

Das Bilderrätsel ist nicht ganz so alt wie die dunklen vornehmen Rätselfragen der Völker, von denen die der Sphinx die berühmteste ist. Vielleicht mußte die Ehrfurcht des Menschen vor dem Wort schon ein wenig geschwunden sein, ehe er es wagen konnte, den scheinbar so festen Zusammenhang von Laut und Bedeutung zu lockern und sie zum Spiele miteinander einzuladen (Benjamin, Bd.IV, S.622).

In den Bilderrätseln aus der Mitte des vorigen Jahrhunderts wird die "Autorität der Rechtschreibung" mit Lust ignoriert. In der Zeit danach entwickelte sich ein verändertes Verhältnis zur Schrift, in dem die isolierten Buchstaben wie gefährliche kleine Anarchisten wahrgenommen wurden. Um die Körperlichkeit der Buchstaben zu bannen, wurden die bis dahin variierenden Schreibweisen eines Wortes vereinheitlicht. In Benjamins Text wird spürbar, welche fremden Unruhen und Unordnung und welche Lebendigkeit der Rebus in der Zeit des Übergangs noch enthielt. Ein Rebus aus Benjamins Sammlung zeigt z.B. tanzende Buchststaben in unterschiedlichen Schrifttypen. Der Raum, in dem sie tanzen, scheint der freie Himmel zu sein. In einem anderen Rebus wachsen Beine aus den Buchstaben, und sie gehen spazieren.
Benjamin sieht im Bilderrätsel einen starken Widerstand gegen die Autorität: nicht nur gegen die der Rechtschreibung, sondern auch gegen die der Kirche. Die Buchstaben wehren sich gegen eine Hierarchie, die den Schöpfer über die Menschen und die Menschen über die Gegenstände stellt:

Der eigentliche Patron dieses Rebus aber war der geniale Illustrator Grandville, dessen zeichnerische Demagogie nicht nur Himmel und Erde, sondern Möbel, Kleider und Instrumente gegen den Herrn der Schöpfung mobil machte und noch den Buchstaben die Gliedmaßen und den Übermut lieh, mit denen sie hier den Leser mystifizieren (Benjamin, Bd. IV, S.623).

Der Rebus als Ort der 'widerstehenden' Buchstaben gehört jedoch der Vergangenheit an. Benjamins Aufsatz über den Rebus trägt den Titel "Worüber sich unsere Grosseltern den Kopf zerbrachen", das heißt, es geht um das Spiel einer früheren Generation. Benjamin stellt einen entscheidenden Unterschied zwischen dem früheren Rätselspiel und dem der Gegenwart - z.B. dem Kreuzworträtsel - fest. Beim Kreuzworträtsel bleiben die Buchstaben brav in ihren Kästchen. Sie spiegeln die Zeichenwelt der Industriegesellschaft, die aus "normierten Architekturen, den Schemata der Statistik, der eindeutigen Sprache unserer Lichtreklame und unserer Verkehrszeichen" (ebd.) besteht.

Das Erlernen der Schrift ist ein Thema, das Benjamin jenseits pädagogischer Fragestellungen beschäftigt. Ihn interessiert die Räumlichkeit der Schrift. Ein Kind, das Schreiben lernt, muß lernen, den vertrauten dreidimensionalen Raum zu verlassen und sich auf einer Fläche zu bewegen, und zwar auf einer mit Schriftzeichen versehenen Fläche. Das Kind kann in sie eintreten, indem es die Schrift 'verdichtet'. Viele Kinder beginnen früh, von selbst und ohne Zwang die Schrift zu verdichten, indem sie Bücher bekritzeln. Benjamin, der diese Lieblingsbeschäftigung der Kinder genau beobachtet und beschreibt, findet den Vorschlag von Tom Seidmann-Freud ausgezeichnet, "Fibel und Schreibheft zusammenzulegen", denn:

Verglichen mit der lähmenden Öde der Schreibhefte, die am Anfang der Zeile, oft nur der Seite, die Vorschrift haben, die wie eine Kirchturmspitze aus der Schneewüste ragt, und von welcher die reisende Kinderhand beim Üben sich immer weiter entfernen muß, stellen diese Blätter dicht besiedelte Buchstabenländer dar, und die Versuchung, mit dem Bleistift von Station zu Station zu reisen, würde sich auch ohne die Anweisung einstellen: "Schreibe diese Linien mit den neuen Buchstaben voll" (Benjamin, Bd.III, S.268).

Das Erlernen der Schrift wird hier mit einer Reise verglichen. Die Hand des schreibenden Kindes ist das reisende Subjekt.

Schwelle vorm Reich der Schrift. Die Hand des Kindes geht beim Schreiben auf die Reise. Eine lange Reise, mit Stationen, wo sie übernachtet. Der Buchstabe zerfällt in Stationen. Angst und Lähmung der Hand, Abschiedsweh von der gewohnten Landschaft des Raumes: denn von nun an darf sie sich nur in der Fläche bewegen (Benjamin, Bd.VI, S.200- S.201).

Die Bewegung der Hand, die zum ersten Mal Schriftzeichen schreibt, ist mit Gefühlen wie Angst und Abschiedsweh verbunden. Es ist bemerkenswert, daß gerade dort, wo von Gefühlen des Reisenden die Rede ist, nicht das Kind, sondern seine Hand als Reisender dargestellt wird. Diese Gefühle während des Erlernens der Schrift werden im Erwachsen-Werden vergessen. Nur die schreibende Hand behält sie in Erinnerung.
Die Hand des Kindes verkörpert nach Benjamin auch Momente kindlicher Sexualität. In "Einbahnstraße" findet man z.B. einen Text über ein naschendes Kind, dessen Hand als "junger Don Juan" bezeichnet wird. Der Text hat starke sexuelle Konnotationen, ohne daß dabei ein Geschlechtsorgan eine Rolle spielt: "Im Spalt des kaum geöffneten Speiseschranks dringt seine Hand wie ein Liebender durch die Nacht vor" (Benjamin, Bd.IV, S.114). Die Hand des schreibenden Kindes ähnelt der eines naschenden Kindes. Die eine dringt in die Schreibfläche ein, die andere in den Speiseschrank. Die Spalte, die sich in einer Buchseite öffnet, scheint nur in einer Richtung zugänglich zu sein. Das Kind kann durch diese Spalte ins Buch hinein, aber die Buchstaben können nicht aus dem Buch heraustreten. Dabei spielt es keine Rolle, ob das Buch eine Fibel oder ein Bilderbuch ist.
Benjamin lehnt die verbreitete Vorstellung ab, daß ein Kinder-

buch etwas 'ausdrückt'. Er versteht eine Fläche niemals als 'Ausdruck'. Vor diesem Hintergrund läßt sich seine scharfe Kritik an Andersen verstehen, der in einem Märchen davon erzählt, wie die Figuren aus einem Bilderbuch herauskommen. Benjamin schreibt dazu:

Niedlich und unscharf, wie so vieles, was er (Andersen, Y.T.) geschrieben hat, geht auch diese kleine Erdichtung haargenau an dem vorbei, worauf es hier ankommt. Nicht die Dinge treten dem bildernden Kind aus den Seiten heraus - im Schauen dringt es selbst als Gewölk, das mit dem Farbglanz der Bilderwelt sich sättigt, in sie ein. Es macht vor seinem ausgemalten Buche die Kunst der taoistischen Vollendeten wahr: es meistert die Trugwand der Fläche, und zwischen farbigen Geweben, bunten Verschlägen betritt es eine Bühne, wo das Märchen lebt (Benjamin, Bd.IV, S.609).

Das Heraustreten der Dinge aus den Seiten ist mit der Vorstellung vergleichbar, der Autor schicke Figuren und ihre Botschafter zum Leser. Benjamin hingegen stellt sich ein Kinderbuch als stille Fläche vor. Das Kinderbuch druckt keine Botschaft auf die Augen des Kindes, sondern zieht das Kind in sich hinein. Für diesen Vorgang ist die Stille, die das Buch ausstrahlt, wichtiger als sein 'Inhalt'.

Für eine Woche war man gänzlich dem Treiben des Textes anheimgegeben, das mild und heimlich, dicht und unablässig, wie Schneeflocken einen umfing. Dahinein trat man mit grenzenlosem Vertrauen. Stille des Buches, die weiter und weiter lockte! Dessen Inhalt war gar nicht so wichtig. Denn die Lektüre fiel noch in die Zeit, da man selber Geschichten im Bett sich ausdachte. Ihren halbverwehten Wegen spürt das Kind nach (Benjamin, Bd.IV, S.113).

Die Lektüre des Kindes hat nicht nur eine Gemeinsamkeit mit dem Naschen, sondern auch mit dem Versteckspiel. Das Versteckspiel der Kinder, die in Benjamins "Einbahnstraße" beschrieben werden, öffnet immer wieder einen magischen

Raum. Ein Kind entdeckt z.B. "eine Spalte in der Wohnung und versteckt sich darin. In der Spalte bekommt es das Gefühl, sich in ein Gespenst zu verwandeln. Das Versteck wird als "Stoffwelt" bezeichnet, in der die Gegenstände unmittelbar in ihrer Stofflichkeit spürbar waren: "Hier ist es (das Kind, Y.T.) in die Stoffwelt eingeschlossen. Sie wird ihm ungeheuer deutlich, kommt ihm sprachlos nah" (Benjamin, Bd.IV, S.116). Diese Unmittelbarkeit macht die Erfahrung des Versteckspiels "magisch", wie es wörtlich im Text heißt. Begriffe wie "Magie" oder "Zauber" bezeichnen bei Benjamin einen Zustand, in dem eine 'andere' Wahrnehmung entsteht. Auch die Kinderbücher ermöglichen diesen Zustand, den man zugleich als eine Art 'Rauschzustand' verstehen kann. Darauf möchte ich im nächsten Abschnitt näher eingehen.

2. Haschischraucher und Puppensammler

Wolfgang Schlüter sieht eine Verbindung zwischen Benjamins Leidenschaft für Kinderbücher und seinen Drogenversuchen.

Zum einen ist bei Benjamin das antiquarische Moment nicht nur thematisch, sondern auch biographisch. Benjamin war als empirische Person Sammler, und zwar von Büchern - insbesondere alten Kinderbüchern - und, wie Sie besonders schön im Moskauer Tagebuch nachlesen können, von Kinderspielzeug. Und die Intensität dieser Leidenschaft mag schon daraus hervorgehen, daß bei einem Haschischversuch laut Protokoll vom 7. März 1931 immer wieder Spielzeug oder farbige Kinderbücher sich vordrängen (Schlüter, S.13).

Für Schlüter ist die Tatsache, daß Benjamin im Rauschzustand von seinen Sammelobjekten - von Kinderbüchern und Puppen - träumt, ein Zeichen für die Intensität seiner Leidenschaft des Sammelns. Die Beziehung zwischen Rauschzustand und Spielzeug ist bei Benjamin vielschichtig. Ein wichtiger Begriff, der in beiden Themenbereichen - in dem der Spielzeugsammlung und in dem des Drogenversuchs - vorkommt, ist 'die Physiognomie'. Wenn Benjamin von "Physiognomie" spricht, betrachtet er die 'Oberfläche' nicht etwa als Ausdruck einer inneren 'Wahrheit' wie etwa Johann Caspar Lavater, dessen Arbeiten die noch immer gängigen Vorstellungen von Physiognomie sehr stark geprägt haben. Am Beispiel des Aufsatzes "Ueber Schattenrisse" kann man sehen, was Lavater unter einer 'Fläche' versteht und für welchen Zweck er sie benutzt. Die Schattenrisse transformieren menschliche Gesichter in je verschiedene Flächen. Diese Flächen dienen Lavater dazu, seine Beobachtungen zu Gesichtern "einfacher" und "bestimmter" zu machen (Lavater, S.154). Er setzt deren "Schatten" mit der "Stimme der Wahrheit" oder mit dem "Wort Gottes" gleich (ebd.). Anhand der im Schattenriß zum Umriß vereinfachten Oberfläche will er moralische Urteile über Menschen gewinnen, die wiederum als 'die Wahrheit' gelten. Lavater glaubt, die Mehrdeutigkeit oder die Mehrschichtigkeit des Betrachteten reduzieren und vereindeutigen zu können, indem er die dreidimensionale Welt in eine zweidimensionale übersetzt. Er verwendet das Wort "Ausdruck", um diese Funktion der Oberfäche festzulegen. Die Physiognomie ist nach Lavater "wahrer, sichtbarer Ausdruck innerer an sich selbst unsichtbarer Eigenschaften" eines Menschen" (ebd.,S.31). Seine Vorstellung, Physiognomie sei ein Instrument, um Wahrheit zu erkennen, zeigt sich auch im Titel seiner Arbeit: "Von der Wahrheit der Physiognomie".

Wenn Benjamin von Physiognomie spricht, bezieht er sich auf eine ganz andere Wahrnehmung als Lavater. Seinem Widerstand gegen die Idee eines 'Ausdrucks', die Benjamin schon an Andersen kritisiert, begegnet man hier wieder. Wenn Benjamin von Physiognomie spricht, geht es gerade nicht darum, eine Oberfläche als 'Ausdruck' eines 'Inneren' zu interpretieren. In seinen Schriften über die Drogenversuche wird das besonders deutlich .

In einer entsprechenden Aufzeichnung von 1934 notiert Benjamin eine Frage, die nicht wie bei Hamlet "Sein" und "Nicht-Sein", sondern "Netz" und "Mantel" zur Auswahl stellt:

Weibliche Werke: Säumen Knoten Flechten Weben. "Netz" oder Mantel - das ist hier die Frage (Benjamin, Bd. VI, S.614).

Während das Netz aus Maschen besteht und dazu benutzt wird, Vögel oder Fische zu fangen, ist der Mantel eine Umhüllung, die schützt bzw. verbirgt. Das Wort "Netz" kann in Verbindung mit dem Wort "Haut" eine "Netzhaut" bilden, die ein Objekt optisch einfängt. Der Mantel hingegen bedeckt ein Objekt und macht es unsichtbar. Insofern bilden Netz und Mantel einen Kontrast. Das Verhältnis zwischen beiden wird aber komplizierter, wenn man Benjamins Aufzeichnung weiterliest:

Schauer - der Schatten des Netzes auf dem Leibe. Im Schauer bildet die Haut ein Netzwerk nach. Das Netz ist aber das Weltennetz: in ihm ist die ganze Welt gefangen (ebd.).

Wenn ein Netz bzw. sein Schatten wie ein Mantel "auf dem Leibe" liegt und mit der Haut des Leibes eine 'Netzhaut' bildet, wird es möglich, Dinge mit dem ganzen Körper optisch wahrzunehmen. Man kann dann nicht mehr wissen, an welcher 'Seite' des Netzes sich die Außenwelt befindet, die mit dem Netz gesehen und gefangen werden soll. In diesem Zustand bilden das Netz und der Mantel keinen Kontrast, sondern gehören beide zu einer "Webwelt", die durch Säumen, Knoten, Flechten und Weben entsteht.

Netz, Mantel, Saum und Schleier. Traurigkeit, der Schleier, der unbewegt hängt und sich nach einem Hauch sehnt, der ihn lüftet. Haarfeine Ornamente: auch diese Muster kommen aus der Webwelt (ebd., S.615).

In "Crocknotizen"[1] (1932) schreibt Benjamin, daß man mit Hilfe des Opiums "in jene versteckteste, im allgemeinen unzugängliche Oberflächenwelt" eindringen kann, "welche das Ornament darstellt" (Vgl. ebd., S.603)[2] Die Phantasie eines Opiumrauchers und das Ornament treffen sich in einer Gemeinsamkeit: in beiden Welten kommen in Serien kleine Gegenstände oder Lebewesen vor, die endlose Reihen bilden. Die sich wiederholenden Formen ermöglichen es dem Betrachter, im Ornament immer wieder ein neues Ornament zu erkennen. Benjamin macht in "Crocknotizen" darauf aufmerksam, daß dem Ornament "Mehrdeutigkeit" oder die "vielfältige Interpretierbarkeit" innewohnen (ebd., S.603-604)[3]. Im selben Text beschreibt er den Vorhang vor einem Fenster. Auch er gehört zu der Oberflächenwelt, deren vielfältige Bedeutungen mit Hilfe des Opiums sichtbar werden. Wichtig ist hier Benjamins Gedanke, daß nur der Blick, der in die Oberflächenwelt - und nicht in die Tiefe - eindringt, diese Mehrdeutigkeit erfassen kann. Der Vorhang, der als "Dolmetscher für die Sprache des Windes" (Benjamin, Bd.VI, S.604) bezeichnet wird, verkörpert die Mehrdeutigkeit. Daraus kann man schließen, daß die Mehrdeutigkeit im Prozeß der Übersetzung sichtbar wird, und zwar einer Übersetzung aus einer für uns unzugänglichen Sprache - in diesem Fall die Sprache des Windes - in die Sprache des Gewebes, der Oberfläche. Letztere vermittelt uns keine bestimmte Botschaft, sondern stellt eine Fläche dar, die verschiedene Lektüren ermöglicht.

Im nachfolgenden Abschnitt vergleicht Benjamin den Vorhang mit dem Körper einer vollkommenen Tänzerin. Das Bild eines tanzenden Vorhangs, der keine innere Welt besitzt, erinnert mich an jene Marionette, die Kleist in seinem Essay "Über das Marionettentheater" als vollkommene Tänzerin bezeichnet (vgl. Kleist 1984, S.338).

Weil Vorhänge und Marionetten als Dinge betrachtet werden, die keine innere Welt besitzen, fällt es leicht, sie als Oberfläche wahrzunehmen. Benjamin, der angesichts einer Schaufensterpuppe die eigentliche 'Oberflächlichkeit' eines lebenden Menschen wahrgenommen hat, fällt es nicht schwer, "die Gesichter der Menschen als Oberfläche zu lesen. Die Schaufensterpuppe hatte er aus der Perspektive eines Flaneurs betrachtet. Jetzt ist er Haschischraucher, der menschliche Gesichter liest. Beide Zustände sind geeignet, die Oberfläche zu lesen. Im Surrealismus-Aufsatz nennt Benjamin beide Tätigkeiten, das Flanieren und das Haschischrauchen, in einem Atemzug: "Der Leser, der Denkende, der Wartende, der Flaneur sind ebensowohl Typen des Erleuchteten wie der Opiumesser, der Träumer, der Berauschte" (Benjamin, Bd.II, S.308).

In Protokolle zu Drogenversuchen" berichtet Benjamin von

einem Septembertag des Jahres 1928. Er hatte - von Haschisch berauscht - eine Hafenkneipe in Marseille betreten. Sein Blick geriet in den Bann der dort anwesenden Männergesichter, auf denen er zunächst nur Rohheit und Häßlichkeit sah. Er wollte weder deren Blicke auf sich ziehen noch ihre Brutalität direkt anschauen. Deshalb verweigerte er die Blickwechsel, die darauf abzielen, die Eigenschaften oder Gedanken anderer Menschen zu lesen und zu bewerten. Dabei fiel sein Blick auf die Falten in einem der Männergesichter, und in dem Moment verloren Maßstäbe wie Häßlichkeit oder Schönheit ihre Bedeutung. Die Falten, die ein Ornament auf einem Gesicht zeichnen, wurden für ihn als "Falten des Verzichts" lesbar. In dieser Erfahrung bezeichnet Benjamin sich selbst als "Physiognomiker" oder als "Betrachter der Physiognomie"(Benjamin, Bd.VI, S.581).
Einer verbreiteten Vorstellung zufolge besteht die Aufgabe eines Physiognomikers - wie bei Lavater - darin, menschliche Gesichter zu charakterisieren und zu klassifizieren, um die 'innere Qualität' eines Menschen zu deuten. Bei Benjamin hingegen geht es darum, die Mehrdeutigkeit einer Oberfläche lesbar zu machen. Aus der Oberfläche, die Gesicht heißt, liest Benjamin ein Stück Vergangenheit heraus, das aber nichts mit dem sogenannten Lebenslauf zu tun hat. Vielmehr entdeckt er ein Bild der Vergangenheit, das kurz auf der menschlichen Haut auftaucht und sofort wieder verschwindet, ohne sein Wesen bestimmbar zu machen. Auch hier wird die Haut einen Moment lang mit einem Netz vergleichbar : Netzhaut im wörtlichen Sinne.

Benjamin beginnt nach seinem Blick auf die "Falten des Gesichts" ein Spiel, bei dem er hinter jedem neuen Gesicht ein ihm bekanntes auftauchen läßt. Das ihm bekannte Gesicht verschwindet aber sofort wieder, ist eine Täuschung. Es verschwindet wie in einem Traum, "nicht beschämt und kompromittiert, sondern friedlich und freundlich"(ebd., S.582). Benjamin spielt ein Spiel, in dem die Täuschung kein Fehler, sondern Methode der Wahrnehmung ist. Die Oberfläche eines Gesichtes wird oft - wie man z.B. an der Metapher der Maske sehen kann - als Täuschung verstanden. Das Gesicht einer Per-

son zu lesen bedeutet meistens, enthüllen zu können, was sich hinter dieser Oberfläche verbirgt. Die Oberfläche selbst lesen zu können ist eine besondere und ungewöhnliche Fähigkeit.
Auch in der 1930 verfaßten Kritik Benjamins zu Max v. Boehns Buch "Puppen und Puppenspiele" spielt der Begriff des Physiognomikers eine wichtige Rolle. In dieser Kritik, die sich mit Puppen und Puppensammeln beschäftigt und deren Überschrift "Lob der Puppe" heißt, bezeichnet Benjamin leidenschaftliche Puppensammler - zu denen Boehn nicht gehört - als "Physiognomiker der Dingwelt" (Benjamin, Bd.III, S.217). Ein leidenschaftlicher Sammler - so Benjamin - schreibe seine "magische Enzyklopädie" aus scheinbar "äußerlichen" Geschichten der einzelnen Puppen - z.B. aus den Namen ihrer Vorbesitzer oder aus den Zahlen ihrer Preise. Wie ein Wahrsager leitet der Sammler aus diesen äußeren Zeichen das Schicksal der Puppen ab. Die Welt des Wissens solcher Sammler habe eine Ordnung, die "anarchisch" und "destruktiv" (ebd.) erscheine, weil der Sammler jedem Gegenstand treu bleibe und gegen das Typisierende und das Klassifizierbare protestiere. Den größten Mangel des Buches von Boehn sieht Benjamin darin, daß der Verfasser nichts von der Leidenschaft der Puppensammler verstehe. Boehn fehle die Fähigkeit, eine Oberfläche zu lesen, was sich besonders deutlich in seiner Lektüre des Aufsatzes "Über das Marionettentheater" von Kleist zeige. Boehn behaupte, Kleist entwickle in diesem Aufsatz politische Gedanken, die er aber, um sie vor der Zensur zu schützen, hinter der Metapher der Marionetten versteckt habe. Dabei erwähnte Boehn nicht einmal, welche politischen Gedanken Kleists er meine. Boehn halte sich nicht an das, was tatsächlich, d.h. auf der Oberfläche des Textes, geschrieben stehe, und verkenne so die Marionette als bloße Metapher.
Kleists Marionettenaufsatz ist mit der Vitrine eines leidenschaftlichen Puppensammlers vergleichbar: Es ist nicht möglich, alle Puppen zusammenfassend und auf diese Weise abstrahierend zu beschreiben. Jedesmal, wenn man in die Vitrine hineinschaut, sieht man neue Zusammenhänge zwischen den verschiedenen Gesichtern der einzelnen Puppen. Hier kommen Dingwelt und Literatur zusammen: in ihrer Lektüre ent-

stehen immer wieder neue Bedeutungen. Was hier magische Wirkung auszuüben scheint, ist die Mehrdeutigkeit der Oberfläche, die nicht in Klassifizierungen oder Gruppierungen sortierbar ist. Vielmehr enthält jeder Bestandteil Erinnerungsbilder, die zusammen ein Netzwerk bilden.
Der Lack, mit dem u.a. Puppen bemalt werden, kann die berauschende Wirkung von Drogen haben. Der Duft des Lacks erklärt die Leidenschaft und den Rauschzustand der Sammler zwar nicht, aber er verkörpert sie. Boehn jedoch ist nicht vom Lack berauscht, sondern vom Bierdunst, wie Benjamin beiläufig bemerkt.

Denn der Autor hält ja im übrigen mit seiner Subjektivität so wenig zurück, daß uns aus manchen Stellen statt des süßen Lack- und Moderduftes neuer und alter Puppen der Bierdunst hitlerischer Versammlungslokale entgegenweht (ebd.).

Boehn verpaßt die Chance, sich von den Puppen berauschen zu lassen und selbstvergessen seinen Text zu schreiben. Je zurückhaltender das schreibene Subjekt ist, desto intensiver verströmt der Text den "süßen Lack" der Puppen. Gerade auch die Beschäftigung mit den Puppen bietet einem Autor die Möglichkeit, sich einem Rauschzustand zu überlassen, einem Rauschzustand ohne Droge.

Welcher Sympathie wäre nicht der Verfasser gewiß, wenn er nur einmal über einer Puppe oder Marionette sein Thema und sein Manuskript, den Verleger und das Publikum, sein Tempo und vor allem sich selber vergäße (ebd., S.216).

Puppen bieten, wenn sie zum Thema eines Textes gewählt werden, dem Autor die Möglichkeit, im Text eine Oberflächenwelt zu weben. Die 'Magie der Puppe' entfaltet sich dann auch im Schreiben selbst. Der Stoff des Textes verwandelt sich in Textilien, und das Schreiben wird den Tätigkeiten wie Säumen, Knoten, Flechten oder Weben ähnlich.

3. Die Leidenschaft der Sammler

Für Benjamin ist die Leidenschaft nicht die treibende Kraft des Sammelns, sondern sie zeigt ihr Gesicht, wenn man vom Sammeln besessen ist. Bei einem Kind, das im Wald verschiedene Dinge sammelt, sieht man das Gesicht der Leidenschaft besonders deutlich: "An ihm zeigt diese Leidenschaft ihr wahres Gesicht, den strengen indianischen Blick, der in den Antiquaren, Forschern, Büchernarren nur noch getrübt und manisch weiterbrennt" (Benjamin, Bd.IV, S.115).
In einem kurzen Text mit der Überschrift "Unordentliches Kind" aus dem Buch Einbahnstraße" beschreibt Benjamin zwei Arbeitsgänge des Sammelns: Im ersten Arbeitsgang ist das Kind auf einer leidenschaftlichen Suche nach Sammelobjekten. Es sortiert, die Dinge, die es sammelt, noch nicht. "Es jagt die Geister, deren Spur es in den Dingen wittert; zwischen Geistern und Dingen verstreichen ihm Jahre, in denen sein Gesichtsfeld frei von Menschen bleibt. Es geht ihm wie in Träumen" (ebd.). Im zweiten Arbeitsgang schleppt das Kind seine Beute aus dem "Traumwald" nach Hause, um sie zu "reinigen", zu "festigen" und zu "entzaubern" (ebd.). Dort müssen die Dinge in die Schubladen geräumt werden. Benjamin unterscheidet die beiden Räumlichkeiten Traumwald" und "Haus" deutlich voneinander. Würde er nicht beide Sphären beachten, liefe er Gefahr, wie Jean Baudrillard in seinem Buch "Das System der Dinge" die Leidenschaft des Sammlers auf Ordnungszwang oder Machtgier zu reduzieren.

"Die Freude am Sammeln ist ein leidenschaftliches Spiel", sagt Maurice Rheims in "Vie étrange des objets". Beim Kind ist es der rudimentäre Ausdruck seiner Herrschaft über die Umwelt: ein Ordnen, Einteilen und Gruppieren (Baudrillard, S.112).

Das Ordnen der Sammelobjekte steht bei Benjamin nicht im Zentrum. Es beruht auch nicht auf einer Systematik. Bleibt die Leidenschaft des Sammlers lebendig, hat das ordnende Prinzip anarchische und destruktive Effekte. Denn die Leidenschaft des Sammelns hat wie jede andere Passion "dämonische Züge" (Benjamin,Bd.III, S.14).

Für Benjamin nimmt die Sammelleidenschaft zwar die Form eines Gesichtes an, aber nicht in dem Sinne, daß das Gesicht eines Sammlers seine Leidenschaft 'ausdrückt'. Vielmehr wird die Leidenschaft als eigenständige Person verstanden, die *ihr* Gesicht zum Ausdruck bringt. In der bereits zitierten Textpassage zum sammelnden Kind heißt es: "An ihm (dem Kind, Y.T.) zeigt diese Leidenschaft ihr wahres Gesicht . . . " (Benjamin, Bd.IV, S.115). Die Gesichter der Leidenschaft bleiben unsichtbar, bis sie von einem Physiognomiker gelesen werden. Wie der Puppensammler, der nach Benjamin ein "Physiognomiker der Dingwelt" ist, kann auch ein Kind das Gesicht der Dingwelt lesen. In "Einbahnstraße" schreibt Benjamin:

Sie (die Kinder, Y.T.) fühlen sich unwiderstehlich vom Abfall angezogen, der beim Bauen, bei Garten- oder Hausarbeit, beim Schneiden oder Tischlern entsteht. In Abfallprodukten erkennen sie das Gesicht, das die Dingwelt gerade ihnen, ihnen allein, zukehrt (Benjamin, Bd.IV, S.93).

Benjamin versucht als Physiognomiker, die Gesichter der Dingwelt und der Leidenschaft zu lesen, und nicht, den Typus des Sammlers festzuschreiben. Oft wird ein fanatischer Sammler mit einem eigensinnigen, verschlossenen, krankhaften Mensch gleichgesetzt oder die Leidenschaft des Sammlers als regressive Form des Sexualtriebes bewertet. Auch Baudrillards Überlegungen zum Sammeln wiederholen solche Bilder des Sammlers.

Das Sammeln einerseits und die aktive genitale Geschlechtsbeziehung anderseits schließen einander wechselseitig aus, ohne daß man von einer stellvertretenden Funktion sprechen könnte. Das Sammeln ist im Verhältnis zur Sexualität eine Regression auf die anale Stufe, die sich durch anhäufendes und ordnendes Verhalten, sowie durch aggressive Zurückhaltung kennzeichnet (Baudrillard, S.112).

Die Leidenschaft des Sammlers hat nach Benjamin weder mit sexueller Regression noch mit Besitzgier zu tun. Für Benjamin ist es gar nicht wichtig, daß der Sammler seine Sammlung 'besitzt'. Er selbst legt als Spielzeugsammler viel mehr Wert auf das Wissen, das das Spielzeug umgibt. Kenntnisse über ein Sammelobjekt können nach Benjamin einen Menschen sogar von seiner Besitzgier befreien. In der Rundfunksendung "Berliner Spielzeugwanderung" schreibt er:

"Ja, sind Sie denn ganz verrückt? Denken Sie denn, die Kinder quengeln nicht sowieso schon von früh bis spät, den ganzen Tag. Und nun setzen Sie ihnen noch solche Sachen in den Kopf und erzählen ihnen von tausend Spielsachen, von denen sie bis jetzt Gott sei Dank noch nichts wußten, die sie nun alle werden haben wollen, und womöglich noch von Sachen, die es überhaupt nicht mehr gibt." Also bleibt mir nichts übrig, als ganz ruhig zu sagen, was ich mir in Wirklichkeit denke: Je mehr ein Mensch von einer Sache versteht und je mehr er weiß, wieviel Schönes von einer bestimmten Art es gibt - ob das nun Blumen, Bücher, Kleider oder Spielsachen sind, - desto mehr kann er an allem, was er davon weiß und sieht, seine Freude haben, desto weniger ist er darauf versessen, es gleich zu besitzen, sich zu kaufen oder schenken zu lassen (Benjamin, Bd. VII, S,104).

Nicht das Besitzen, sondern das Wissen und das Verstehen stehen im Vordergrund. Freilich kann man kaum noch von einem 'Sammler' sprechen, wenn eine Person nicht ein einziges Sammelobjekt besitzt. Aber selbst bei einer großen Sammlung muß nicht Besitzgier die Leidenschaft des Sammelns verursachen. Die Leidenschaft zeigt sich nämlich im Moment des Entdeckens. Entdecken ist hier nicht etwa als Ergebnis einer Eroberungsjagd durch die Antiquariate zu verstehen, sondern meint eine physiognomische Lektüre der Dingwelt, durch die die verborgenen Gesichter der Dinge entdeckt werden.

Das Wissen und das Verstehen haben vor allem mit der Sprache zu tun. Der sammelnde Physiognomiker kann die Gesichtzüge der Dingwelt in der Sprache nachahmen. Die Leser der so produzierten Texte können an der Faszination teilnehmen, die das Spielzeug auf den Sammler ausübt, auch wenn sie das beschriebene Spielzeug niemals mit eigenen Augen sehen können. Umgekehrt ist die Faszination, die in den Texten lebt, aber nicht mehr auf die beschriebenen Objekte zurückführbar, auch

wenn die Leser sie später sehen oder sogar besitzen.
Die Leidenschaft des Sammlers Benjamin besteht darin, im Schreiben vergessene Gesichter der Objekte neu zu entdecken und zur Sprache kommen zu lassen. Dabei ist unwichtig, ob Benjamin die Objekte besitzt oder nicht. Er sammelt die Dinge im Gedächtnis und zeichnet sie sprachlich nach. Seine Sprache verhält sich nicht distanziert gegenüber den beschriebenen Gegenständen. Die Faszination wird keineswegs verschwiegen, aber auch nicht auf ein 'Gefühl' reduziert, das den Verfasser ins Zentrum stellen würde. Weder das Subjekt des Sammlers noch in einer instrumentellen Sprache formulierte Informationen über die Objekte sind wichtig. Es geht vielmehr darum, die Gesichtszüge des Spielzeugs nachzubilden. Der Vorgang, in dem sich die Sprache durch mimetische Bewegung einem Objekt anzunähern versucht, ist mit einer magischen Handlung vergleichbar.

4. 'Geister' in alten Kinderbüchern

Die Gesichtszüge der Dingwelt werden bei Benjamin manchmal als Spuren der "Geister" verstanden.

Jeder Stein, den es (das Kind, Y.T.) findet, jede gepflückte Blume und jeder gefangene Schmetterling ist ihm schon Anfang einer Sammlung, und alles, was es überhaupt besitzt, macht ihm eine einzige Sammlung aus. (. . .) Kaum tritt es ins Leben, so ist es Jäger. Es jagt die Geister, deren Spur es in den Dingen wittert; zwischen Geistern und Dingen verstreichen ihm Jahre, in denen sein Gesichtsfeld frei von Menschen bleibt. Es geht ihm wie in Träumen: es kennt nichts Bleibendes; alles geschieht ihm, meint es, begegnet ihm, stößt ihm zu. Seine Nomadenjahre sind Stunden im Traumwald (Benjamin, Bd.IV, S.115).

Wie ein Kind, das im "Traumwald" kleine Naturgegenstände sammelt, jagt Benjamin den Spuren der "Geister" in alten Kinderbüchern[4] nach. Warum bilden die alten Kinderbücher einen Bereich, der mit dem Traumwald vergleichbar ist?

Warum verstecken sich dort die Geister?
Einer der Geister, der in der Überschrift einer Rezension von Benjamin zu einer aktuellen Fibel von Seidmann-Freud auftaucht, ist besonders interessant: "Chichleuchlaucha". So lautet der Titel einer Fibel aus dem 16. Jahrhundert, auf die Benjamin sich in der Rezension bezieht. In "Chichleuchlaucha" findet man Wörter wie "xakbak", "zauzezizau" oder "spisplospruspla". Benjamin bezeichnet sie als "Spritzer der Gischt Hofmannswaldauscher und Lohensteinischer Alexandriner (. . .), die sich in die zeitgenössischen Fibeln verirrt haben" (Benjamin, Bd.III, S.267). Diese Wörter können in ihren merkwürdigen akustischen und optischen Figuren bezaubernd wirken, weil sie einerseits frei von jeder bekannten Bedeutung sind, andererseits aber doch an etwas erinnern. Im zeitgenössischen pädagogischen Denken wurde ihnen allerdings die Aufgabe zugeschrieben, Kindern Lesen beizubringen. Kinder sollten lernen, Silbe für Silbe zu lesen, und nicht etwa das ganze Wort zu raten. Bei einem geläufigen Wort kann es nämlich passieren, daß die Kinder es, anstatt es zu lesen, erraten.
Benjamin nennt das groteske Wort "Chichleuchlaucha" ein "Lautungeheuer" (Benjamin, Bd.III, S.267). Diese Bezeichnung enthält eine Ambivalenz. Neben der Faszination, die die Wortbildung auslöst, zieht sie auch Benjamins Kritik an der pädagogischen Absicht auf sich, der sie entspringt. Seiner Meinung nach besteht "Lesenlernen" geradezu aus "Ratenlernen" (ebd.). Daher sei es sinnlos, dem Kind zu verbieten, beim Lesen zu raten.
Auch bei der phonetischen Schrift kann man vom 'ideographischen Körper' eines Wortes sprechen: Man liest nicht jeden Buchstaben ab, sondern erfaßt das ganze Wort in einer optischen Einheit. Die Lehrmethode, in der Silben oder sogar Buchstaben voneinander getrennt werden, ist so gesehen nichts anderes als der Versuch, den ideographischen Körper der phonetischen Schrift zu vernichten.
Aber am Wort "Chichleuchlaucha" zeigt sich ein interessanter Widerspruch: Gerade das Wort, das gebildet wurde, um die Vernichtung des ideographischen Körpers der phonetischen Schrift voranzutreiben, gewinnt eine ungeheuere Körperlich-

keit. Hier nimmt jeder Buchstabe eine Präsenz in Anspruch, die nicht mehr in der Artikulation des gesamten Wortes in den Hintergrund tritt. Das von Benjamin als Lautungeheuer bezeichnete Wort kann man deshalb auch als Buchstabenungeheuer bezeichnen. Seine Ungeheuerlichkeit besteht darin, daß es einen Ort bildet, an dem die Materialität der Schrift in Form von Buchstäblichkeit wiederkehrt, obwohl das Wort doch erfunden wurde, um den 'ideographischen Körper' der Schrift zu tilgen.

Für die Kinder ist die Materialität der Buchstaben weder überraschend noch bedrohlich. Es ist für sie ein selbstverständliches und tägliches Spiel, Bilder in Schriftzeichen zu sehen und umgekehrt:

. . .wo Kinder spielen, liegt ein Geheimnis vergraben. Durch Zufall trat mir das hier Verborgene vor Augen. Das war in Gestalt einer Kinderzeichnung; sie stellte ein Auto dar. Als sie entstanden war, hatte das Fünf- oder Sechsjährige, von dem sie stammte, gerade die Buchstaben lernen müssen. Daß "Auto" mit A beginnt, war ihm gesagt worden. Und was geschah? Sein gezeichnetes Auto, das ich vor mir hatte, begann wirklich mit A. Die Lösung - aber für das Kind lag hier kein Problem - war das Ei des Kolumbus. Das Auto war in Vorderansicht abgebildet. Der Kühler mit der Aussicht auf die Vorderräder gab den Umriß, der Abschluß des Kühlers nach unten zu den Querstrich des A: so kam das A in Gestalt des Autos, das Auto in Gestalt des A mir entgegen (Benjamin, Bd.III, S.268-269).

In manchen Fibeln findet man eine Zusammenstellung von Bildern und Buchstaben, die an Benjamins Beispiel erinnert. Die Verfasser solcher Fibeln ahmen den kindlichen Umgang mit Buchstaben methodisch nach, um die Spiellust der Kinder anzusprechen. Dabei ist den Verfassern oft gar nicht bewußt, daß das, was sie für ihre pädagogischen Zwecke nutzen möchten, die widersprüchlichen Eigenschaften der Buchstaben sind. Buchstaben setzen einerseits eine Spiellust frei, andererseits dienen sie aber auch dem Gesetz. Roland Barthes beschreibt dieses Paradox in seinem Aufsatz "Der Geist des Buchstabens":

Denn einerseits erläßt der Buchstabe das Gesetz, in dessen Namen allen Auswüchsen ein Riegel vorgeschoben werden kann (Halten Sie sich bitte an den wörtlichen Text"), andererseits aber setzt er, wie Massin zeigt, seit Jahrhunderten unermüdlich eine Fülle von Symbolen frei; einerseits "hält" er die Sprache, die gesamte geschriebene Sprache, im bleiernen Korsett seiner (für uns Franzosen) sechsundzwanzig Buchstaben, und diese sind selbst wieder nur eine Kombination von einigen Geraden, und einerseits bedeutet er die äußerste Zensur (Buchstabe, wieviele Verbrechen werden in Deinem Namen begangen!), andererseits die äußerste Lust (die gesamte Poesie, das gesamte Unbewußte sind eine Rückkehr zum Buchstaben): (. . .) (Barthes 1990, S.105)

Der Versuch, sich in einer Fibel die Spiellust der Kinder zunutze zu machen, hat eine längere Tradition. Schon im 17. Jahrhundert begannen für die Bildung und Erziehung zuständige Erwachsene, "den Kindern zu Leibe zu rücken" (Benjamin, Bd.III,S. 267), indem sie versuchten, den Kindern das Alphabet als Spielzeug anzubieten. Vorher existierte weder die Auffassung, Spiellust sei kindliche Eigenschaft, noch die Meinung, Kinder benötigten eine Fibel, um lesen zu lernen. Kinder mußten sich, wenn sie lesen lernen wollten, an der Schriftwelt der Erwachsenen orientieren. Ariès schreibt in seinem Buch "Geschichte der Kindheit", daß die Kindheit bis zum 17. Jahrhundert keinen eigenständigen Ort in der Gesellschaft hatte. Es gab z.B. keine Kleidung, die nur für Kinder geschaffen wurde (vgl. Ariès, S.112). Ebensowenig gab es eine Gattung 'der Kinderbücher'. Lesen und Schreiben spielten zudem nicht immer eine so große Rolle wie heute. Im Mittelalter wurde z.B. in Elementarschulen oft vorgelesen und dann auswendiggelernt, und man benutzte die Schrift nur, um zeitweise das Gedächtnis zu unterstützen (vgl. Ariès, S.223). Kinder lernten im Laufe der Zeit zwar lesen, aber nicht im Sinne einer als solche definierten, eigenständigen Technik. Vorrangig war das Erlernen der Inhalte religiöser Texte, durch das die Kinder dann beiläufig auch das Alphabet erlernten. Insofern waren Psalmen oder kirchliche Gebetbücher die Fibeln (Shahar, S.219). So überrascht es auch nicht weiter, daß das Wort "Fibel" ein Kinderwort für die Bibel war.

Noch zu Beginn des 17. Jahrhunderts waren religiöse Texte Vermittler der Schriftzeichen. So berichtet Ariès vom Tagebuch eines Hofarztes, der darin sorgfältig die Entwicklung des Prinzen Ludwig XIII. notierte. Im Alter von 3 Jahren - so das Tagebuch - schaute der Prinz immer wieder voller Begeisterung eine illustrierte Bibel an, und die Amme erzählte ihm, wie die einzelnen Buchstaben hießen. So lernte der Prinz lesen (vgl. Ariès, S.129).
Als sich die Kindererziehung von der Religion zu emanzipieren begann, wurden bis heute tradierte pädagogische Lehrmethoden entwickelt, die mit 'spielerischen Mitteln' arbeiteten.

Denn so lange aller Unterricht um den Geistlichen sich gruppierte, hatten sie ihr Lager stets auf der Seite des Wissens, gewissermaßen bei Gott. Und nichts ist kurioser und rührender als die unbeholfenen Schritte, mit denen sie erstmals versuchten, sich dem Kinderlager zu nähern. Nicht jeder konnte dem Rat des Erasmus von Rotterdam folgen und wie ein Schulmeister seine Kleinen ein ABC aus Mürbegebäck in alphabetischer Reihenfolge aufessen lassen. Andere ersannen Buchstaben-Lotterien, Buchstaben-Würfel und ähnliche Spiele. Kurz, der Gedanke, die Fibel spielhaft aufzulockern, ist alt und der neueste und radikalste Versuch, die nachgelassene Fibel der Seidmann-Freud, steht nicht außerhalb pädagogischer Überlieferung (Benjamin, Bd.III, S.267).

Die Übung durch Spiel hat also bereits eine lange Tradition. Der "entscheidende Durchbruch des Spiels in das Zentrum des Elementarunterrichts" wäre jedoch ohne die "wissenschaftlichen Grundlagen in Gestalt der Freudschen Lehre vom Unbewußten" (ebd., S.271) nicht denkbar gewesen. Lernen wird in der neuen Methode so konzipiert, daß Kinder die ihnen gestellten Aufgaben im Spiele erledigen. Die Kinder sollen gar nicht merken, daß sie lernen. "Es ist die unbewußte Übung durch Spiel, deren Erfolge sich hier der bewußten nach Vorschrift überlegen erweisen sollen" (ebd.). "Übung durch Spiel" setzte sich als eine sehr 'effektive' Methode durch, ohne daß dabei die Beziehung zwischen der Schrift und dem Unbewußten mitgedacht wurde.

Überall schickt die freie entbundene Hand über die ernste schwerfällige sich zu siegen an. Aber nicht leicht zu sagen, wie viel von jener Freiheit Verlegenheit ist. Nicht die Fortschritte der Wissenschaft sind ja der stärkste Antrieb dieser radikalen Pädagogik gewesen, sondern der Untergang der Autorität. Und ob uns alle Fortschritte der Humanität und Gesundheit im Unterricht für den Verlust seiner großen Solidarität mit dem Gegenstand - anfangs der Letter, später der Wissenschaft - entschädigen können, ob das "Chichleuchlauchra" nicht doch seinen guten Sinn hat, ist eine Frage, (. . .) (ebd., S.272).

Wenn Benjamin sich zum Thema 'Erlernen der Schriftzeichen' äußert, bezieht er psychoanalytisches Wissen über das Unbewußte, die Verdrängung oder die Traumarbeit ein, z.B. wenn er schreibt, ein Kind, das Kinderbücher bekritzelt, "verdichte" die Oberfläche. Für ihn ist aber die Lust des Kindes, Bücher zu bekritzeln, nicht wegen ihres Gebrauchswertes interessant. Er verwehrt sich gegen Herangehensweisen, die unter dem Motto "Übung durch Spiel" ein trivialisiertes Lustprinzip pädagogisch nutzbar machen wollen.

Wird die Spiellust als Treibstoff verwendet, um den instrumentellen Gebrauch von Buchstaben zu erlernen, so wird der mit Attributen wie Freiheit oder Humanität geschmückte Mensch als einziger Herr ins Zentrum gestellt, dessen Lust alles entscheiden soll. Solche Humanität kann aber verkommen zu Anthropozentrismus, solche Freiheit bedeutet den Verlust der Beziehung zur Dingwelt, und der Buchstabe bezeichnet keinen widersprüchlichen Ort zwischen der Lust und dem Gesetz mehr. Wo dieser ambivalente Ort aus den modernen Fibeln verschwunden ist, bleibt nur sein Gedächtnis in antiquierten Ungeheuern wie "Chichleuchlauchra".

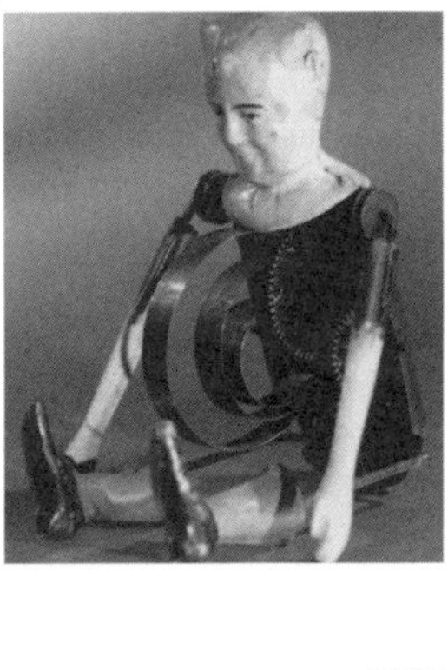

Der Physiognomiker der Dingwelt muß in den Traumwald alter Kinderbücher hineingehen, um die Spuren des Ungeheuers zu finden.

1 Mit dem Wort "crock" ist Opium gemeint (vgl. Benjamin, Bd.VI, S.824).

2 Es gibt keine nachhaltigere Legitimation des crocks als das Bewußtsein, mit seiner Hilfe auf einmal, in jene versteckteste, im allgemeinen unzugänglichste Oberflächenwelt einzudringen, welche das Ornament darstellt. Fast überall umgibt es uns bekanntlich. Trotzdem versagt vor wenigem unsere Auffassungsgabe derart wie vor ihm. Gewöhnlich sehen wir es eigentlich kaum. Im crock dagegen beschäftigt seine Gegenwart uns intensiv. Das geht so weit, daß wir nun spielerisch mit tiefem Wohlbehagen jene Erfahrungen am Ornament ausschöpfen, die in den Kinderjahren und im Fieber sich vermerkbar machten; sie bauen sich auf zwei verschiednen Elementen auf, die beide im crock zu ihrer höchsten Wirkung kommen. Es handelt sich da einmal um die Mehrsinnigkeit des Ornaments. Es gibt keins, das sich nicht mindestens von zwei verschiedenen Seiten ansehn ließe: nämlich als Flächengebilde oder aber als lineare Konfiguration. Meist jedoch erlauben die Einzelformen, die Mehrzahl von Konfigurationen (. . .) Der andere Zug, mit dem das Ornament der Phantasie des crock entgegenkommt, besteht in seiner Perseveration. Es ist höchst eigentümlich, daß die Phantasie dem Raucher Objekte - und zumal besonders kleine - gern serienweise vorstellt. Die endlosen Reihen, in denen da vor ihm immer wieder die gleichen Utensilien, Tierchen oder Pflanzenformen auftauchen, stellen gewissermaßen ungestalte, kaum geformte Entwürfe eines primitiven Ornaments dar" (Benjamin, Bd.VI, S.603-604).

3 Diese Erfahrung allein verweist schon auf eine der innersten Eigentümlichkeiten des crocks: nämlich auf seine unermüdliche Bereitschaft, ein und demselben Sachverhalt - z.B. einem Dekor oder Landschaftsbilde - eine Vielzahl von Seiten, Inhalten, Bedeutungen abzugewinnen. Es wird an anderer Stelle darauf hinzuweisen sein, daß diese vielfältige Interpretierbarkeit, die ihr Urphänomen im Ornament hat, nur eine andere Seite der eigentümlichen Identitätserfahrung darstellt, die der crock eröffnet" (ebd., S.604).

4 Benjamin beabsichtigte zeitweilig, eine umfangreichere Arbeit über Kinderbücher zu schreiben (Vgl. Benjamin, Bd.IV,S.1049). Die Arbeit wurde nicht in Form eines Buches realisiert, aber es gibt viele Aufsätze und Rezensionen, wie z.B. "Über die Fläche des unfarbigen Bilderbuches" (1919), "Aussicht ins Kinderbuch" (1926), "ABC-Bücher vor hundert Jahren" (1928), "Alte vergessene Kinderbücher" (1924), "Chichleuchlauchra. Zu einer Fibel" (1930), "Kolonialpädagogik" (1930) oder "Grünende Anfangsgründe. Noch etwas zu den Spielfibeln" (1931).

Sechstes Kapitel

Die 'magische' Stadt Prag und das Spielzeug

1. Der Golem als lebende Puppe

In seinem Aufsatz "Die Legende vom magischen Prag" äußert Peter Demetz sich skeptisch gegenüber dem heute weit verbreiteten Bild von Prag als 'magischer' Stadt. Diese Vorstellung, die auch in den meisten Büchern über Prag zu finden ist, vernachlässigt nach Demetz andere wichtige Seiten der Stadt. Eine der wenigen Arbeiten, die ein heterogenes Bild von Prag zeichnen, ist der Text "Prag: Legende und Wirklichkeit" (1967) von Karel Krejčí, der "die Traditionen des 'phantastischen' Prag mit jenen der königlichen, aufgeklärten, biedermeierlichen und plebejischen Stadt in lebhafter Pluralität balancierte" (Demetz, S.142). Bei der Beschäftigung mit der Kulturgeschichte Prags - so Demetz - sei es "immer leichter gefallen, Mystik und Magie im rudolfischen Zeitalter, am Hofe Rudolfs II. und in der Gelehrtenstube des Rabbi Löw zu finden als in früheren Zeiten oder im katholischen Barock" (ebd., S.146). Da das rudolfische Zeitalter einem Bedürfnis entgegenkommt, Prag als magische Stadt zu imaginieren, werde seine Bedeutung oft überbewertet - so z.B. in Josef Wechsbergs Buch "Prague. The Mystical City" (1971). Andere Autoren hingegen überspringen in ihren historischen Darstellungen auch einfach solche Zeiten, die das nicht-magische Gesicht der Stadt zeigen.

Das Bild der 'magischen' Stadt Prag wird oft durch die These gestützt, die Prager Judenstadt sei ein Ort mystischer Lehren und Praktiken gewesen. Auch das bezweifelt Demetz. Nichts weist ihm zufolge darauf hin, daß Prag "je gleichen Ranges mit Safed in Israel oder Gerona in Spanien gewesen wäre" (ebd., S.148).

Demetz mag recht haben, wenn er schreibt, das 'Magische' sei nur eines von mehreren Gesichter der Stadt, aber dieses Gesicht spielt eine wichtige Rolle, denn das Bild der 'magischen Stadt' Prag führt ein literarisches Eigenleben. Demetz selbst schreibt, Autoren hätten einen Roman wie etwa Gustav Meyrinks "Golem" (1915) immer leichter in Prag als z.B. in einer Stadt wie München lokalisieren können, denn in Prag könne man sofort "lang tradierte historische und legendäre Motive mobilisieren" (ebd., S.155-156). In das Gesicht dieser Stadt sind also einige literarische Motive hineingewachsen, die zu jeder Zeit wachgerufen werden können. So genügt z.B. in einem Roman, der in Prag spielt, eine ganz kleine Anspielung, um die Figur des Golems zu aktivieren. Jede lebende Puppe in einem Prag-Roman öffnet ein Assoziationsfeld, in dem der Golem erscheinen kann. Der Golem verbindet die Stadt Prag mit dem Motiv der lebenden Puppe und mit dem der Magie. Bei den magischen Praktiken, mit deren Hilfe der Golem hergestellt wird, spielt die Sprache eine entscheidende Rolle.

Frühe Spuren der Sage vom Golem finden sich im hebräischen Kommentar zum "Sefer Jezira" (Buch der Schöpfung), der im 12. Jahrhundert in Worms entstand. Dort wird beschrieben, wie man durch ein Ritual den Golem aus Erde erschafft. Dabei spielen Zahlen und Buchstabenkombinationen eine wichtige Rolle. Gershom Scholem schreibt in seiner Studie "Die Vorstellung vom Golem in ihren tellurischen und magischen Beziehungen", für die Herstellung des Golems seien die Buchstaben wichtiger als andere Materialien wie z.B. die Erde, obwohl doch der Golem aus Erde geformt werde: "Bei der Erschaffung des Golems sind vielmehr die Namen Gottes und die Buchstaben, die die Signaturen aller Schöpfung sind, von Bedeutung. Diese Buchstaben sind die eigentlichen Aufbauelemente, die Steine, aus denen der Bau der Schöpfung errichtet wurde" (Scholem, S.220-221). In der Sage vom Golem wird also das Verhältnis von Körper und Buchstaben anders bestimmt als im heutigen Denken, in dem die Buchstaben keinen materiellen Charaker haben und deshalb keine Bauelemente für einen Körper sein können. Die Vorstellung vom Buchstaben, der man im "Sefer Jezira" begegnet, ist dementsprechend ganz anders als die heutige. So steht dort z.B., daß auch die "Seele" durch die Kombination der Elementarbuchstaben geschaffen wurde. "Zweiundzwanzig Buchstabenelemente: Er umriß sie, hieb sie aus, wog sie, kombinierte sie und wechselte sie aus (verwandelte sie nach bestimmten Gesetzen) und schuf durch sie die Seele alles Erschaffenen und alles, was irgend einst geschaffen werden würde" (Scholem, S.221). Wenn die "Seele alles Erschaffenen" aus Buchstabenelementen gebildet wurde, so gilt das auch für die Seele des Menschen. Worin unterscheidet sich der Mensch dann aber noch vom Golem? Die Kabbalisten des 16. Jhs. versuchen, diesen Unterschied festzulegen. Scholem zitiert den Kabbalisten Josef Aschkenasi, der dazu folgendes schreibt:

"Wir finden (nämlich in den alten Texten), daß der Mensch einen Golem machen kann, der die animalische Seele durch die Kraft seines (das heißt des Meisters) Wortes erhält, aber die wirkliche Seele, neschama, ihm zu geben, liegt nicht in der Kraft des Menschen, denn sie stammt aus dem Worte Gottes" (Scholem,S.251).

Zwar werden die Seelen hier nicht durch Buchstaben, sondern durch Worte geschaffen, unverändert bleibt aber, daß sie durch Sprache entstehen. In diesem Text ist es dem Menschen möglich, den Golem zu erschaffen und ihm durch das menschliche Wort eine "animalische Seele" zu geben. Diese Schöpfung aber bleibt der göttlichen Schöpfung unterlegen. Allein das Wort Gottes vermag dem Golem eine "wirkliche Seele" zu verleihen. In der Bibel übrigens wird die Bezeichnung "Golem" nur einmal verwendet, und zwar für den vom Anhauch Gottes noch nicht berührten Adam.
Eine im 17. Jh. zuerst in Polen und später auch in anderen Ländern erzählte Variante der Golemsage enthält ein neues Element: Der Golem ist gefährlich geworden. Mit Hilfe der Buchstaben, durch die der Golem auch sein Leben erhalten hat, kann man sich aber vor ihm schützen. Der Sage zufolge wurde der aus Lehm geformte Golem erst lebendig, wenn man das "schem hamephorasch" sprach. Auf seine Stirn mußte man "emeth" (Wahrheit) schreiben. Wenn der Golem zu groß und gefährlich werde - so die Überlieferung - müsse man den ersten Buchstaben des Wortes auslöschen, so daß das neue Wort "meth" (tot)

entstehe. Dann verwandele sich der Golem wieder in Lehm. Man konnte also durch die Kombination der Buchstaben dem Golem ein Leben geben oder es ihm wieder nehmen.
Die Prager Version der Legende vom Golem und dem Rabbi Löw, auf die in der modernen Literatur oft Bezug genommen wird, erschien in schriftlicher Form zum ersten Mal Mitte des 19. Jahrhunderts, wurde aber vermutlich schon seit längerer Zeit mündlich überliefert (vgl. Demetz, S.150). In "Sippurium", einer gleichzeitig in Prag erschienenen deutsch-jüdischen Geschichtensammlung, wurde Rabbi Löw nicht als Magier, sondern als Erfinder eines technischen Spielzeugs dargestellt. In dieser Modifizierung nimmt die Geschichtensammlung die voraufklärerische Legende vom Rabbi Löw in die Schriftkultur einer schon aufgeklärten Zeit mit hinein:

In unserer aufgeklärten Zeit, wo man alles Wunderbare leugnet oder natürlich aufzuklären sich bemüht, wurde auch die Sage vom Rabbi Löw natürlich erklärt: Der hohe Rabbi Löw war nämlich ein geschickter Mechaniker, der sich einen Automaten verfertigte, das ist der Golem.
Man will ihm die Erfindung der camera obscura zuschreiben, wodurch er den Kaiser täuschte - kurz, der hohe Rabbi Löw war ein Tausendkünstler (Sippurium, S.52).

Die Golem-Schöpfung von Rabbi Löw wird hier nicht verneint, sondern umgedeutet. Die aufgeklärte Zeit definiert den Golem als Automatenpuppe.
In einer Industriegesellschaft würde man den Golem, sofern er nützlich wäre, vermutlich als Roboter definieren[1]. Wäre er nur zum Spielen da, würde er zum Spielzeug gehören. Der Automat, das Spielzeug und der Roboter unterscheiden sich vom Golem jedoch in einem wichtigen Punkt: Während man davon ausgeht, daß die ersten drei nicht 'leben', bleibt diese Frage beim Golem offen.

Es gibt ein Gedicht von Celan, in dem nicht nur "Rabbi Löw", sondern auch ein "Menschlein" vorkommt, das in diesem Zusammenhang an den Golem erinnert.

EINEM, DER VOR DER TÜR STAND, eines
Abends:
ihm
tat ich mein Wort auf - : zum
halb-
schürigen, dem
im kotigen Stiefel des Kriegsknechts
geborenen Bruder, dem
mit dem blutigen
Gottes-
gemächt, dem
schilpenden Menschlein

Rabbi, knirschte ich, Rabbi
Löw:
Diesem
beschneide das Wort,
diesem
schreib das lebendige
Nichts ins Gemüt,
diesem
spreize die zwei
Krüppelfinger zum heil-
bringenden Spruch, Diesem.
. . . .
Wirf auch die Abendtür zu, Rabbi.
. . . .
Reiß die Morgentür auf, Ra- -

(Celan, Bd.II, S.242)

In dem Gedicht gibt es zwei lange Reihen von Punkten. Die erste Reihe besteht aus dreizehn, die zweite aus vierzehn Punkten. In diesen zwei Zeilen liegt etwas Nichtausgesprochenes. Auch in der letzten Zeile des Gedichtes wird etwas nicht ausgesprochen. Dort fehlen die drei Buchstaben "b" "b" "i" des Wortes "Rabbi". Die Anzahl der Punkte in der ersten Reihe - dreizehn - sieht als geschriebene Ziffer - 13 - aus wie der große Buchstabe "B", wenn man die beiden Ziffern eng nebeneinander schreibt. Die zweite Reihe hat vierzehn Punkte, also 13 plus 1. Die geschriebene Ziffer "1" ähnelt unübersehbar dem Buchstaben "I". Die beiden Punktreihen stellen also die drei Buchstaben "B""B""I" dar, die in dem letzten Wort des Gedichtes fehlen. Dieses Buchstabenspiel zeigt, daß auch der Rabbi aus Buchstaben und Zahlen besteht.

Die Puppen in den von mir untersuchten Prag-Romanen erinnern oft an den Golem - besonders dort, wo Unsicherheit darüber auftritt, ob diese Puppen lebendig sind oder nicht. Der Golem verweist darauf, daß die Grenze zwischen Tod und Leben schwankend geworden ist.
Die Figur des Golem ist häufig mit dem Motiv des Todes verknüpft. In seiner Umgebung sterben z.B. oft Menschen. Zur Debatte steht hier aber nicht die Frage, ob der Golem wie ein Mensch sterblich ist, sondern es geht um einen anders als analog organisierten Zusammenhang zwischen dem Golem und dem Tod der Menschen.

In Paul Celans Gedicht "IN PRAG" kommt das Wort "Der halbe Tod" vor. Diese Denkfigur verdeutlicht mir in einer erstaunlichen Weise eine Bewegung, die in meinen Studien zu Spielzeug und Magie in der Prag-Literatur wirksam ist.
Man kann Celans Gedicht weder in die Narration der Golem-Sage übersetzen noch mit Hilfe dieser Sage erklären, aber das Gedicht eröffnet einige Assoziationsfelder, in denen die Anwesenheit des Golem deutlich spürbar ist.

IN PRAG

Der halbe Tod
großgesäugt mit unserm Leben,
Lag aschenbildwahr um uns her -

auch wir
tranken noch immer, seelenverkreuzt, zwei Degen,
an Himmelssteine genäht, wortblutgeboren

im Nachtbett,
größer und größer
wuchsen wir durcheinander, es gab
keinen Namen mehr für
das, was uns trieb (einer der Wieviel-
unddreißig
war mein lebendiger Schatten,
der die Wahnstiege hochklomm zu dir?)

ein Turm,
baute der Halbe sich ins Wohin,
ein Hradschin
aus lauter Goldmacher-Nein,

Knochen-Hebräisch,
zu Sperma zermahlen,
rann durch die Sanduhr,
die wir durchschwammen, zwei Träume jetzt, läutend
wider die Zeit, auf den Plätzen (Celan, Bd.I, S.63).

In der ersten Strophe ist der halbe Tod ganz klar von den Menschen unterschieden. Der halbe Tod ist in einer dem "wir" der Menschen äußerlichen Sphäre angesiedelt. In den weiteren Strophen aber stellen die Menschen fest, daß sie von etwas anderem - vielleicht vom Tod - 'trinken' und dabei wachsen, und zwar "größer und größer" durcheinander. Was hier wächst, gleicht einem kosmischen Körper, bei dem die Grenzen zwischen den einzelnen Individuen nicht mehr deutlich markiert sind. Bei diesem Körper gibt es "keinen Namen mehr / für das, was uns trieb" (ebd.) - auch der Golem wächst, und zwar bis er so gefährlich wird, daß er vernichtet werden muß. Einige Worte in Celans Gedicht wie z.B. "Himmelssteine" oder "wortblutgeboren" erinnern an die Elemente, aus denen der Körper des Golems gebaut wird.
Auch Adam hatte zunächst einen kosmischen Körper. Der "Golem" in der Bibel, d.h. der "Adam", den der Anhauch Gottes noch nicht berührt hatte, wird "als Golem von kosmischer Größe und Stärke geschildert". (Scholem, S.213) Erst

nach dem Sündenfall wurde "(die) ungeheuere Größe Adams, der das ganze Universum erfüll(te)", auf das menschliche Maß "reduziert" (ebd., S.214). Die Angst vor dem wachsenden Golem, die in vielen Golem-Sagen ihren Ausdruck findet, kann aus dem unbewußten Wissen des Menschen kommen, daß der menschliche Körper im Vergleich zum kosmischen Körper 'reduziert' ist.[2] Der Golem ist mit dem Riesen verwandt, insofern beide einen Körper haben, der nicht 'Maß hält'.[3]

"Ein Turm" in der vierten Strophe des Celan-Gedichtes bringt das wachsende Wesen mit dem Turm von Babel in Zusammenhang. Dieser Turm ist hier noch nicht gestürzt worden, sondern wächst wie der Körper Adams 'maßlos' weiter. Der "Hradschin", die Burg in Prag, in der Kaiser Rudolf lebte, holt über das Motiv der Stadt Prag das Bild des Golems ins Gedicht zurück. Auch das Wort "Goldmacher" impliziert einen Verweis auf den Golem, denn "Goldmacher" hießen Personen, die sich um die Herstellung künstlicher Menschen bemühten.

Die letzte Strophe beginnt mit dem Ausdruck "Knochen-Hebräisch", der sowohl an die materielle Seite der hebräischen Sprache, die Buchstaben, als auch an den Golem erinnert, da die hebräischen Buchstaben die Bauelemente für das 'Knochengerüst' des Golems bilden. Die Beziehung zwischen den Knochen und dem Hebräischen ist hier sehr eng: beides wird durch einen Bindestrich verbunden. Diese Verbindung kann nicht in eine Formulierung übersetzt werden. Sie bedeutet nicht etwa "Knochen bestehen aus Hebräisch" oder "Knochen und Hebräisch ähneln einander", sondern eine magische Unmittelbarkeit durchzieht den Ausdruck.

Das "Knochen-Hebräisch" wird "zu Sperma zermahlen" und rinnt durch die Sanduhr. In einer Volkslegende wird erzählt, Paracelsus habe im 16. Jh. aus einer Fermentation von Blut, Sperma und Urin den künstlichen Menschen Homunculus erschaffen.[4] Was in Celans Gedicht von oben nach unten durch die Sanduhr rinnt und dabei das Vergehen der Zeit zeigt, könnte also die Materie eines künstlichen Menschen sein. Gleichzeitig durchschwimmen "wir" die Sanduhr gegen die Zeit. Im Gedicht ist nicht nur von zwei gegensätzlichen

Bewegungen die Rede, sondern auch von "zwei Träumen" und von "zwei Degen". Eine Sanduhr hat zwei Räume, und der Sand läuft vom ersten in den zweiten, bis der erste leer ist. Dann wird die Uhr auf den Kopf gestellt, und der Sand läuft wieder in den leeren Raum. Wenn man einen Raum als Verkörperung des Lebens versteht und einen als Verkörperung des Todes, so bleibt der Tod hier keine Verneinung des Lebens, da ein ständiger Wechsel zwischen beiden Räumen stattfindet. Auch die Hierarchie zwischen Leben und Tod wird durch diesen Wechsel aufgehoben.

Nur das Zermahlene, das Sandartige kann durch den engen Durchgang von dem einen Raum in den anderen gelangen. Der weiße Sand in der Sanduhr könnte aus zermahlenen Knochen sein. Er könnte auch aus Porzellan sein, das zu Pulver zerstoßen wurde.

2. Bruce Chatwins "Utz"

2.1. Eine zweite Welt

"Utz" ist ein Roman des 1940 in Sheffield geborenen englischen Autors Bruce Chatwin, für den dieser 1988 - ein Jahr vor seinem Tod - den "Booker Prize" erhielt. Zu Beginn des Romans, der in Prag spielt, stirbt der Titelheld Utz, ein großer Porzellansammler. Kurz nach seinem Tod verschwindet seine ganze Porzellansammlung. Der Roman löst das Rätsel dieses Verschwindens nicht, vielmehr treibt das Rätsel den Roman voran. Den Ich-Erzähler beispielsweise macht es so neugierig, daß er versucht, Utz' Leben zu rekonstruieren. Er streckt seine Hände aus nach Erinnerungsstücken in seinem Gedächtnis oder im Gedächtnis derjenigen, die Utz gut kannten. Je mehr der Leser aber über Utz' Leben erfährt, desto unverständlicher wird ihm das Verschwinden der Sammlung. Die Erklärung, für die sich der Ich-Erzähler am Schluß entscheidet, hat nicht den Status einer einzig möglichen 'Wahrheit', sondern bleibt fragwürdig. Es bleibt ein Spielraum für andere Erklärungsvarianten. Um sich dem Rätsel, das nicht zu lösen ist, gleichwohl zu nähern, kann man sich fragen, welche Bedeutung die Porzellanfiguren für Utz hatten. Das Verschwinden der Sammlung wird durch ihre immense Quantität unglaubwürdig. Aber die Menge der Sammelobjekte war nicht das, was für Utz ihren Wert ausmachte. Die Sammlung war für ihn keine bloße Masse von Gegenständen, sondern die Gegenstände wuchsen zu je verschiedenen organischen Einheiten zusammen, die jeweils eine eigenständige Welt bildeten. Diese Welten wiederum bildeten eine eigene 'Wirklichkeit':

Und während Utz die Figur im Kerzenlicht kreisen ließ, erkannte ich, daß ich ihn falsch beurteilt hatte, daß auch er tanzte, daß die Welt seiner kleinen Figuren für ihn die wirkliche Welt war. Daß, mit ihnen verglichen, Gestapo, Geheimpolizei und andere Gauner Scheinfiguren waren (Chatwin, S.124).

Wirklichkeit ist hier als ein imaginärer Raum zu verstehen, in dem ein Mensch zu leben glaubt. In dem Raum, in dem Utz und die jeweilige "Welt seiner kleinen Figuren" sich befinden, haben auch die Gegenstände ein Leben. Die Figuren hingegen, die sich außerhalb seines 'belebten' Raumes bewegen, sind für Utz nur Scheinfiguren.

Auffällig ist, daß Utz mit seinen Porzellanfiguren oft ein Landschafts- oder ein Bühnenbild inszeniert. Auch legt er großen Wert darauf, daß die einzelnen Gruppen der Sammlung 'vollständig' sind. So besitzt er z.B. musizierende Affenfiguren, die die private Musikkapelle des Grafen Bühl ironisierend nachahmen. Die Vollständigkeit der Gruppe freut Utz, jedoch nicht wegen des Wertes, den sie dadurch erhält, sondern weil sie ihm ermöglicht, mit den Figuren eine 'vollständige' Welt zu konstruieren, in die er eintreten kann. Dabei verwandelt er sich selbst in ein Mitglied dieser Welt.

Kaum hatte sie (Utz' Dienstmädchen, Y.T.) uns den Rücken zugewandt, kehrte er (Utz, Y.T.) wieder in seine Welt kleiner Figuren zurück. Sein Gesicht leuchtete auf. Er grinste, wobei er sein entzündetes rosa Zahnfleisch entblößte, und zeigte mir seine musizierenden Affen.

"Hübsch, nicht wahr?"
"Hübsch", pflichtete ich ihm bei.
Die Affen trugen Halskrausen und gepuderte Perücken, und unter dem Taktstock eines tyrannischen Dirigenten in einem blauen Schwalbenschwanz fiedelten und kratzten sie, trompeteten, klimperten und sangen sie . . . (Chatwin, S.60).

Das entblößte Zahnfleisch des Porzellansammlers zeigt seine Verwandtschaft mit den Affenfiguren. Sein Grinsen und sein leuchtendes Gesicht erinnern auch an die Selbstvergessenheit eines Kindes, das von einem Spielzeug fasziniert ist.
Ein Museumskurator würde sich zwar auch über eine komplexe Figurengruppe freuen, aber er würde nicht in die "Welt der kleinen Figuren" hineingehen, sondern sie aus der Distanz betrachten. Utz betritt die Figurenwelt nicht nur, er kehrt sogar in sie zurück. Das Wort "zurückkehren" impliziert, daß er eigentlich zur Porzellanwelt gehört - als ob er ihr ursprünglich entstammen würde. Utz weist bisweilen auch Ähnlichkeit mit einer Puppe auf, so z.B. in seiner "Spielzeugsoldaten-Bewegung" (ebd., S.30). Sein Dienstmädchen Marta, das er später heiraten wird, ähnelt ebenfalls einer belebten Puppe: "Ihre Bewegungen wirkten so leblos und mechanisch, daß man hätte meinen können, Utz habe einen weiblichen Golem geschaffen" (ebd., S.54).
In einem Museum stehen Porzellanfiguren normalerweise in einem Glaskasten. Utz dagegen stellt sehr kostbare Porzellanstücke, also begehrte und wertvolle Sammelobjekte, wie ein spielendes Kind direkt auf den Fußboden. Dadurch entstehen weder die räumliche Distanz noch die scharfe Trennung zwischen Betrachter und Sammelobjekt, die für ein Museum charakteristisch sind.

Man mußte aufpassen, um nicht über eine der weißen Porzellanplastiken - ein Pelikan, ein Truthahn, ein Bär, ein Luchs und ein Nashorn - zu stolpern, die von Kändler oder Eberlein für das Japanische Palais in Dresden modelliert worden waren (ebd., S.54).

Utz' Leidenschaft für Porzellanfiguren entstand in seiner Kindheit, und ihr kindlicher Zug dauert unverändert an. Seine erste Liebe war eine Harlekinfigur. Das frühreife Kind verliebte sich in die Figur und bat seine Großmutter, ihre Besitzerin, sie ihm zu schenken. Obwohl die Großmutter sonst dazu neigte, ihm alles Gewünschte zu geben, verweigerte sie ihm zunächst den Harlekin. Erst als vier Jahre später der Vater stirbt, erhält Utz zum Trost die Porzellanfigur. Diese Episode enthält eine Szenerie, die sich auf verschiedenen Ebenen und in unterschiedlichen Variationen wiederholt: Ein Toter - in diesem Fall der Vater - kehrt in Gestalt einer Porzellanfigur ins Leben zurück. Die Szene eröffnet eine Lektüreperspektive, indem sie einen Zusammenhang zwischen den Sammelobjekten und dem Tod sichtbar macht. Sie befreit den Leser von einer psychologisierenden Interpretation, die Utz als krankhaft leidenschaftlichen Sammler deutet. Der Ich-Erzähler beispielsweise glaubt an anderer Stelle zunächst, das Phänomen der Sammelleidenschaft psychologisch erklären zu können. Er wird vom Chefredakteur einer Zeitschrift beauftragt, einen Artikel über Kaiser Rudolf den Zweiten zu schreiben, der leidenschaftlich Exotika sammelte, was angeblich eine Depression des Kaisers heilte. Der Ich-Erzähler plant nun, über die Psychologie des "zwanghaften Sammlers" (ebd., S.13) zu schreiben. Die Begegnung mit Utz ermöglicht ihm aber, den Sammler anders zu betrachten.

Krzystof Pomian beschreibt in seinem Buch "Der Ursprung des Museums. Vom Sammeln", wie Gegenstände dadurch, daß sie ihre Nützlichkeit verlieren und einen neuen Bedeutungsraum gewinnen, zum Sammelobjekt werden. Deutungen, die das Sammeln als subjektives, individuelles, pathologisches Symptom erklären, lehnt Pomian ab. Auch Begriffe wie z.B. "Geschmack", "Interesse" oder "ästhetisches Vergnügen", die ein nicht 'neurotisches', eher 'gesundes' Sammelinteresse bezeichnen sollen, seien unzutreffend (Vgl. Pomian, S.54).

Der Gegenstand gewinnt nach Pomian dadurch eine Bedeutung als Sammelobjekt, daß er für etwas "Unsichtbares" steht. Ein Sammelobjekt ist demnach Vermittler zwischen der Sphäre des Sichtbaren und dem Unsichtbaren: "Auch die Gegenstände in den Kultstätten, vor allem Gemälde oder Skulpturen von Göttern oder Heiligen spielen diese Rolle. Denn sie zeigen Personen, die normalerweise unsichtbar sind, da sie jenseits der Grenze leben, durch die das Sakrale vom Profanen geschieden ist" (ebd., S.40). Nicht nur Götter oder Heilige, sondern auch die Toten oder die Vergangenheit können durch Sammelobjekte in den Bereich des Sichtbaren vermittelt werden.

Utz wird durch seine Porzellanfiguren mit der Natur verbunden, mit der er sonst nicht in Berührung kommt, aber auch mit abwesenden Schauspielern oder mit verstorbenen Personen. Die Funktion des Porzellans, Tod und Leben vermittelndes Medium zu sein, zeigt sich auch noch auf einer anderen Ebene. Utz sagt, daß das Porzellan im Feuer einmal stirbt und als Figur wieder ins Leben zurückkehrt.

Ebenso unangemessen wie eine psychologisierende Lesart ist eine Interpretation, die Utz' Existenzweise als indirekte Darstellung der politischen Situation in der Tschechoslowakei versteht und dabei die Porzellansammlung als Symbol für das durch den Sozialismus bedrohte 'Privatleben' deutet.

Utz ist kein Außenseiter, weil er auf 'Privatleben' besteht, sondern weil er das Leben eines leidenschaftlichen Sammlers führt. Schon als Kind und lange bevor Prag von der Sowjetunion besetzt wird, erkennt er diese 'Berufung' und beschließt, sein Leben der 'Rettung' von Meißner Porzellan zu widmen. Er vernachlässigt die Schule, weil ihn nur noch das Wissen über Porzellan interessiert.

Weder die krankhafte Neigung eines Individuums noch eine gesellschaftliche Situation sind geeignete Erklärungsfolien für das Leben des Porzellansammlers Utz. Auch die Literatur bietet kein stereotypes Bild eines Sammlers, in das man die Romanfigur Utz einfügen könnte. So schreibt Walter Benjamin z.B. über die Literatur der Romantik:

Frankreich ist eine Heimat auch für den Sammler Fuchs. Der Figur des Sammlers, die dem Betrachtenden je länger desto anziehender erscheint, ist bisher das ihre nicht oft geworden. Man sollte meinen, den romantischen Geschichtenerzählern hätte niemand verlockender sich bieten können als sie. Aber man sucht diesen von gefährlichen, wenn auch domestizierten Passionen bewegten Typ umsonst unter den Figurinen eines Hoffmann, Quincey oder Nerval. Romantisch sind die Figuren des Reisenden, des Flaneurs, des Spielers, des Virtuosen. Die des Sammlers findet sich nicht (Benjamin, Bd.II, S.489-490).

In seinem Aufsatz "Eduard Fuchs, der Sammler und der Historiker" stellt Walter Benjamin fest, daß die Figur des Sammlers in der Literatur noch kaum Tradition hat. Um so interessanter seien Ausnahmen wie etwa der Roman "Cousin Pons", in dem Balzac das Leben eines Sammlers entwirft. Bei Balzac zeichnet sich der Sammler Pons durch zwei extreme Merkmale aus: Zum einen ist er "stolz" auf die "unvergleichlichen Schätze", ist ein "Besitzender", was im Roman manchmal auch als Synonym für "Millionär" verwendet wird (ebd.). Zum anderen wird er von einem Drang zur "Expansität" (ebd.) angetrieben und muß zeigen, was er besitzt. Damit ist er das Gegenteil eines 'liebenden' Sammlers. Während Pons einen Typus verkörpert, den die frühkapitalistische Gesellschaft erzeugt hat, ist der Hintergrund von Utz ein ganz anderer.
Für Utz ist weder wichtig, seine Sammlung zu zeigen, noch hat sie für ihn die Funktion der Kapitalanlage wie für viele andere Sammler in Westeuropa. Er kann sie in der Tschechoslowakei nicht verkaufen und auch nicht aus dem Land schmuggeln. Außerdem hätte er sich von seiner geliebten Sammlung gar nicht trennen können.
Utz' Sammlung ist kein Kapital, aber auch keine Kunst.[5] Der Begriff Kunst könnte das Porzellan zwar nicht in die nützliche, aber in die 'sinnvolle' Dingwelt integrieren. Utz lehnt diese Integration jedoch ab. Er möchte kein Künstler oder Kunsthistoriker sein. Zwar schreibt er einmal eine "leidenschaftliche Verteidigung des Rokokostils bei Porzellan" gegen Winckelmann, der die Porzellanfiguren der Rokoko-Zeit als "lächerliche Puppen" bezeichnet hatte (Chatwin, S.21), aber das Porzellan ist für Utz niemals ein Forschungsobjekt. Als er sich auch theoretisch mit Porzellan zu beschäftigen beginnt, interessiert ihn vor allem die 'magische' Seite des Stoffes, z.B. die Herstellung von Porzellan in der Alchimie. Die Alchimie ist

für Utz als magische Praxis und nicht als Methode zur Vermehrung von Reichtum relevant.

Die Alchimie war, außer für ihre etwas einfallsloseren Adepten, nie eine Methode zur grenzenlosen Vermehrung von Reichtum gewesen. Sie war eine mystische Übung. Die Suche nach Gold und die Suche nach Porzellan waren Facetten ein und desselben Strebens gewesen: die Substanz der Unsterblichkeit zu finden.
Er selbst (Utz, YT) hatte auf Anraten von Zikmund Kraus alchimistische Studien aufgenommen: einerseits, um seinem Drang nach vielseitigem Wissen nachzugeben, andererseits, um seine "Porzellankrankheit" auf eine metaphysische Ebene zu heben - auf diese Weise würde er, falls die Kommunisten ihm die Sammlung wegnahmen, sie trotzdem weiterhin besitzen (ebd., S.119).

Utz hat den Wunsch, nicht nur das konkrete Meißner Porzellan, sondern mehr noch die magische Seite des Porzellans zu 'retten'. Im Verlauf des Romans stellt sich aber heraus, daß die Bedeutung einer solchen Rettung komplizierter ist, als man zuerst denkt. Denn kein Mensch versucht, das Porzellan, das Utz gehört, wegzuwerfen oder zu vernichten. Der einzige Mensch, der das tun könnte, ist Utz selbst. Aber gerade das Wegwerfen bedeutet in diesem Fall die Rettung. Ich komme darauf noch zurück.
Um die Magie des Porzellans zu retten, darf Utz es auf keinen Fall in ein Museum geben, sondern muß es privat besitzen. Er haßt das Museum, und dieser Haß durchzieht den gesamten Roman. Der größte Nachteil eines Museums besteht für Utz darin, daß die Gegenstände dort nicht von menschlichen Händen berührt werden können. Seiner Ansicht nach 'stirbt' das Porzellan, wenn ihm die Berührung fehlt. Auch der Sammler betreibt hier also magische Praktiken, indem er das Leben des Porzellans durch Berührung ständig erneuert.

"Ein Gegenstand in einer Museumsvitrine", schrieb er, "muß die der Natur entfremdete Existenz eines Tiers im Zoo ertragen. In einem Museum stirbt der Gegenstand - an Erstickung und den starrenden Blicken des Publikums -, während der Privatbesitz

dem Besitzer das Recht und die Notwendigkeit der Berührung zugesteht. So wie ein kleines Kind die Hand ausstreckt, um das Ding, das es benennt, zu ergreifen, so stellt der leidenschaftliche Sammler, das Auge im Einklang mit seiner Hand, für den Gegenstand die lebenspendende Berührung seines Herstellers wieder her. Der Feind des Sammlers ist der Museumskurator. Im Idealfall sollten Museen alle fünfzig Jahre geplündert und ihre Sammlungen wieder in Umlauf gebracht werden."(ebd., S.22).

Der Hersteller des Porzellans spielt die Rolle des Schöpfers: er gibt dem Porzellan Leben. Der Sammler hingegen wird mit einem kleinen Kind verglichen. Er ist derjenige, der "wie ein Kind die Hand ausstreckt, um das Ding, das es benennt, zu ergreifen" (ebd.).[6] Insofern ähnelt das kleine Kind Adam, denn auch Adam benennt die Schöpfung Gottes. Während die mit dem Akt der Benennung verbundene Berührung für den Sammler das Sammelobjekt am Leben erhält, stört die Schaulust des Betrachters dieses Leben, weil ein solcher Blick mit keiner Berührung in Einklang gebracht werden kann. Interessant ist, daß Utz von der Empfindung des Porzellans spricht und nicht von der des Menschen. Das Porzellan braucht die Berührung, und nur deshalb ist sie auch für den Sammler unverzichtbar.

2.2. Lebende Porzellanfiguren

Utz besitzt einen Safe in der "Union de Banques Suisses", in den er einmal eine besonders wertvolle Pulcinella-Figurine bringen will. Aber als er vor dem Safe steht, ist es ihm unmöglich, die Figur hineinzulegen, so daß er sie stattdessen wieder mit nach Hause nimmt. Der Safe wird als "Edelstahlsarg" (ebd., S.104) bezeichnet, die Porzellanfigur würde darin also zu einer Leiche. Umgekehrt heißt das aber auch, daß die Figur nicht tot ist, solange sie bei Utz ist.
Aber glaubt Utz wirklich, daß die Porzellanfiguren 'leben'? Diese Frage läßt den Ich-Erzähler des Romans nicht zur Ruhe kommen. Als er Utz mit der Frage konfrontiert, antwortet die-

ser in einer Weise, die gleichzeitig ein Ja und ein Nein enthält: "Porzellan stirbt im Feuer, und danach wird es wieder lebendig"(ebd., S.121). Das Porzellan kann also als spezifische Verkörperung der Unsterblichkeit verstanden werden.
Utz erklärt, das Porzellan sei in der Vorstellung des 18. Jahrhunderts eine "magische und talismanische" Substanz gewesen, "die Substanz der Langlebigkeit, der Potenz und der Unverwundbarkeit" (ebd., S.121), ein begehrtes "Gegenmittel gegen Verfall" (ebd., S.122). Man habe geglaubt, durch Berührung der unsterblichen Materie selbst unsterblich zu werden, da sie die unerschöpfliche Lebenskraft des Porzellans auf den Menschen übertrage. Chinesisches Porzellan sei als "Jungbrunnen" betrachtet worden, und das Bild des chinesischen Kaisers habe zu der europäischen Wunschvorstellung beigetragen, eine Haut wie die nie alternde Oberfläche des Porzellans zu bekommen.

Vom siebzehnten Jahrhundert an, sagte er, hätten die Kaiser von China enormen Einfluß auf die Phantasie der Europäer ausgeübt. Man glaubte, daß sie sehr weise seien und ein hohes Alter erreichten, daß sie absolut und unvoreingenommen Recht sprachen, nach Gesetzen, die von Erde und Himmel abgeleitet waren. Sie tranken aus Porzellan. Sie bauten Pagoden aus Porzellan. Die glatte und glänzende Oberfläche von Porzellan entsprach ihrer eigenen glatten, faltenlosen Oberfläche. Porzellan war ***ihr*** *Material - wie Gold das Material des Sonnenkönigs war (ebd., S.113).*

Der Ich-Erzähler beobachtet aber bei Utz den umgekehrten Vorgang: Der leidenschaftliche Sammler, der sein Leben für das Porzellan opfert, altert schneller als andere Menschen. Er profitiert nicht etwa von der ewig glatten Oberfläche des Porzellans, sondern das Porzellan saugt die Lebenskraft aus ihm heraus. Je mehr Utz' Porzellanwelt wächst, desto verbrauchter sieht er selbst aus.
Das kann daran liegen, daß der Sammler in der Tat viel Kraft verbraucht, um das Porzellan zu sammeln und zu schützen. Es kann aber auch daran liegen, daß die Vergänglichkeit des menschlichen Körpers im Kontrast zu dem ewig glatten Porzellan bei einem Sammler stärker auffällt.

Ich sagte, daß Utz' Gesicht von "wächserner Textur" war, doch jetzt im Kerzenlicht wirkte diese Textur wie geschmolzenes Wachs. Ich betrachtete den alterslosen Teint der Dresdner Hofdamen. Dinge, dachte ich, sind zäher als Menschen. Dinge sind der unveränderliche Spiegel, in dem wir unsere Auflösung beobachten. Nichts läßt einen mehr altern als eine Sammlung von Kunstwerken. (ebd., S.123)

Man kann in Chatwins Roman vielfältige Austauschmöglichkeiten zwischen dem Leben der Menschen und dem des Porzellans beobachten: Der Hersteller gibt dem Porzellan das Leben, der Sammler erneuert es, das Porzellan schenkt dem Sammler die Unsterblichkeit, oder aber es frißt das Leben des Sammlers auf.

2.3. Abfall und Sammelobjekte

In der zweiten Hälfte des vierzehnten Jahrhunderts wurden Krzysztof Pomian zufolge in Europa verstärkt und in veränderter Form Kontroversen um das Verhältnis von Heiligem und Profanem, Theologie und Philosophie ausgetragen. Zwei gegensätzliche Tendenzen seien dabei entstanden. Auf der einen Seite existierte die Hochschätzung der 'Reinheit' des Glaubens, die zu der Bemühung führte, die Kirchen von Gegenständen zu 'säubern'. Auf der anderen Seite etablierte sich eine Sehnsucht nach dem 'wahren' Altertum, die dazu führte, daß Inschriften, Kunstwerke und Gegenstände der Antike gesammelt wurden, die seit Jahrhunderten keine Aufmerksamkeit mehr gefunden hatten. (Vgl. Pomian, S.55). Sie galten als 'Abfälle', bis sie durch die Lektüre antiker Texte wieder an Bedeutung gewannen:

Gegenstände, die seit Jahrhunderten nicht da gewesen waren, kamen nun in wachsender Zahl wieder an die Oberfläche. Das Phänomen ist es wert, kurz dabei zu verweilen. Denn hier geschieht etwas sehr Interessantes: aus Abfall werden Semiophoren. Die Überreste der Antike hatten jahrhundertelang den Charakter von Unrat. Mit Ausnahme außergewöhnlicher Stücke, die im allgemeinen für Reliquien gehalten und in den Schatzkammern von Kirchen und Fürsten verwahrt wurden - so zum Beispiel die antiken Kameen -, hatten diese Überreste weder einen Nutzen noch eine Bedeutung, sie zirkulierten nicht unter den Menschen, sondern blieben meist verborgen. Doch nun erhalten sie einen Sinn, weil sie mit Texten aus der Antike in Beziehung gebracht werden können, die durch sie verständlich werden sollen (Pomian, S.56).

Um gesammelt und ausgestellt zu werden, muß ein Gegenstand zuerst seine Nützlichkeit verlieren. Er muß "zeitweise oder endgültig aus dem Kreislauf ökonomischer Aktivitäten herausgehalten" (ebd.) werden.
Wenn das Sammelobjekt aus dem Abfall entsteht, kann man verstehen, warum Abfall, der Müllmann und die Mülltonnen im Roman "Utz" eine wichtige Rolle spielen. Nicht zuletzt kleinere Episoden im Text weisen auf diese Bedeutung hin: So interessiert sich Orlík, ein Freund von Utz, der Naturwissenschaftler ist, nur für die Stubenfliegen "Musca domestica" (Chatwin, S.37). Fliegen sind Lebewesen, die wir sofort mit Abfällen in Verbindung bringen.
Im Roman wird ein Zusammenhang zwischen Abfall, Sammelobjekten und Sprache hergestellt. Um die folgende Szene zu verstehen, in der dieser Zusammenhang deutlich wird, muß man wissen, daß der Ich-Erzähler von Beruf Schriftsteller ist. Nachdem Utz gestorben ist, besucht der Ich-Erzähler jemanden, der Utz kannte, um mehr über dessen Leben zu erfahren. Dabei hat er verschiedene Vermutungen darüber im Kopf, was mit der Porzellansammlung geschehen sein könnte. Z.B. hält er es für möglich, daß Utz oder seine Frau die ganze Sammlung mit einem Hammer zertrümmert und in die Mülltonnen geworfen haben. Eine Nachbarin von Utz hat ihm nämlich erzählt, sie habe oft ein "Hämmern" aus dessen Wohnung gehört. Es gibt aber keine weiteren Zeugen für diese Vermutung, so daß die Detektivarbeit des Ich-Erzählers in die Sackgasse zu geraten scheint. Die Arbeit ist auch deshalb schwierig, weil das Leben von Utz keinen Platz in der öffentlichen Vergangenheit zu haben scheint. Die meisten Menschen geben

zunächst nicht einmal zu, ihn gekannt zu haben. Die Wörter, die an den eigensinnigen Sammler erinnern, wurden bereits aus den Mündern der Menschen entfernt, zerrieben und zermahlen. "Müll" ist die passende Metapher für die Materialität der Erinnerungen an Utz. Die Fragmente, aus denen man sein Leben rekonstruieren könnte, müssen im Müll gesucht werden. Der Ich-Erzähler nimmt diese Metapher wörtlich und stellt sich eines Tages auf die Straße zwischen die Mülltonnen, die geleert werden sollen. Er sieht einen jungen Müllmann, der fröhlich den Abfall von einem jüdischen Restaurant abholt und weiterfährt zu dem nächsten Restaurant mit dem Namen "Golem". In dieser Szene zeigt sich eine Gemeinsamkeit zwischen dem Ich-Erzähler und dem jungen Müllmann: Beide sammeln aus dem ökonomischen Kreislauf freigesetzte Materialien. Der Ich-Erzähler braucht solche Materialien für den Roman, den er schreiben will.
Die beiden Männer kommen ins Gespräch, und eine weitere wichtige Gemeinsamkeit stellt sich heraus. Der Müllman fragt den Ich-Erzähler, was er tue. Der reagiert verwirrt, weiß vielleicht nicht, wie er einem fremden Müllmann sein Romanprojekt erklären soll. Er hätte antworten können, daß er das Leben eines verstorbenen Mannes zu rekonstruieren versuche. Stattdessen sagt er, daß er Schriftsteller sei:

Was ich denn hier machte?
"Ich bin Schriftsteller", sagte ich.
"Ich auch", sagte er (der junge Müllmann, Y.T.).
Viele seiner Kollegen waren Schriftsteller, oder Dichter, oder arbeitslose Schauspieler (ebd., S.160).

Die Männer sammeln nicht nur beide Abfälle, sondern sind auch beide Schriftsteller. Das Schreiben und das Sammeln der Abfälle werden in dieser Szene miteinander verbunden.

Das deutsche Wort "Müll" bedeutet ursprünglich "Zerriebenes" oder "Zermahlenes". Die Bedeutung erinnert an eine Passage in Celans Gedicht "IN PRAG": "Knochen-Hebräisch,/ zu Sperma zermahlen,/ rann durch die Sanduhr,/ die wir durchschwimmen" (Celan, Bd.1, S.63). Der Sand läuft durch die

Sanduhr und zeigt, daß die Zeit vergeht. Auch die ausgedienten Dinge, die zu Müll zermahlen werden, zeigen, daß ihre Zeit vergangen ist. Das Wort "Abfall" wird im Alltag als Synonym für "Müll" verwendet, hat aber eine etwas andere Bedeutung. Abfall ist ein unbrauchbarer Rest, der 'abfällt', ein Teil, der vom 'Ganzen' abgetrennt und vernichtet wird, weil er nicht mehr nützlich ist.

Doch zurück zum Rätsel des Romans, der Frage nach der verschwundenen Porzellansammlung. Der Ich-Erzähler entscheidet sich zum Schluß für die Erklärung, Utz' Liebe zu Marta habe das Porzellan in seinem Leben überflüssig gemacht, so daß er oder sie es vernichtet hätten. Er versteht das Porzellan also als "Abfall", als ausgedienten, unbrauchbar gewordenen und dadurch störenden Bestandteil im Leben seines Bekannten. Der Roman "Utz" jedoch gibt der Liebe zwischen zwei Menschen nicht die Bedeutung, die der Ich-Erzähler ihr zunehmend zuweist. Es ist eindeutig ein Roman über das Sammeln und nicht ein Roman über Liebende. Deshalb wirkt die Erklärung, zu der sich der Ich-Erzähler entschließt, unbefriedigend.

Aber auch, wenn man die Vermutung des Ich-Erzählers plausibel findet, bringt die Liebe das Porzellan nicht wirklich zum Verschwinden. Wenn die Liebe in Utz' Leben den wichtigsten Platz einnimmt und wenn sich dadurch das Porzellan in 'Abfall' verwandelt, so verwandelt sich dieser Abfall wiederum in Literatur: ein Roman wird geschrieben - und zwar ein Roman über das Sammeln von Porzellan.

Über die kreative Bedeutung des Abfalls und seine Beziehung zur Literatur schreibt Walter Benjamin in seiner Rezension "Alte vergessene Kinderbücher":

Kinder nämlich sind auf besondere Art geneigt, jedwede Arbeitsstätte aufzusuchen, wo sichtbare Betätigung an den Dingen vor sich geht. Unwiderstehlich fühlen sie sich vom Abfall angezogen, der sei es beim Bauen, bei Garten- oder Tischlerarbeit, beim Schneidern oder wo sonst immer entsteht. In diesen Abfallprodukten erkennen sie das Gesicht, das die Dingwelt gerade ihnen, ihnen allein zukehrt. Mit diesen bilden sie die Werke von Erwachsenen nicht sowohl nach als sie diese Rest- und Abfallstoffe in eine sprunghafte neue Beziehung zueinander setzen. Kinder bilden sich damit ihre Dingwelt, eine kleine in der großen, selbst. Ein solches Abfallprodukt ist das Märchen, das gewaltigste vielleicht, das im geistigen Leben der Menschheit sich findet: Abfall im Entstehungs- und Verfallsprozeß der Sage (Benjamin, Bd.III, S.16-17).

Der Roman "Utz" hat lückenhaften und fragmentarischen Charakter und erinnert dadurch an seine Herkunft vom Abfall. Daß die Verwandlung des Porzellans in Abfall Voraussetzung für die Entstehung dieses Romans ist, erklärt noch nicht, warum Utz seine Sammlung in Abfall verwandeln wollte. Nach Pomian haben die Sammelobjekte für die Darstellung des "Unsichtbaren" eine Funktion übernommen, die einst nur der Sprache zugeschrieben wurde:

Das materielle Leben der Menschen war nämlich bis zu diesem Zeitpunkt vollständig auf das Sichtbare beschränkt. Die einzige Beziehung zum Unsichtbaren wurde durch die Sprache aufrechterhalten, möglicherweise auch durch Bestattungsriten und eventuell andere, die keine Spuren hinterlassen haben. Die beiden Bereiche des Sichtbaren und des Unsichtbaren standen nebeneinander, ohne einander zu durchdringen. In der Jungsteinzeit wird nun das Unsichtbare gleichsam ins Sichtbare projiziert, denn es ist nun innerhalb des Sichtbaren durch eine eigene Kategorie von Gegenständen vertreten. Dies sind zum einen naturgeschichtliche Raritäten, zum anderen all das, was durch Malen, Bildhauern, Schnitzen, Modellieren, Sticken, Schmücken usw. produziert wird (Pomian, S.49).

Ein Sammelobjekt kann also an die Stelle der Sprache treten und dem Austausch zwischen zwei Welten dienen. Die unsichtbare Welt wird bei Pomian oft mit der Welt der Toten gleichgesetzt. Zuerst konnte man nur durch die Sprache, mit der man von den Toten spricht, in einen Austausch eintreten (Vgl. Pomian, S.46). Dann übernehmen auch Gegenstände die Funktion, die Lebenden mit den Toten zu verbinden. Solche Gegenstände wie Grabbeigaben, Opfergaben, Reliquien oder sakrale Gegenstände sind die Urformen der Sammelobjekte.

Sie wurden verwendet, um mit den Toten zu 'kommunizieren'. Die Kommunikation wurde z.B. praktiziert, indem den Toten bestimmte Opfergaben geschenkt wurden. Die Gegenstände, die in den Bereich der Toten übergehen sollten, wurden rituell zerstört. In chinesischen Tempeln werden heute noch Opfergaben aus Papier verbrannt, damit sie im Jenseits empfangen werden können. Die Grabbeigaben wurden begraben und vor den Augen der Lebenden verborgen, "damit sie von den Bewohnern des Jenseits betrachtet" und immerfort "bewundert" werden konnten (ebd., S.22).[7]
Sollte Utz seine Sammlung kurz vor seinem Tod zerstört haben, so hat er sie dadurch in die Sphäre der Toten gebracht. Bereits der erste Satz des Romans deutet seine Beziehung zu den Toten an: er lebte mit Blick auf den Friedhof.

Eine Stunde vor Morgengrauen, am 7. März 1974, erlag Kaspar Joachim Utz einem zweiten, lang erwarteten Schlaganfall in seiner Wohnung in der Široká-Straße Nr.5, von der man auf den Alten Jüdischen Friedhof in Prag blickte (Chatwin, S.7).

Zu Utz' Lebzeiten existierten in Prag keine kulturell anerkannten Rituale mehr, die den Austausch zwischen den Toten und den Lebenden ermöglicht hätten. Die Bewohner wurden sogar durch zeitliche Vorgaben von Beerdigungen ferngehalten: "Um 8 Uhr fuhr der Leichenwagen - ein Tatra 603 - vor den Stufen vor: um die Aufmerksamkeit des Volkes von rückständigen christlichen Ritualen abzulenken, hatten die Behörden angeordnet, daß alle Taufen, Trauungen und Beerdigungen um 8 Uhr 30 beendet sein müssen" (ebd., S.8). Die Rituale werden als Abfälle der Geschichte aussortiert, sie gelten als veraltet oder - wie es im Text heißt - "rückständig" und müssen vergessen werden.[8]
Vielleicht hat Utz seine Sammlung ins Reich der Toten mitgenommen, weil er wußte, daß es in Prag keinen Sammler mehr gab, der an seiner Stelle die Magie der Porzellanfiguren hätte ins Spiel bringen können.

3. 1. Seelenwandlung des Spielzeugs - Daniela Hodrovás "Das Wolschaner Reich" und "Im Reich der Lüfte"

"Sophie denkt also, daß der Mensch, wenn er sich auf dem Karussel dreht oder der Schaukel schaukelt, eine falsche Beziehung zur Welt bekommt?" (Hodrová 1994, S.303-304).
In Daniela Hodrovás Trilogie "Città dolente"[9] werden die Körper der Personen heftig im Kreis gedreht und geschaukelt. Dadurch bekommen sie zwar keine 'falsche', aber eine ungewöhnliche Beziehung zum Ort und zur Zeit. Die Schaukel- und Kreisbewegungen nämlich ermöglichen ihnen, mit Personen aus der Vergangenheit in Berührung zu kommen. Wenn sich eine Person wie ein Kreisel dreht, verwandelt sich der Raum so, daß verschiedene Zeiten darin nebeneinander existieren können. Dabei verschwindet die Grenze zwischen dem Körper der Menschen und dem der Gegenstände.
Die wichtigsten Gegenstände, die in den beiden Romanen auftauchen, lassen sich in zwei Gruppen aufteilen: In die Gruppe der 'Kreisel' und die der 'Puppen'. Der Kreisel kann ganz unterschiedliche Formen haben, und Puppe meint hier mehr als nur die Spielpuppe im engen Sinne.

3.2. Kreisel

Die typische Bewegung des Kreisels ist die Rotation. Bei einem einfachen Kreisel für Kinder, aber auch beim Roulett, einem Spiel für Erwachsene, kann man sehen, daß die Rotation eine wichtige Bewegung beim Spiel ist. Sie verursacht bei den Spielenden ein Schwindelgefühl und macht sie manchmal sogar süchtig nach diesem Gefühl.
In seinem Buch "Die Spiele und die Menschen" unterscheidet Roger Caillois vier verschiedene Gruppen von Spielen.

Nach Prüfung der verschiedenen Möglichkeiten schlage ich (. . .) eine Einteilung in vier Hauptrubriken vor, je nachdem, ob innerhalb des jeweiligen Spiels das Moment des Wettstreits, des Zufalls, der Maskierung oder des Rausches vorherrscht. Ich bezeichne sie als Agôn, Alea, Mimicry und Ilinx. Alle vier gehören sie durchaus in den Bereich der Spiele: man spielt Fußball, Billard oder Schach (agôn), man spielt Roulett oder Lotterie (alea), man spielt Seeräuber, man spielt Nero oder Hamlet (mimicry), und man spielt, um durch eine rapide Rotations- oder Fallbewegung in sich selbst einen organischen Zustand der Verwirrung und des Außersichseins hervorzurufen (ilinx) (Caillois, S.19).

Der Kreisel, der in Hodrovás Trilogie immer wieder auftaucht, gehört eindeutig zu Rubrik "ilinx", da er Menschen durch eine schnelle Rotationsbewegung außer sich bringt. Der Drehsessel, der im Zimmer von Jindřich Ziesel steht, hat dieselbe Funktion wie ein Kreisel. Er ist zwar der gängigen Definition zufolge ein Möbel, während der Kreisel zur Kategorie des Spielzeugs gehört, aber der Text schreibt gegen die geläufigen Klassifikationen und Definitionen der Dinge an[10]. Alle Gegenstände, die den menschlichen Körper zum Drehen bringen und dadurch sein Gedächtnis aufwecken können, gehören hier zu der Gruppe der Kreisel.

Es gibt Gegenstände wie ein Karussell oder einen Drehsessel oder eine Schaukel oder einen Diwan, die eine besondere Macht haben. Manchmal genügt es, sich darauf zu drehen oder zu schaukeln, und der Ort beginnt sich zu verwandeln, verschmilzt langsam mit einem anderen Ort. Und dann erwachen auch die ihn umgebenden Gegenstände, zum Beispiel ein Kleiderständer oder ein Kopfkissen, für kurze Zeit aus ihrem langjährigen Schlaf. Schon versteht Sophie, wovon Herr Turek auf dem Wolschaner Friedhof gesprochen hat, daß nämlich verwunschene Orte und verpuppte Dinge sich öffnen und wiederbeleben, und zwar durch drehende und schaukelnde Bewegungen oder dadurch, daß man rund um sie herum oder auf und ab geht (Hodrová 1994, S.375-376).

Die "besondere Macht" der Gegenstände, von der hier die Rede ist, ermöglicht Sophie Ziesel, in die Geschichten der Vergangenheit und der schon gestorbenen Menschen einzutreten. Der Drehsessel ihres Vaters Jindřich z.B. ist eine typische 'Zeit-Maschine': Als Sophie sich darin dreht, erfährt sie etwas über die Vergangenheit ihres Vaters, von der er noch keinem Menschen erzählt hat.

Sophie Ziesel, aus der allmählich eine Imago wird, setzt sich in den Drehsessel. Sie stößt sich mit den Füßen ab und fängt an, sich zu drehen. Sie dreht sich immer schneller (der Sessel pfeift dabei metallen), bis sich unter dem Sessel der Hirschgraben auszuhöhlen beginnt. Erst dann hält sie inne und blickt in die Tiefe (Hodrová 1994, S.376).

Der "Hirschgraben" verkörpert eine verdrängte Erinnerung des Vaters an ein Geschehen während seiner Zeit als Student. Am Vorabend der Befreiung Prags durch die Sowjetarmee von der deutschen Besetzung hatten seine Kommilitonen versucht, die von den Deutschen angezündete Prager Burg mit bloßen Händen zu löschen, während Jindřich Ziesel gerade von seiner zukünftigen Frau verführt wurde. Seine Freunde und auch viele andere Studenten wurden noch an demselben Abend von den Deutschen umgebracht. Sie schnitten ihnen die Zungen und die Geschlechtsteile ab und warfen ihre Leichen in den Hirschgraben[11]. Während Sophie sich im Drehsessel dreht, erscheinen die toten Studenten in Gestalt von Hirschen, und sie erfährt die ihr bis dahin unbekannte Geschichte. Für ihren Vater aber ist es lebensgefährlich, sich wie ein Kreisel zu drehen: Eines Tages verschwindet er in dem Graben, der sich unter seinem Sessel öffnet. Er wird von einem Loch verschluckt, das die Mitte der Drehbewegung bildet. Warum ist die Bewegung für ihn tödlich, aber für Sophie nicht?
Bis dahin galt Jindřichs Leben dem Versuch, die schmerzende Mitte der Erinnerung zu verdrängen. Auch sein Umgang mit einem kleinem Werkzeug, dem Zirkel, zeigt seine Angst vor der Mitte. Einmal legt er ihn schnell zur Seite, damit er nicht mit dessen Spitze "den Mittelpunkt seines Wesens" berühre.

Herr Ziesel legt den Zirkel zur Seite (gerade hat er mit einem Kreis die Stelle aus Pascals Fragment "Disproportion de l'homme" gekennzeichnet, wo der Philosoph über das Los der menschlichen Erkenntnis spricht). Pascal behauptet, diese Erkenntnis könne als

Mittelpunkt an einem beliebigen Ort situiert sein, sie enthülle *zum Schluß immer, daß die gleiche unendliche Entfernung sie vom Umkreis des Erkennbaren trenne, wie sie sich in konzentrischen Kreisen in den Abgrund von Raum und Zeit stürze, die grundlegende Disproportion zwischen sich selbst und dem, was es nicht in der Lage ist, zu benennen. Herr Ziesel legt den Zirkel so weit wie möglich weg, um nicht in Versuchung zu geraten, mit dessen Spitze den Mittelpunkt seines Wesens zu berühren (Hodrová 1994, S.286-287).*

Die Mitte seines Wesens bildet den Kern der schmerzhaften Erinnerung an den Tod der Kommilitonen. Dieser Kern zieht ihn an, aber er geht nicht darauf zu. Seine Denkbewegung bleibt immer gleich weit von der erschreckenden Erkenntnis entfernt und dreht sich dabei im Kreis. Ziesel liest z.B. das Totenbuch der Tibeter, weil ihn der Gedanke der Reinkarnation interessiert. Bei der Lektüre achtet er aber darauf, daß das Thema des Todes allgemein bleibt. Es muß eine Distanz zu seinem eigenen Tod gewahrt werden: zu dem Tod, dem er in der Nacht des Massenmordes entkam, und zu dem Tod, den er eines Tages noch erfahren muß. Durch die Kreisbewegung der Gedanken vertieft sich in der Mitte eine Leerstelle, die nie von seinem Bewußtsein berührt wird. Gerade von dieser Mitte, die erst durch die Verdrängung der Erinnerung entsteht, wird er später verschluckt und stirbt daran.

Hodrová beschreibt oft Drehungen des menschlichen Körpers, die an die Bewegung eines Kreisels erinnern. Sophie Ziesel z.B. kennt ein Kinderspiel, das seit Generationen auf dem Hinterhof ihres Hauses gespielt wird. Es besteht einfach darin, daß ein Kind sich von einem anderen drehen läßt und plötzlich wie eine Statue bewegungslos stehenbleiben muß. Man muß in diesem Spiel also zuerst einen Kreisel nachahmen und dann eine Puppe. Wegen des Schwindelgefähls ist es schwierig, nach dem Drehen bewegungslos zu stehen. Man verliert leicht das Gleichgewicht, weil alles, was man im Blick hat, sich zu drehen beginnt. Dadurch aber bietet das Spiel eine geeignete Methode, den Rausch des Schwindels intensiv zu genießen.

Eines der Kinder, die auf dem Hinterhof spielten, konnte die anderen Kinder besonders gut drehen. Aber eines Tages sprang es aus dem fünften Stock und starb. Das zweite Buch der Trilogie, "Im Reich der Lüfte" beginnt damit, daß dieses Kind, das "Flügel" genannt wurde, vor Sophies Augen erscheint, als sie den Hinterhof betritt. Der Möglichkeit, daß eine schon gestorbene Person wiederkehren kann, liegt eine kreisförmige Zeitvorstellung zugrunde, an die auch alle Spiele mit Kreisbewegungen erinnern. Flügel, der schon tot ist, springt jetzt mit dem Rücken zu Sophie über das Springseil. Auch das Springseil ist wie der Kreisel ein Spielzeug, das eine Drehbewegung erzeugt, einen Pfeifton entstehen läßt und bei Sophie ein Schwindelgefühl auslöst.
Flügel wohnt als Toter zusammen mit vielen anderen Toten auf dem Wolschaner Friedhof. Dort dreht er noch immer die Menschen wie Kreisel, um dann 'Statuen' aus ihnen zu machen. Einen Menschen zu drehen bedeutet, ihn in eine andere Zeit zu schicken und ihm so eine neue Begegnung zu ermöglichen. So taucht z.B. die tote Alice Davidovič, die auch von Flügel 'gedreht' wird, in Sophies Welt auf. Ihre Angst, Enttäuschung oder Trauer übertragen sich auf Sophie. Alice, eine Jüdin, hatte Selbstmord begangen, bevor Sophie geboren wurde. Sophie spürt Alices Anwesenheit manchmal in ihrem Körper, vielleicht weil auch Alices Körper immer wieder in eine Kreisbewegung gerät und auf diese Weise aus der linearen Zeitordnung herausgeschleudert wird.

Und Flügel tritt zu Alice Davidovič, die ihn erstaunt anschaut, da sie weiß, was Flügel tun möchte (hat ihm denn niemand gesagt, daß man hier nicht Statuen spielt?), sie wartet aber trotzdem, bis Flügel sie herumdreht und zwischen den Schulterblättern berührt und derart den geheimnisvollen Mechanismus in Gang setzt, durch den ein Mensch sich in eine Statue verwandelt. Und vielleicht wartet Alice deshalb auf Flügels Berührung, weil sie sich nicht sicher ist, ob nicht gerade das die Art und Weise ist, wie der Abgrund zwischen den zwei Welten vorübergehend überbrückt werden kann. Und sobald Flügel Alice Davidovič mit dem Finger zwischen den Schulterblättern berührt, dreht Alice Davidovič sich wie ein Krei-

sel. Und während Alice Davidovič sich wie ein Kreisel dreht, gleicht sie nicht nur Sophie Ziesel, sie gleicht auch Nanynka Šmíd, dem kleinen Akrobatenmädchen, das sich als Kind auf einem aufgehängten Motorrad gedreht hatte (Hodrová 1994, S.231-232).

Die Drehbewegung bringt mehrere Individuen aus unterschiedlichen Zeiten zusammen. Aber das erlebt nicht jeder Mensch. Sophie scheint eine Person zu sein, die sich besonders häufig und leicht drehen läßt und dadurch oft die Toten in ihr Bewußtsein einlädt.[12] "Sophie ist eine Art Wimpel oder ein Kreisel, sie läßt sich von jedem drehen, der sie anfaßt" (Hodrová 1994, S.335). Sie ist ein Menschen-Kreisel, der nach dem Schwindelgefühl süchtig ist. Diese Sucht wird aber nie als Flucht vor etwas dargestellt. Vielmehr kommt die Sucht von einer Sehnsucht, die sie nicht vergessen kann. Wie vom Schwindelgefühl berauschte Kinder wiederholt sie das Spiel immer wieder.
Wenn die Toten sich ebenfalls drehen lassen und darüber in den Körper eines Lebenden eintreten können, so ist auch das Ausdruck einer nicht abgestorbenen Sehnsucht.

Auf dem Wolschaner Friedhof setzen viele (...) ihre Hoffnung auf Flügel. Sie glauben, daß sie sich unter seiner Berührung zu drehen beginnen und diese Kreisbewegung sie ins Leben zurück schleudern könnte, nach dem sie von Zeit zu Zeit schleichende Sehnsucht empfinden (Hodrová 1994, S.308).

Während die Lebenden durch das Spiel zu Statuen werden, treten die Toten durch dasselbe Spiel in ein Leben ein. Die Kreisbewegung durchbricht die übliche Grenzziehung zwischen Tod und Leben. Aber nicht alle Toten können zum Menschen-Kreisel werden. Entscheidend ist die 'Lebenshaltung' der Toten. Es gibt Tote, die "ihre Köpfe lieber in ihre Maulwurfshügel stecken, in ihren Friedhofgärtchen herumwühlen und weder links noch rechts schauen" (Hodrová 1992, S.220). Diese Toten werden nicht von Flügel gedreht. Es gibt aber auch Tote, die nie einschlafen. Alice Davidovič z.B. versucht immer, so wach wie möglich zu bleiben und über ihren

Grabhügel hinauszublicken. Sie schließt sich nicht in ihre beschränkte Totenwelt ein, sondern mischt sich in die Welten anderer Menschen ein - die von Toten und die von Lebenden. Sophie Ziesel empfindet ihre Erfahrung mit den Toten als sonderbar. Aber die Verwirrung ihrer Identität, die durch die Begegnung zweier Figuren aus verschiedenen Welten ausgelöst wird, scheint sie nicht zu stören.

Ist es nicht sonderbar, daß ich in Alice Davidovič mir selbst begegne? Und eigentlich weiß ich auch jetzt nicht, wer ich bin. Irre ich in mir oder in ihr herum oder in ihr und in mir gleichzeitig? (Hodrová 1994, S.261).

Herr Turek, der von dem SS-Mann Hergesell denunziert wird und sich deshalb schon als Lebender im Wolschaner Friedhof verstecken muß, hat den Überblick über beide Welten. Seiner "Wolschaner Kabbala" genannten Theorie zufolge gibt es die Vorwolschaner- und die Wolschaner-Welt. Es ist interessant, daß er diese Welten nicht als Welt der Toten und Welt der Lebenden bezeichnet. Dadurch wird die Grenze zwischen beiden durchlässiger und ihr Verhältnis gleichberechtigter. Der Schwerpunkt liegt eher noch auf der Welt der Toten, da die andere Welt als deren 'Vorwelt' definiert wird.
In der europäischen Moderne hat die Welt der Toten im Bewußtsein der Lebenden weder im individuellen noch im kulturellen Gedächtnis einen eigenständigen Ort. Der Tod wird lediglich als Negation des Subjektes gedacht. Jean Baudrillard sieht im Ausschluß der Toten aus dem Leben eines der augenfälligsten Phänomene der Moderne.

Die Entwicklung von den Gesellschaften der Wilden zu den modernen Gesellschaften ist irreversibel: nach und nach hören die Toten auf zu existieren. Sie sind aus der symbolischen Zirkulation in der Gruppe ausgeschlossen. Sie sind nicht mehr besondere Wesen oder zum Austausch geeignete Partner, und das macht man ihnen deutlich, indem man sie mehr und mehr aus der Gruppe der Lebenden verbannt: von der häuslichen Intimität zum Friedhof (. . .), dann mehr und mehr aus dem Zentrum an die Peripherie verdrängt (. . .) und schließlich ein Nirgendwo, wie in den neuen Städten oder den gegenwärtigen Metropolen, in denen für die Toten nichts vorgesehen ist, weder im physischen noch im geistigen Raum (Baudrillard, S.197).

In Hodrovás Literatur überlappen sich die Räume der Toten und der Lebenden. Sophie Ziesel befindet sich in der Vorwolschaner Welt, Alice in der Wolschaner Welt, und die beiden begegnen sich, indem Alice in Sophie eintritt. Diese Begegnung erinnert zunächst an die kabbalistische Vorstellung der Seelenwanderung: eine Seele verläßt einen toten Körper und tritt in einen anderen Körper ein. Bei Alice und Sophie vollzieht sich dieser Vorgang in einer Kreisbewegung, die u.a. durch das Statue-Spiel in Gang gebracht wird. Die Drehbewegung macht die Mitte leer, in der sonst das Bewußtsein des Menschen sitzt, und schleudert seine Seele nach außen, ohne daß er dadurch tot ist.
Bei genauerer Betrachtung hat Alices Eintritt in Sophies Körper aber eher den Charakter einer 'Seelenschwängerung'. In "Rabbi Jsaak Lurja's Buch von der Seelenwanderung" werden Seelenwanderung und Seelenschwängerung streng unterschieden (vgl. Bischoff, S.138-139). Demnach findet eine Seelenwanderung statt, wenn mit der leiblichen Geburt eines Kindes eine für dieses Kind bestimmte Seele in die Welt eintritt. Die Seelenschwängerung hingegen bedeutet, daß eine weitere Seele in den Körper eines bereits mit einer Seele geborenen und inzwischen herangewachsenen Menschen gelangt. Die Seelenschwängerung holt die Seele solcher Toter ins Leben, die zu Lebzeiten ein Gebot nicht erfüllt haben. Alice hat in der Tat ein Gebot mißachtet: Sie hat getötet, und zwar sich selbst. Sie sprang aus dem Fenster, nachdem ihr ebenfalls jüdischer Geliebter abtransportiert worden war.
Während Sophie die Seelenschwängerung möglichst intensiv zu erleben versucht, lehnen die männlichen Protagonisten - ihr Vater und ihr Freund Ignaz Machovec - ähnliche Erfahrungen ab. Die Schwangerschaft der Seele durch die Vergangenheit kann im Prinzip jedem passieren, der in der Stadt Prag spazierengeht. Aber sie wird nur von Frauen akzeptiert.

Ignaz Machovec, der Puppenspieler, kennt zwar auch das Gefühl der Seelenschwängerung, aber er ist der Ansicht, "man dürfe sich solchen Gefühlen nicht allzusehr hingeben, das sei ungesund. Man könnte sich in ein fremdes Bewußtsein fallen lassen und dort haftenbleiben" (Hodrová 1994, S.289). Und Sophies Vater banalisiert die Seelenschwängerung, die sie erlebt.

Beim Abendessen liest Herr Ziesel Sophie und Ignaz eine Passage aus Pascal vor, eben jene, die er mit einem kleinen Kreis gekennzeichnet hatte, er liest ihnen vor vom Abgrund, in den der Mensch sich auf dem Weg von sich und zu sich stürzt (stürzt nicht auch Herr Ziesel so in den Hirschgraben unter dem Sessel?). Sophie fragt ihren Vater dann, ob man das Gefühl, das der Philosoph Pascal beschreibe, nicht mit dem Gefühl vergleichen könne, das man habe, wenn man durch eine Stadt gehe. Manchmal verirre sie sich und sei sich dann nicht mehr sicher, ob sie Sophie Ziesel sei.
Herr Ziesel lächelt über Sophies Vergleich. Das ist Sophies Art, immer alles auf sich zu beziehen, alles zu konkretisieren (Hodrová 1994, S.287-288).

Die Vorstellung vom Abgrund 'konkretisiert' sich nun ausgerechnet bei Sophies Vater, der ihre Erfahrung nicht ernst nimmt: Unter seinem Sessel öffnet sich der Hirschgraben und verschluckt ihn. Sophie hingegen ist einer solchen Gefahr gerade deshalb nicht ausgesetzt, weil die Beziehung mit Alice für sie eine konkrete Erfahrung ist.

Sophie Ziesel beginnt zu verstehen. Ihr Bewußtsein ist ein Ort, an dem sich Strahlen eines Kreises von vergangenen und künftigen Begebenheiten ansammeln. Und genauso, wie Sophie Ziesel in sich nach und nach die Zeit in ihren Verwandlungen und ihrem Andauern vereinigt, vereinigt sie in sich auch verschiedene Wesen (Hodrová 1994, S.333).

Sophie spricht, wenn sie ein an die Seelenschwängerung erinnerndes Phänomen beschreibt, nie von einer 'Seele', sondern immer von einem 'Bewußtsein', das den Charakter eines Ortes hat. Dieser Ort, an dem sich "vergangene und künftige Begebenheiten ansammeln" und der "verschiedene Wesen vereinigt", wird manchmal aber auch als Körper bezeichnet. Insofern hat das "Bewußtsein" hier körperlichen Charakter, während die Seele bei der Seelenschwängerung, wie sie in "Rabbi Jsaak Lurja's Buch von der Seelenwanderung" beschrieben wird, keine Materialität hat und der Körper dort nur als Materie verstanden wird.

Nicht nur Sophie, auch Diviš Paskal[13] lernt als Lebender die tote Alice kennen - allerdings nicht durch eine Seelenschwängerung. Er begegnet ihr und anderen Toten in Räumen, die sich zwischen zwei Welten befinden. Während für Sophie ihr Bewußtsein oder ihr Körper Ort der Begegnung mit den Toten ist, trifft Diviš sie in unbeachteten, dunklen, staubigen, aber doch realen Räumen seines Hauses. So bleibt eine Distanz zwischen Diviš Körper und den Körpern der Toten.
Der Kontakt mit den Toten beginnt in Diviš' Kindheit und endet, als er ein erwachsener Mann ist und sich in eine Frau verliebt. Allein der Zeitraum der Kindheit ermöglicht ihm die Beziehung mit den Toten. Als Kind zeigen sich ihm die Toten in einer Kammer als Fantasiefiguren, z.B. als "Ratte Kammerfrau" oder "Vogel Kammerherr". Sie sind aus "einem Gemisch aus Staub, Stoffetzen, Haarbüscheln aus alten Pelzmänteln, Papierschnipseln und lebensspendenden Worten" (Hodrová 1992, S.11) gemacht, haben also stoffliche Körper. Deshalb könnte man sie auch als 'Puppen' bezeichnen, aber im Unterschied zu normalen Puppen scheinen sie keine feste Form zu haben.
Als Diviš erfährt, daß diese Fantasiefiguren die wiedergeborenen Großeltern von Alice sind, erschrickt er nicht, sondern akzeptiert die Erkenntis. Anders als Sophie fühlt er sich sogar auserwählt und überlegen, weil die meisten lebenden Menschen die Toten nicht sehen können. Diviš versteht es als seine Aufgabe, die Toten vom jenseitigen "Karussell" herunterzuholen, sie von der zwanghaften und endlosen Wiederholung ihres 'Lebens' zu befreien, zu der sie seiner Meinung nach gezwungen sind.
Diviš Paskal fängt an zu begreifen - die Toten leben weiter unter

uns, und zwar ihr ganz gewöhnliches Leben, ein Leben, das gleichsam auf das begrenzt ist, was am wesentlichsten war, und das wiederholt sich nach dem Tod dann ewig. Als hätte der Mensch sich auf ein merkwürdiges Karussell gesetzt, von dem er nicht mehr herunterklettern kann, und müßte sich wie ein Kreisel ewig drehen (Hodrová 1992, S.104).

Nicht nur das Karussell, sondern auch das Rad dient im Roman der Darstellung sich ewig wiederholender Leiden[14]. Der Großvater von Alice z.B. wurde mit einer Maschine gefoltert, die die Form eines Rades hatte. Das Rad symbolisiert Gewalttätigkeiten und deren Wiederholung in der Geschichte. So sagt Herr Turek: "Alles wiederholt sich, nur jedesmal ein bißchen anders, schlimmer" (Hodrová 1992, S.194).
Diviš also nimmt sich vor, die Toten vor der Wiederholung zu retten, zumal sein Eindruck, die Toten seien Gefangene dieser Wiederholung, immer stärker wird. Als er sich aber in eine lebende Frau namens Claudia Weißhaupt verliebt[15], vergißt er die Welt der Toten. Diese Frau bildet ihm eine Trennwand zur anderen Welt. Diviš ignoriert das sich drehende Rad, verbannt es aus seinem Leben und vergißt auch die tote Alice und ihre jüdische Familie.

Diviš umarmt die weiße Claudia in einem kleinen Lustgarten, dem Bartholomäusgärtchen. Dort dreht sich irgendein Rad, Diviš hält das Rad für eine Windmühle, da dies für ihn einfacher und erträglicher ist, als sich einzugestehen, daß es etwas anderes ist, als hinzugehen, um sich diese Mühle von nahem anzuschauen und zu sehen, daß jemand aufs Rad geflochten ist. Als Diviš die weiße Claudia umarmt, vergißt er sofort Alice, die er aus der Kammer, und auch Nanynka Smíd, die er aus dem Friedhof hinausführen wollte. Schließlich sind beide tot, es geht doch nicht, eine Tote zu umarmen, geschweige denn, sie zu heiraten (Hodrová 1992, S.247).

Auch das Mädchen Nanynka Šmíd, das durch akrobatisches Schauspiel mit einem Motorrad seinen Lebensunterhalt verdienen mußte und dabei verunglückte, starb an einem kreiseln-

den Rad: "Eines dieser Kinder ist Nanynka Šmíd. Das Motorrad dreht sich herum wie ein Kreisel, und auch Nanynka Šmíd dreht sich wie ein Kreisel" (Hodrová 1992, S.84).
Dem Bild des Rades, das Leiden verkörpert, begegnet man auch in dem griechischen Mythos von Ixion, der Hera begehrte und deshalb von Zeus an ein glühendes Rad gefesselt wurde. Hier kommt die Dimension des menschlichen Begehrens hinzu, für das der Strafrichter Zeus Ixion mit dem Instrument des Rades bestraft. Hodrová bezieht sich auf dieses Motiv, wenn der Großvater Alices Begehren, ihre einseitige und hoffnungslose Liebe zu Pavel Santner wie folgt kommentiert:

"Wenn das bloß nicht Ixions Rad ist", fällt Großvater Davidovič ein. Er weiß nicht, ob er darüber froh oder traurig sein soll. Für ihn ist dies kein Trost, Großvater Davidovič mag Räder ganz einfach nicht, weil er an eines schlimme Erinnerungen hat (Hodrová 1992, S.254).

Als Pavel Santner deportiert wird, begeht Alice Selbstmord. Aber ihre Liebe wird nicht durch die äußeren Bedingungen verhindert, denn Santner liebt Alice nicht und wäre auch ohne die Deportation nicht zu ihr gekommen. Sie antwortet mit ihrem Selbstmord auf eine doppelt verneinte Liebe. Aber Alices Leben hing vorher schon zwischen zwei Rädern: das eine besteht aus ihrem Begehren, das andere ist die Foltermaschine, die schon die Knochen ihres jüdischen Großvaters zerbrach.

Welche Verbindung besteht zwischen dem Kreisel des Gedächtnisses und dem Rad des Leidens? In Achim Hölters Aufsatz "Das Rad der Zeit - Eine Denkfigur der Romantik" wird das Thema des Gedächtnisses angesprochen:

Das Rad bedeutet Leiden: am Leben, an der Wiederholung, an der schlechten Unendlichkeit. Endet das Wollen, so steht das Rad des Ixions still. Otto Weininger vulgarisierte diese Schopenhauersche Tradition, dekretierte aber einen moralischen Grund, den "Willen", dafür, daß "die Zeit einsinnig" sei. Eine Wurzel für seine

Argumentation ist ihm die Beobachtung, daß eine kreisförmige *Zeit dem Menschen unheimlich wird, wie im Déjà vu-Erlebnis exemplarisch zum Bewußtsein komme. Das ist nun wieder bezeichnend für die Frühromantik, denn niemand anderer als Tieck war es, der im "Blonden Eckbert" die Nicht-Linearität der Zeit zum Thema machte, was Ernst Bloch ausdrücklich in Richtung Déjà vu deutete (Hölter, S.271).*

Tiecks Märchen "Der Blonde Eckbert" zeigt einen Zusammenhang zwischen Erinnerung und nicht-linearer Zeit auf. Aus der dunklen Kindheit, die die Protagonisten verdrängen möchten, kehren die Figuren zurück, und diese Wiederkehr des Verdrängten erzeugt den Eindruck, die Zeit drehe sich im Kreis. Die Erinnerungen bestehen bei Tieck nicht nur aus imaginierten Bildern, sondern erscheinen als reale Personen. Nicht die kreisförmige Zeit, sondern die Wiederkehr des Verdrängten produziert die Wirkung des Unheimlichen. Sie kann die sich erinnernde Person quälen und sogar ihren Tod herbeiführen, wenn die Erinnerung eine furchtbare ist.

3.3 Puppen

3.3.1. Frauen und Puppen

An das Theater binden die Frauenfiguren des Romans ihre Träume. Die Mutter von Jan Paskal z.B. verläßt ihren Mann Jakob, um bei einem Theater zu arbeiten. Und sein Sohn Diviš verliebt sich in Claudia Weißhaupt, deren Traum ebenfalls darin besteht, in einem Theater tätig zu sein. Einige Puppen verkörpern diesen Wunschtraum, die beiden Alptraumfiguren Šlachta und Šlampa hingegen versuchen, ihn zu vernichten. Sie beaufsichtigen Claudia, um z.B. zu verhindern, daß sie vor einem Schaufenster, in dem Theaterutensilien ausliegen, stehenbleibt und von der Arbeit am Theater träumt. Claudia befürchtet schließlich, nicht begabt genug für das Theater zu sein. Dieser Verzicht auf ihren Traum führt zu einer Verneinung der Existenz jener Puppen, die den Traum symbolisieren:

"Vielleicht hat es gar keine Puppen gegeben, wo sollten sie auch herkommen" (Hodrová 1992, S.210).
Auch für Sophie Ziesel ist das Theater der Ort ihrer Leidenschaft, und zwar ein Puppentheater, in dem sie als Schneiderin arbeitet. Die Puppen, unter denen sie eines Tages auch ihre erste Liebe Pavel Bolinka[16] entdeckt, hängen über ihrem Kopf. Daß Pavel Bolinka sich in eine Puppe verwandelt hat, schützt ihn einerseits vor Sophies einseitiger, aufdringlicher Liebe. Zugleich erfüllt diese Verwandlung aber auch Sophies Wunsch, ihn für immer bei sich zu behalten.
Interessant ist, daß Pavel Bolinka bereits im metaphorischen Sinne eine Puppe war, bevor er sich in eine wirkliche Puppe verwandelte.

Sophie Ziesel schaut Pavel Bolinka verstohlen an. Pavel Bolinka steht starren Blicks da, steif wie eine Statue oder besser eine Puppe, und er schweigt. Und Sophie befürchtet, Pavel Bolinka stehe nicht so sehr deshalb schweigend wie eine Statue oder besser eine Puppe da, weil es sich für eine Wache so ziemt, sondern hauptsächlich, weil er neben Sophie Ziesel steht, deren ergebene Liebe ihm zur Last geworden ist (Hodrová 1994, S.92).

Zwar erfüllt sich durch Pavel Bolinkas Dasein als bewegunglose Puppe Sophie Ziesels Wunsch, den Geliebten zu besitzen, aber gleichzeitig muß sie feststellen, daß die tote Puppe nur eine vergangene Liebe verkörpert.

Jetzt, da Sophies erste Liebe sich in eine Puppe verwandelt hat, läuft er aus der Zagreberstraße nicht mehr vor ihr davon, jetzt nicht mehr. Aber was hilft das, wenn Sophie Ziesel die Puppe Bolinka nicht liebt? (Hodrová 1994, S.391).

Das Begehren ist vergangen, und die Puppe der Macht der Schneiderin Sophie ausgeliefert.

Und schon wacht Pavel Bolinka, der sich auf dem Wolschaner Friedhof in eine Puppe verwandelt hat, aus seinem Katharinenschlaf auf, schon öffnet er die Augen und schaut in die Tiefe. Und schon sieht er unter sich die riesige Sophie Ziesel und strampelt mit seinen Beinen in der Luft. Und als Sophie Ziesel zum winzigen Kellner Bolinka hinaufschaut, der vor ihr zu flüchten versucht, fällt ihr plötzlich ein, ob es nicht mit allen ihren Liebsten, den vergangenen und den vergehenden so sein würde. Alle werden sich eines Tages in Puppen verwandeln und Scheren, Nadeln und Fäden ausgeliefert sein (Hodrová 1994, S.267).

Auch andere Puppen im Theater unterstehen der Macht der Schneiderin und ihrer Werkzeuge. Diese Macht basiert auf Sophies Fähigkeit, besonders gut mit Stoff umgehen zu können, nicht nur, weil sie ihr Handwerk so geschickt beherrscht, sondern auch, weil ihre Existenz eine stoffliche Qualität hat. Der Ort ihres Bewußtseins, an dem sich Begebenheiten und Personen vermischen, ist mit einer Patchwork-Arbeit vergleichbar.

Wird Sophie, die aus fremden Leben zusammengenäht ist wie ein Puppenkostüm aus verschiedensten Fetzen, zerfleischt sein und dadurch irgendwie Diviš Paskal gleichen, denn auch er bewohnt seit geraumer Zeit Sophies Bewußtsein. Sophie Ziesel irrt sich freilich, wenn sie annimmt, ihr Wesen sei etwas Besonderes. Alle Wesen kreisen eines im anderen, nur ihr Bewußtsein ist in verschiedener Art verwischt, sagt Herr Turek auf dem Wolschaner Friedhof (Hodrová 1994, S.334).

Der Stoff wird hier nicht als Metapher für die Funktion des Gedächtnisses verwendet, sondern buchstäblich als Erinnerungsträger verstanden. Das Schabbestischtuch z.B., das an dem Tag auf dem Tisch lag, als Alice aus dem Fenster sprang, geht später in den Besitz von Frau Hergesell über, der Ehefrau des SS-Mannes. Sie läßt daraus ein Kleid schneidern, ohne zu wissen, wofür der Stoff vorher gebraucht wurde. Auch viele andere Stoffe sind Erinnerungsträger: Alices Muff, Pavels Serviette, Hamzas Taschentuch usw. Sie durchleben mehrfache Verwandlungen und transportieren vergangene Erlebnisse ins Bewußtsein anderer Menschen, sofern diese dazu fähig sind. Man könnte Hodrovás Literatur als Literatur der Stofflichkeit oder auch als Literatur der Zahl Zwei bezeichnen: In der Zahlendeutung der Kabbala von Agrippa von Nettesheim[17] werden der Zahl Zwei die Stofflichkeit und deren vielfältige Verwandlungsmöglichkeiten zugeordnet, während die Zahl Eins als Quelle und Ursprung aller Zahlen gilt, wie Herr Turek einmal auf dem Wolschaner Friedhof erklärt.

Ist die Eins nach den Zahlen der Kabbala des Agrippa von Nettesheim Quelle und Ursprung aller Zahlen, die jede Art von Vielzahl ausschließt, immer gleich und unwandelbar ist, die vervielfältigt wieder nur sich selbst ergibt, keinen Anfang hat und sich auf Gott bezieht, so ist die Zwei, die unmittelbar auf sie folgt, die Zahl der Schöpfung, der Ausdruck einer ersten Bewegung, aus der Zwei geht jegliche Verkörperung hervor, die Zwei ist das Prinzip der Teilung, der Vielzahl und Unterscheidung, der Stofflichkeit und der Verwandlung, sie ist die Zahl der Wissenschaft, des Gedächtnisses und der Welt, die Zahl des Menschen, die Zahl des Zwists und der Unreinheit. Nach demselben Agrippa von Nettesheim ist es gerade die Zahl zwei, die mannigfaltige nächtliche Visionen, Alpträume und Gespenster hervorbringt. Beim Wahrsagen ist es die günstigste Zahl. Nach den Pythagoreern ist die Zwei ein böser Dämon. Für einige ist sie nicht einmal eine Zahl, sondern eine bloße Verwirrung der Eins (Hodrová 1992, S.214-215).

3.3.2. Männer und Puppen

In Hodrovás Trilogie gibt es viele Gebrauchsgegenstände, die die Funktion einer magischen Puppe haben - so z.B. Jakob Paskals Schneiderpuppe. Einige dieser Gegenstände wie etwa Jindřich Ziesels Kleiderständer werden gar nicht als Puppe wahrgenommen. Während für die Frauen Theaterpuppen wichtig sind, spielen für die Männern Gebrauchspuppen eine wichtige Rolle.

Die hölzerne Schneiderpuppe "Kain" gehört dem Schneider Jakob Paskal. Sein Sohn Jan kennt die Schneiderpuppe seit seiner Kindheit und wird bis zum Moment seines Todes von ihr begleitet. Kain hat für Jan die Bedeutung eines konkurrieren-

den und etwas mächtigeren Bruders. Als Erwachsener bezeichnet Jan seine Kindheit als "Kindheit im Schatten Kains" (Hodrová 1992, S.235).
Jakobs Beziehung zu seiner Schneiderpuppe geht über die Beziehung zu einem geliebten Gebrauchsgegenstand hinaus. Oft spricht er mit der Puppe wie mit einem Freund. Er weint sogar an ihrer Schulter, als er von seiner Frau verlassen wird. Die Puppe hat den Eigennamen "Kain" und unterscheidet sich dadurch von einem austauschbaren Gegenstand. Ihre spezifische Funktion kann mit dem Gattungsnamen "Schneiderpuppe" nicht bezeichnet werden.
Der Name "Kain" ruft unterschiedliche Assoziationen hervor. Kain ist z.B. eine biblische Figur, die ihren Bruder Abel tötet. Auf dem Körper der Schneiderpuppe wird eine Analogie zu der biblischen Figur sichtbar. Auch die Schneiderpuppe trägt ein 'Kainsmal': Als Jan ihre Stirn berührt, ertastet er "ein längliches Höckerchen, als sei das Holz an dieser Stelle gesprungen" (Hodrová 1992, S.20).
Die Aussprache des Namens "Kain" gleicht der des deutschen Wortes "kein". Jakob, der das weiß, bezeichnet die Puppe auch mit dem deutschen Wort, "weil Kain aussieht, als wäre er und zugleich nicht, oder als wäre er nicht und zugleich doch" (ebd.). Dieser Widerspruch gilt für alle Puppen: Sie sehen aus, als wären sie Menschen und zugleich nicht, oder als wären sie keine Menschen und zugleich doch. Die Schneiderpuppe Kain verkörpert eine Koexistenz von Schein und Sein, in der keines von beiden zugunsten des anderen negiert wird.
Eine Menschenfigur namens "Hammel" spricht den Haß gegen Kain aus - einen Haß, den auch Jan empfindet. Hammel wirft Jan und seinem Vater vor, ihre Beziehung zu dieser Puppe sei heidnisch. "Kain hat Abel erschlagen. So steht es geschrieben. Ihr betet Götzen an wie die Heiden" (ebd.). Einmal flüstert Hammel Jan ins Ohr: "Töte Kain, der Weltuntergang steht bevor. Schau ihn dir nur genau an, auf seiner Stirn steht das Zeichen der Verdammung" (ebd.). In Jan wächst die Überzeugung, daß es notwendig sei, Kain zu töten, um seinen Vater zu vergessen und seine Zukunft als evangelischer Pfarrer abzusichern. Die Schneiderpuppe Kain wird schließlich wie

ein Ketzer auf dem Scheiterhaufen verbrannt.

Die Kinder machen im Hof ein Feuer, ein Johannisfeuerchen. Oder ist es ein Scheiterhaufen für Ketzer? Und damit dieses Feuer besser brennt, bringt der Seminarist Jan Paskal den Kindern Kain. Jetzt darf er das, jetzt, nachdem er seinen Vater beerdigt hat, ist es möglich (Hodrová 1992, S.21).

Mit der Puppe soll nicht nur die Erinnerung an das Heidentum, sondern auch die Erinnerung an Jans Vater und seine Kindheit verbrannt werden. Da die Puppe Jans Ersatzbruder war, begeht er mit der Verbrennung einen Brudermord, der nun ihn selbst mit der biblischen Figur Kain verbindet. Die individuelle Geschichte der Befreiung vom Vater[18] und die Vernichtung der 'heidnischen' Figuren im Monotheismus fallen im Bild der Verbrennung zusammen.
Bei der Verbrennung der Puppe passiert aber etwas, das Jan nicht für möglich gehalten hätte:

Kain verbrennt auf dem Paskalschen Scheiterhaufen, und aus dem Feuer steigt ein sonderbarer Duft empor, der sich im Augenblick des Todes noch zu intensivieren scheint. (...) Er ahnt nicht, daß das Feuer die im Holz gefangene Seele befreit. Die Seele steigt zum Fenster empor, Jan Paskal atmet sie ein, hat sie in sich, er hat Kain eingeatmet, ist jetzt selbst Kain, der Verfluchte aus Hammels Prophezeiung, jener mit dem Zeichen, das auf der Stirn ertastet werden kann (Hodrová 1992, S.21).

Die Verbrennung vernichtet Kains Seele nicht, sondern befreit sie aus dem Holz. Jan atmet die Seele ein und verinnerlicht sie. Von nun an tötet Jan sowohl in der Vorstellung als auch in Wirklichkeit mehrere Menschen. Er bringt z.B. seinen Bruder Jean de Pascal um, den er sich ausgedacht hat. Dieser imaginäre Bruder entstammt einer vergangenen Zeit. Er ist ein Hugenotte, der sich in der Bartholomäusnacht eine weiße Binde um den Ärmel bindet, um sich als Anhänger des Papstes zu verkleiden, und schließlich nach Böhmen flüchtet (vgl.Hodrová 1992, S.238). Als Jan evangelischer Pfarrer wird, erfindet er dieses Familienmitglied, da ihm seine wirkliche familiäre Herkunft unangemessen erscheint. Aber bald wird ihm klar, daß er mit Jean de Pascal eine Figur erfunden hat, die wie er selbst ein 'Verräter' ist. Mit der Verstellung seiner Identität und der Flucht nach Böhmen verleugnet der Bruder seine Herkunft. Die imaginäre Figur ist nur eine Verdoppelung Jans, der Kain verbrannte, um die Erinnerung an seine eigene Herkunft von einem Vater zu vernichten, der sich seiner intimem Beziehung zu einem Götzen nicht schämte.

Während des Krieges ermordet Jan den SS-Mann Hergesell und bricht das Gebot "Du sollst nicht töten" (vgl. Hodrová 1992, S.76). Er häutet die Leiche und hängt die Haut in eine Kammer. Einige Jahre nach dem Krieg verläßt er die evangelische Kirche und beginnt, Tierfelle zu verkaufen. So wie Puppen sind auch die Felle leblose Körper ohne Eingeweide. Wenn Jan ein Fell berührt, erinnert er sich an die Menschen, die er imaginär oder real tötete. Je mehr er vor der Erinnerung fliehen will, desto stärker zieht sie ihn zugleich an.

Viel später erscheint der Tod, um Jan zu holen. Ein merkwürdiger Duft geht von ihm aus, der an den Geruch erinnert, der entstand, als die Schneiderpuppe Kain verbrannt wurde.

Gerade davor hatte er sich gefürchtet, daß der Tod in Gestalt eines belebten, von sonderbarem Duft durchtränkten Holzes kommen würde, um ihn zu holen. Gerade jetzt hat Jan Paskal ihn gerochen, und er weiß, wenn er sich umschaute, stünde Kain hinter ihm, der hölzerne Kain, (. . .) als hätte das Feuer auf dem Budweiser Hof ihn nicht einmal berührt (Hodrová 1992, S.237).

Die Szene erinnernt an die Redewendung "Wer seinen Doppelgänger sieht, sieht seinen Tod", die Jean Baudrillard zitiert. Er schreibt dazu:

Wenn sich (. . .) das primitive Denken des Doubles als Denken der Kontinuität und des Austausches verliert, beginnt die Besessenheit vom Double als Diskontinuität des Subjektes im Wahnsinn und im Tod (Baudrillard, S.222).

Für Jans Vater Jakob geht von Kain weder Tod noch Wahnsinn

aus, denn für ihn ist die Puppe ein realer und materialisierter Doppelgänger, mit dem er z.B. spricht. Jan hingegen, der den hölzernen Körper Kains verbrannt hat, muß die Figur verinnerlichen. Die Puppe ermöglicht ihm keine dem Subjekt äußerliche Vervielfältigung des Ichs mehr. Der Unterschied zwischen Jakob und Jan entspricht dem Unterschied zwischen einer 'primitiven' Gesellschaft und der europäischen Moderne, wie Baudrillard ihn beschreibt:

Der Status des Doubles in der primitiven Gesellschaft (und der Status der Geister und Götter, denn auch sie sind reale, lebende differente Andere und nicht ein idealisiertes Wesen) ist also das Gegenteil unserer Entfremdung: das Wesen vervielfältigt sich dort in zahllose Andere, die ebenso lebendig sind wie es selber, während das vereinheitlichte, individualisierte Subjekt sich selbst nur in der Entfremdung und im Tode begegnen kann (Baudrillard, S.222)

Nicht nur für Jan Paskal, auch für Sophies Vater Jindřich Ziesel steht die Puppe in einer Verbindung mit dem Tod. Auch Jindřich besitzt eine magische Puppe, die auf den ersten Blick weder eine Puppe noch magisch zu sein scheint: Seinen Kleiderständer. Immer, wenn Jindřich zu Hause ist, hängt er seine "Hirschlederjacke" an den Kleiderständer. Das Wort "Hirsch" erinnert sofort an den Hirschgraben, in dem Jindrichs ermordete Kommilitonen begraben wurden. Der Kleiderständer hat einen "Falkenkopf". Für Jindřich sieht es oft so aus, als würde sich der Gegenstand in einen Falken verwandeln und "eine Rede" über Jindřichs Vergangenheit halten (Hodrová,S.248). Vor dieser Rede fürchtet er sich, da er ahnt, daß sie seine wunden Punkte berühren würde.
Der Kleiderständer "Ka" und die Schneiderpuppe "Kain", die in Jindřich Ziesels Augen auch ein "Ka" ist, sind miteinander verwandt, während sich die beiden Besitzer nicht einmal kennen. Aber in den tiefen Schichten menschlicher Erinnerungen verweist die Verwandtschaft der Puppen auch auf eine Verwandtschaft der Menschen.

Manchmal, wenn Herr Ziesel sich in seinem Arbeitszimmer mit

dem schwarzen, perlmuttverzierten Mobiliar auf seinem Drehsessel dreht und mit dem Nacken zum Fenster und der Stirn zum Kleiderständer in der Ecke innehält, scheint ihm, als sei sein Leben durch ein merkwürdiges Band mit diesem Kleiderständer verknüpft. Die Ärmel der Hirschlederjacke, in der Herr Ziesel Tag für Tag ins Institut für tschechische Sprache geht, bewegen sich schwach in der Zugluft. Unter der Jacke verbergen sich hölzerne Arme. Die Arme kreuzen sich über der Brust (...) in der Geste des Doppelwesens Ka aus der ägyptischen Mythologie.
Und wenn Herr Ziesel den Ka unverwandt anschaut, kommt ihm folgender Gedanke: Schon einmal im Leben wurde er von einem hölzernen Doppelgänger Ka begleitet (...). Herr Ziesel erinnert sich an den dumpfen Haß, den er für den Doppelgänger empfand, an eine tiefe Verständnislosigkeit. Und dann war sein Doppelgänger über einem Feuer, das die Kinder auf dem Hof gemacht hatten, verbrannt. Herr Ziesel (oder ist es jemand anders?) hatte damals den sonderbaren Duft des Ka eingeatmet, der vom Feuer zu seinem Fenster emporstieg. Und jener, der den Ka in die Flammen geworfen hatte, erstickte dann fast an dessen Duft (Hodrová 1994, S.27-28).

In dieser Szene geraten Fragmente aus dem Leben Jan Paskals und dem Jindřich Ziesels durcheinander. Das Holz, der Duft, die Hitze, das Fell und andere Materialien weben Zusammenhänge zwischen beiden Leben, wodurch die Grenzen und die Selbstgewißheit der Subjekte verunsichert werden. Im Text heißt es: "Herr Ziesel (oder ist es jemand anders?)":
Jan Paskal sah sich gezwungen wegen seines christlichen Glaubens, die magische Puppe Kain abzulehnen. Jindřich Ziesel ist es wegen seines Glaubens an die moderne Wissenschaft unmöglich, den Kleiderständer als Gesprächspartner zu akzeptieren. Er kann Ka aber auch nicht ignorieren, "(d)enn ihrer beider Körper und Seelen sind miteinander verbunden, und es ist unklar, wo das eine aufhört und das andere anfängt" (Hodrová 1994, S.32). Weil es keine klare Trennung zwischen beiden Körpern gibt, werden Erinnerungen, die durch den Kleiderständer aufbewahrt werden, auf Jindřichs Bewußtsein übertragen. Bemerkenswert ist, daß die Beziehung zwischen

einem Mann und seiner Puppe unberechenbarer und gewaltsamer wird, wenn er nicht mit ihr kommunizieren kann. Jakob Paskal akzeptierte im Unterschied zu Jan und Jindřich die hölzerne Puppe als Freund und sprach mit ihr. Wenn er an Kains Schulter weinte, suchte er die Berührung beider Körper. Zwar gibt es auch eine Verschmelzung zwischen dem Körper Jindřich und dem Kleiderständer, aber diese ereignet sich unabhängig von seinen Intentionen. Die Erinnerung an die Hitze während der Ketzer-Verbrennung, die von der Puppe aufbewahrt wird, materialisiert sich nämlich auf Jindřich Haut in Form einer Allergie, ohne daß er sich dagegen wehren könnte. Es gibt keine sprachliche Kommunikation zwischen Mann und Puppe, denn der Linguist Jindřich Ziesel kann die Sprache, die Ka spricht, nicht verstehen.

Und jedesmal scheint es Herrn Ziesel, als wolle der Ka sprechen, langsam öffnet er den Schnabel, ohne Herrn Ziesel aus den Augen zu lassen, und dann gibt er einen Pfeifton von sich. Der Sprachforscher ist über diesen Pfeifton beunruhigt, obwohl er sich andererseits vor Worten fürchtet. Und was, wenn der Ka in Wahrheit spricht, Herr Ziesel dessen Worte jedoch nicht hört oder nicht versteht, weil die Pfeifsprache des Raubvogels ganz anderer Art ist als die Sprachen, die Herr Ziesel in der Lage ist zu verstehen? (Hodrová 1994, S.348).

Jindřich Ziesel findet keinen Zugang zu der Sprache der magischen Puppe, die nicht den linguistischen Definitionen von Sprache entspricht. Deshalb kann kein kultivierter sprachlicher Austausch zwischen ihm und Ka entstehen. Nur nonverbale, unkontrollierte Kontankte verbinden beide miteinander. Jindřichs Tochter Sophie hingegen kann die Sprache, die Ka spricht,verstehen.

Und der Ka öffnet schwer seinen Schnabel, als versuchte er zu sprechen, doch aus seiner Kehle dringt nur ein der menschlichen Sprache sehr unähnlicher Pfeifton. Doch die Schneiderin aus dem Puppenreich versteht ihn. Das also ist der Ka, der geistige Doppelgänger oder Bruder, von dem der Vater kurz vor seinem Tod erzählt hatte.

Sie hatte nicht geahnt, daß Vaters Ka so nahe war (ebd., S.362).

Den Pfeifton zu 'verstehen' heißt nicht, seine akustische Qualität analysieren und mit Bedeutung belegen zu können. Die Kommunikation mit dem Kleiderständer besteht für Sophie z.B. darin, eine Erinnerung in ihm wachzurufen. Diese Erinnerung ist für den Gegenstand zunächst wie ein "an Wollust grenzender Schmerz":

Wenn er im schwarzen Arbeitszimmer allein ist und Sophie Ziesel mit einem Staublappen seine nackten Glieder sauber reibt, fährt ein an Wollust grenzender Schmerz durch seinen Körper (ebd., S.31).

Sophie ist kein Magier, der ein totes Ding in ein Lebewesen verwandeln kann, sondern sie aktiviert das Gedächtnis der Gegenstände. Was aber ist das Gedächtnis der Gegenstände? Wichtig ist hier, daß der Text eine Analogie zwischen Puppen und Toten herstellt. Puppen haben ein Gedächtnis, weil sie - wie die Toten - früher lebendige Menschen waren.

Er (der Kleiderständer, Y.T.) träumt hier, wenn der Vater nicht zu Hause ist. Träumt er, oder erinnert er sich? Vielleicht denkt er an die Zeit zurück, da seine Glieder noch nicht steif und gefühllos, sondern von Blut durchflossen waren. Das war damals, bevor er zu Holz wurde (ebd., S.52).

Sophie erwartet nicht, daß sich Puppen oder Tote ihrem Zeichensystem anpassen. Sie versucht auch nicht, die Puppen oder die Toten ins Leben zu rufen. Sie spannt lediglich ihr Bewußtsein auf wie ein Tuch, mit dem sie fremde Zeichen stofflich wahrnehmen kann. Jindřich Ziesel hingegen erwartet von Ka ein Zeichen, das der Zeichenwelt des Linguisten entspricht.

"Wenn du mein Ka bist, so gib mir ein Zeichen", redet Herr Ziesel den Kleiderständer in der Ecke seines Arbeitszimmers an. Doch bisher schweigt der Ka. Der Ka ist noch nicht aus seinem Holzschlaf erwacht (Hodrová 1994, S.30).

Jindřich Ziesel hat schon lange den Wunsch, tote Dinge zum Leben zu erwecken. Auch seine Vorliebe für 'lebende Bilder' hängt mit diesem Wunsch zusammen. Er wünscht sich sogar, daß eine bestimmte Frau in den Zustand des Todes eintritt, damit er sie wieder lebendig machen kann. Diesem Wunsch könnte aber gerade seine Angst vor der Verlebendigung der Toten oder der Dinge zugrunde liegen. Er möchte bei diesem Vorgang die Rolle des Magiers spielen, um seine Überlegenheit über die verlebendigten Gegenstände zu sichern. Als Kind schon bereitete es ihm Vergnügen, sich vorzustellen, wie seine Mutter während eines Bezirksfestes als lebendig gewordene Allegorie der 'Seele des Volkes' auf die Bühne tritt. Sein späterer Wunsch, den Kleiderständer lebendig zu machen, variiert diese kindliche Vorstellung. "Das Motiv der sich belebenden Statuen und Puppen hatte ihn immer erregt. Kann nicht auch ein gewöhnlicher Kleiderständer sich beleben?, denkt Herr Ziesel und wird unruhig" (Hodrová 1994, S.58). Jindřich Ziesel würde Ka gerne in einen lebendigen Menschen verwandeln, der eine menschliche Sprache spricht. In Hodrovás Literatur aber gibt es keine Magier, die die Dinge verwandeln können, sondern die Dinge verwandeln sich selbst.
Es ist auffällig, daß die Doppelgängerfigur sowohl bei Jan Paskal als auch bei Jindřich Ziesel ein Gebrauchsgegenstand ist und nicht etwa eine magische Statue oder ein heiliges Gemälde. Die Gebrauchsgegenstände übernehmen hier eine Funktion, die vor der historischen Aufklärung die magischen Objekte hatten. Das Verschwinden von Objekten, die zu einem magischen Zweck hergestellt werden, begann nicht erst mit dem Sozialismus. Die heidnischen Götterfiguren z.B. wurden bereits vom Christentum vernichtet - eine Vernichtungsgeschichte, die in der Lebensgeschichte Jan Paskals lesbar geblieben ist: Bevor er ein evangelischer Pfarrer wird, verbrennt er die magische Puppe Kain. Hodrová stellt in ihren Romanen u.a. eine historische Entwicklung dar, in der die für magische Praktiken zuständigen Institutionen und Gegenstände aus der Stadt verschwunden sind. Die historischen Veränderungen im Umgang mit magischen Puppen und mit den Toten werden gezeigt, indem über drei Generationen hinweg die Familienge-

schichte der Paskals erzählt wird. Aber die Trilogie "Città dolente" trauert nicht um einen Verlust der Magie. Sie zeigt vielmehr, daß die Magie zwar durch eine Zivilisation verdrängt wurde, die sich am aufklärerischen Modell der Wissenschaften orientierte, aber an anderen Stellen zurückkehrt: Einer der wichtigsten Orte magischen Denkens in der europäischen Moderne ist ohne Zweifel die Literatur.

Die Menschen, die im Alltag mit Gegenständen wie einem Kleiderständer oder einer Schneiderpuppe umgehen, sind sich der möglichen magischen Wirkung dieser Dinge kaum bewußt. Erst die literarische Darstellung macht ihre Magie sichtbar. Hodrová gibt den Gegenständen heterogene Körper, deren Beschreibungen Bilder aus unterschiedlichen Zeiten und Kulturen wachrufen. Auch deshalb kann man sagen, daß die Literatur einer der Orte in der europäischen Moderne ist, an den die Magie zurückkehren kann.

In der historischen Entwicklung des Umgangs mit Magie unterscheidet sich Prag nicht von anderen europäischen Städten. Aber das literarisch tradierte Bild der 'magischen Stadt' ermöglicht es, in Prag-Romanen die Wiederkehr der Magie wie selbstverständlich zu inszenieren. Hodrová verneint in ihren Arbeiten die Vorstellung eines 'Verlustes' der Magie, ohne Tötungen und Abtötungen zu rechtfertigen oder zu verharmlosen, die mit den historischen Versuchen der Vertreibung magischer Praktiken verbunden waren. Sie gibt den Erinnerungen an das Tote einen Raum, der in selbstmitleidigen Klagen über den 'Verlust' oft verlorengeht. Der Verzicht auf das Denkbild des 'tragischen' Verlustes erst öffnet einen dicht bewohnten Raum, in dem das Abwesende weiterschwebt und -spricht. Auch die Magie des Herrn Turek spricht davon, daß nichts wirklich verlorengehen kann.

In dieser Welt vergeht nichts, wie Herr Turek auf dem Wolschaner Friedhof sagt. Alles verändert sich nur fortwährend. Ein Lebewesen verwandelt sich in ein anderes, in ein größeres oder kleineres, oder es verwandelt sich in eine Sache, und dann meint man, es sei vergangen. Und auch die Dinge verwandeln sich eins ins andere, oder sie beleben sich, weil sie verwunschene Lebewesen waren (Hodrová 1994, S.343).

1 Es besteht eine Verbindung zwischen dem Wort Roboter und der Stadt Prag. In den 20er Jahren benutzte der Prager Autor Karel Čapek zum ersten Mal das tschechische Wort „robotka“, aus dem das Wort „Roboter“ entstand. „Robotka“ gehört anders als das Spielzeug oder der Automat eindeutig in den Bereich der Arbeit (=robota).

2 Die Identifikation des Kleinkindes mit dem Spiegelbild seines Körpers in der Phase des „Spiegelstadiums“, von der Jacques Lacan spricht, ist ein gutes Beispiel für die ‘Reduzierung’ des Körpers: „Die totale Form des Körpers, kraft der das Subjekt in einer Fata Morgana die Reifung seiner Macht vorwegnimmt, ist ihm nur als ‘Gestalt’ gegeben, in einem Außerhalb, wo zwar diese Form eher bestimmend als bestimmt ist, wo sie ihm aber als Relief in Lebensgröße erscheint, das sie erstarren läßt, und einer Symmetrie unterworfen wird, die ihre Seiten verkehrt - und dies im Gegensatz zu der Bewegungsfülle, mit der es sie auszustatten meint’ (Lacan, Bd.1, S.64).

3 In Sylvie Germains Novelle „Die weinende Frau in den Straßen von Prag“ kommt eine Riesin vor, deren Körper aus den Schmerzen der in Prag lebenden Menschen besteht. Auch dieser Körper hat keine fest umrissene Größe.

4 Auch in Bruce Chatwins „Utz“, auf den ich später zu sprechen komme, wird Homunculus erwähnt. Scholem vermutet allerdings, der Homunculus habe nichts mit dem Golem zu tun (vgl. Scholem, S.252).

5 Gerade die Undefinierbarkeit des Porzellans ermöglicht Utz, eine Sammlung in der kommunistischen Gesellschaft, in der er lebt, zu retten. In einer Textpassage heißt es, die Privatsammlung habe im Marxismus-Leninismus keinen eindeutigen Stellenwert. Ein bedeutendes Gemälde könne als nationaler Wertgegenstand eingestuft und deshalb beschlagnahmt werden, aber Porzellan könne auch als Haushaltsgegenstand - nämlich als Geschirr - definiert werden. So gesehen sei es erlaubt, die Sammlung zu Hause zu behalten. Deshalb muß Utz seine Sammlung zwar von den Museumsangestellten registrieren und photographieren lassen, kann sie aber bei sich behalten. Ihm ist allerdings verboten, die Sammlung außer Landes zu bringen. Ihm selbst bietet sich zwar mehrmals die Gelegenheit, das Land zu verlassen, aber er bleibt nicht zuletzt, weil er sich von seiner Sammlung nicht trennen kann.

6 Die Namen, die Adam ausspricht, gehören der Sprachtheorie von Walter Benjamin zufolge zur ‘magischen Sprache’. Die ‘Unmittelbarkeit’ zwischen den Namen und den benannten Wesen macht Adams Sprache ‘magisch’. Das heißt, bei der Benennung findet keine Abstraktion statt, und der Name enthält kein Urteil darüber, ob das benannte Wesen gut oder schlecht ist. Außerdem vermittelt diese Sprache nichts anderes als

sich selbst (vgl. Benjamin, Bd.II, S.140-157). Die magische Sprache unterscheidet sich von unserer Sprache, die man als Sprache nach dem Sündenfall bezeichnen könnte. Es gibt aber Momente, in denen man an die „Unmittelbarkeit" der magischen Sprache erinnert wird. Ein Beispiel dafür wäre das kleine Kind, das einem Gegenstand einen Namen gibt.

7 Eine Ausstellung von Überresten eines verstorbenen Volkes hat für Utz etwas Perverses, insofern solche Ausstellungen oft nichts anderes als eine Bestätigung für einen Völkermord sind: „Die Nazis hätten sie nicht nur nicht zerstört, sagte er (Utz, Y.T.), sondern eigens verschont, weil sie dort ein Museum des Judentums einrichteten, in dem künftige arische Touristen die Überreste eines Volkes besichtigen würden, das so ausgestorben wäre wie die Atzteken oder die Hottentotten" (ebd., S.45). Man kann daraus eine Konsequenz ziehen: Es ist weniger pervers, die Überreste einer ausgestorbenen Kultur mit den Toten zusammen zu begraben, als sie zu konservieren und auszustellen. Das gilt in verstärktem Maße, wenn eine Kultur vernichtet wurde.

8 Gerade deshalb spielt in Prag der Abfall eine wichtige Rolle: „In Prag haben viele Einwohner, zumindest in den alten Stadtvierteln, ein zwanghaftes Verhältnis zum Abfall" (ebd., S.157)

9 Daniela Hodrová wurde 1946 geboren, lebt in Prag und arbeitet am Institut für tschechische Literatur und Weltliteratur der Akademie der Wissenschaften. Die Trilogie „Città dolente" („die Stadt der Leiden") konnte erst nach der politischen Wende von 1989 im Original erscheinen, obwohl das erste Buch schon zwischen 1973 und 1978 und das zweite zwischen 1981 und 1983 geschrieben wurde. Beide Bücher erschienen in deutscher Sprache mit den Titeln „Das Wolschaner Reich" (1992) und „Im Reich der Lüfte" (1994). Die Original-Titel lauten: „Podobojí", „Kukly" und „Théta".

10 Auch der Kreisel ist nicht immer ein Spielzeug. Seit dem Ende des letzten Jahrhunderts beschäftigt sich die Ethnologie mit diesem Gegenstand, der in 'primitiven' Gesellschaften oft eine große Bedeutung hat. Hans Damm schreibt z.B. in seinem Aufsatz: „Die Kreiselspiele bei den Indonesiern und Südseevölkern": „In erster Linie ist es (das Kreiselspiel, Y.T.) ein Spiel, dem sich vorwiegend das männliche Geschlecht jedweden Alters hingibt. Daneben wird der Kreisel auch für Orakelzwecke benutzt (Polynesien) und tritt noch heute in Teilen Indonesiens (Altmalayen) und Melanesiens (Kai) als eine Art zeremonielle Handlung im Agrarkult auf" (Damm, S.224).

11 Im Bewußtsein des Vaters existiert dieses Ereignis nicht mehr, so daß er, der der Sprache mächtige Sprachforscher, nicht davon sprechen kann.

Aber in seinem Alltag gibt es Momente, in denen die Erinnerung anders wiederkehrt. Auf seiner Haut wird z.B. die Hitze des Feuers, der er damals entkam, spürbar: sie brennt in Form einer Hautallergie. Er ist wie eine stumme Holzpuppe, bei der der Riß im Holz der einzige Ausdruck der Erinnerung ist.

[12] Die Riesin in Sylvie Germains Novelle „Die weinende Frau in den Straßen von Prag" hat Ähnlichkeiten mit Sophie. Die Riesin wandert durch die Stadt Prag und „wiederbelebr" „die alten Stimmen" oder „die vernichteten Worte" (Germain, S.35). Es geht hier um die Stimmen der Toten, die die Stadt Prag erfüllen. Die Riesin hat - im Unterschied zu Sophie - nicht einmal einen eigenen Körper. Vielmehr besteht diese nebelhafte Erscheinung aus wandernden toten Seelen: „Denn nicht sie war es, nicht sie allein, die da so wimmerte und weinte. Es war die ganze Stadt, die Stadt und ihre Vorstädte und noch darüber hinaus. Es war das Land der Lebenden und der Toten. Die Frau mit dem Holpergang und der monumentalen Gestalt war nicht aus Fleisch und Blut - sie war aus Tränen, ganz nur aus Tränen. Sie war aus keinem Weib geboren, sondern aus dem Schmerz aller" (ebd., S.127).

[13] Diviš Paskal wohnt in dem Haus, in dem Alice früher lebte. Sein Vater war der Prister Jan Paskal, und sein Großvater war der Schneider Jakob Paskal. Den Familiennamen „Paskal" kann man auch als Anspielung auf den Philosophen Blaise Pascal verstehen, den Sophies Vater immer wieder zitiert.

[14] Das Karussell verkörpert nicht immer Leiden, sondern stellt - so wie der Kreisel - auch den Rausch dar. In einigen Passagen ist das Karussell z.B. ein aufregendes Spielzeug für Kinder. Aber dort ist von einer widersprüchlichen Mischung aus Wollust und Angst die Rede, die das Karussell erzeugt: „(...) und das Karussell dreht sich schnell, bis die Kinder in einer an Wollust grenzenden Angst jauchzen" (Hodrová 1994, S.53).

[15] Sie wird auch „weiße Claudia" genannt. Die weiße Farbe symbolisiert Reinheit und Klarheit. Die Figur verkörpert den Wunsch, die Welt der Lebenden klar von der der Toten zu trennen.

[16] Pavel Santner, den Alice liebte, und Pavel Bolinka, den Sophie liebte, werden im Roman miteinander verbunden. Weil die beiden Männer denselben Vornamen haben und einander ähneln, verwechselt Sophie die eigene erste Liebe manchmal mit der von Alice. Auf diese Weise z.B. tritt Alices Identität in sie ein.

[17] Agrippa von Nettesheim (eigtl. Heinrich Cornelius, 1489-1535) war Philosoph, Theologe und Arzt und bekämpfte die scholastische Wissenschaft. Herr Turek bezieht sich auf seine Zahlenmystik.

18 Auch Diviš, der Sohn Jan Paskals, wird später versuchen, sich von seinem Vater zu befreien. Dabei erscheint ihm nun seinerseits der Vater Jan wie eine Puppe, die verbrannt werden soll: „Und als Diviš seinen Vater so anschaut, sieht er, daß dieser nur noch eine Osterkerzenhaut ist, eine Todespuppe aus Lappen, die zum Winterende verbrannt wird, und daß er von Tag zu Tag weniger wird“ (Hodrová 1992, S.116).

Literatur

Alexander, J.J.G., 1978:
Initialen aus großen Handschriften. München

Ariès, Philippe,1976:
Geschichte der Kindheit. München/Wien

Arnold, Heinz Ludwig (Hg.), 1992:
Text und Kritik. E.T.A. Hoffmann. Sonderband. München

Barthes, Roland,1981:
Das Reich der Zeichen. Frankfurt a.M.

Barthes, Roland, 1984:
Die Lust am Text. Frankfurt/M.

Barthes, Roland, 1985:
Am Nullpunkt der Literatur. Frankfurt/M.

Barthes, Roland, 1990:
Der entgegenkommende und der stumpfe Sinn. Frankfurt/M.

Baudrillard, Jean, 1991:
Das System der Dinge. Frankfurt/M.

Baudrillard, Jean, 1991:
Der symbolische Tausch und der Tod. München

Benjamin, Walter, 1980ff:
Gesammelte Schriften. Hg. v. Rolf Tiedemann und Hermann Schweppenhäuser. Frankfurt/M.

Berg, Eberhard / Fuchs, Martin (Hg.),1993:
Kultur, soziale Praxis, Text. Die Krise der ethnologischen Repräsentation. Frankfurt/M.

Bilz, Helmut, 1987:
Seiffener Reifentiere - Herstellung, Gestaltung und Bedeutung, Seiffen

Bischoff, Erich,1913:
Die Elemente der Kabbalah. Berlin

Chatwin, Bruce, 1994:
Utz. Frankfurt/M.

Celan, Paul,1992:
Gedichte. Frankfurt/M.

Caillois, Roger, 1960:

Die Spiele und die Menschen. Stuttgart
Damm, Hans, 1929:
Kreiselspiele bei den Indonesiern und Südseevölkern. In: In Memoriam Karl Weule. Beiträge zur Völkerkunde und Vorgeschichte. Leipzig
Demetz, Peter, 1994:
Die Legende vom magischen Prag. In: Transit. Europäische Revue, Nr.7
Derrida, Jacques, 1983:
Grammatologie. Frankfurt/M.
Emde-Naegelsbach, Barbara, 1974:
Spielzeug. Ein Überblick über die Entwicklung und die Vielfalt des Spielzeugs. München
Eliade, Mircea, 1975:
Schamanismus und archaische Ekstasetechnik. Frankfurt/M.
Ernst, Ulrich, 1995:
Sprachmagie in fiktionaler Literatur. Textstrukturen - Zeichenfelder - Theoriesegmente. In: arcadia. Zeitschrift für vergleichende Literaturwissenschaft, Bd.30 (1995)
Evans-Pritchard, E.E., 1988:
Hexerei, Orakel und Magie bei den Zande. Frankfurt a.M.
Feldges, Brigitte,1986:
Das fremde Kind. In: B.Felges / U. Stadler (Hg.): E.T.A. Hoffmann. München.
Foucault, Michel, 1971:
Die Ordnung der Dinge. Eine Archäologie der Humanwissenschaften (1966). Frankfurt/M.
Frazer, James G., 1989:
Der goldene Zweig. Reinbek
Freud, Sigmund, 1966:
Gesammelte Werke. 4. Aufl.(1.Aufl. 1944) Frankfurt/M.
Gellus, Gilles/Guattari, Felix, 1976:
Kafka. Für eine kleine Literatur. Frankfurt/M.
Gendolla, Peter, 1980:
Die lebenden Maschinen: zur Geschichte der

Maschinenmenschen bei Jean Paul, E.T.A. Hoffmann, und Villiers de L'lsle Adam. Marburg

Gendola, Peter, 1989:
Die Kunst der Automaten. Zum Verhältnis ästhetischer und technologischer Vorstellungen in der Geschichte der Maschinenmenschen vom 18. bis ins 20. Jhd. In: Wegener, Manfred: Die Spiele der Puppe, Köln, 1989

Gendolla, Peter, 1992:
Anatomien der Puppe: Zur Geschichte der Maschinenmenschen bei Jean Paul, E.T.A. Hoffmann, Villiers de L'Isle Adam uns Hans Bellmer, Heidelberg.

Germain, Sylvie, 1994:
Die weinende Frau in den Straßen von Prag. Berlin/Weimar

Germann, Paul, 1929:
Afrikanische Puppen.
In: Reche, O.: In Memoriam Karl Weule. Leipzig

Goethe, Johann Wolfgang, 1948:
Gedenkausgabe der Werke, Briefe und Gespräche. 26. Bde., Hg.v.Ernst Beutler. Zürich

Goettle, Gabriele, 1991:
Teddy Bär contra Masters of the Universe. In: Freibank. Kultur minderer Güte amtlich geprüft. Berlin

Goldschmidt, Lazarus (Hg.), 1969:
Sepher Jesirah. Das Buch der Schöpfung. Darmstadt

Grimm, Jakob und Wilhelm, 1984:
Deutsches Wörterbuch. München

Handwörterbuch des deutschen Aberglaubens.
Berlin/New York, 1987

Harms, Volker, 1969:
Der Terminus "Spiel" in der Ethnologie. Hamburg

Hegel, Georg Wilhelm Friedrich, 1986:
Vorlesungen über die Ästhetik I (Werke 13). Frankufrt/M.

Heinrichs, Hans-Jürgen, 1992:
Ein Leben als Künstler und Ethnologe.
Über Michel Leiris. Frankfurt a.M.

Hetzer, Hildegard, 1977:
Spiel und Spielzeug für jedes Alter. Lindau

Hilscher, Eberhard, 1992:
Hoffmanns poetische Puppenspiele und Menschenmaschinen. In: Text und Kritik. E.T.A. Hoffmann. Sonderband. München
Hodrová, Daniela, 1992:
Città dolente. Das Wolschaner Reich. Zürich
Hodrová, Daniela,1994:
Im Reich der Lüfte. Zürich
Hölter, Achim :
Das Rad der Zeit - Eine Denkfigur der Romantik. In: arcadia. Zs.f.vergleichende Literaturwissenschaft Bd.30 (1995)
Hoffmann, E.T.A., 1994:
Die Serapionsbrüder. I und II. Weimar/Berlin
Horkheimer, Max/Adorno, Theodor W.; 1971:
Dialektik der Aufklärung. Frankfurt/M.
Huizinga, Johan, 1960:
Homo Ludens. Reinbek bei Hamburg
Imaizumi, Junnosuke,1995:
Hyôbatei to shikôtei. Tokyo
Jacob, Michael, 1993:
Das 'Andere' Paul Celans oder von den Paradoxien relationalen Dichtens. München
Japp, Uwe,1992:
Das serapionische Prinzip. In: Heinz Ludwig Arnold (Hg.): E.T.A. Hoffmann. Göttingen
Kafka, Franz, 1967:
Briefe an Felice und andere Korrespondenz aus der Verlobungszeit. Frankfurt/M.
Kafka, Franz,1970:
Sämtliche Erzählungen. Frankfurt/M.
King, Eileen, 1977:
Puppen und Puppenhäuser. Zollikon
Kippenberg, H.B. / Luchesi, B. (Hg.), 1978:
Magie - Die sozialwissenschaftliche Kontroverse über das Verstehen fremden Denkens. Frankfurt/M.
Kleist, Heinrich von, 1987:
Sämtliche Werke und Briefe. München
Kofman, Sarah, 1985:
Schreiben wie eine Katze . . . Zu E.T.A. Hoffmanns

"Lebens Ansichten des Katers Murr". Wien/Köln

Kristeva, Julia, 1982:
Die Chinesin. Frankfurt/M., Berlin, Wien

Kuper, Michael (Hg.) 1987:
Schamanengeschichten aus Sibirien. Berlin

Kurz, Gerhard, 1980:
Traum - Schrecken. Kafkas literarische Existenzanalyse. Stuttgart

Lacan, Jacques, 1991:
Schriften. Olten

Laplanche, J./Pontalis, J.-B., 1986:
Das Vokabular der Psychoanalyse. Frankfurt/M.

Lavater, Johann Caspar, 1984:
Physiognomische Fragmente. Stuttgart

Leiris, Michel, 1985:
Ethnologische Schriften. Bd.1-4. Frankfurt/M.

Leiris, Michel,1988:
Die Lust am Zusehen. Texte über Künstler des 20. Jahrhunderts. Frankfurt/M.

Leiris, Michel, 1991:
Wörter ohne Gedächtnis. Große Schneeflucht. Frankfurt/M.

Lévi-Strauss, Claude, 1978:
Traurige Tropen. Frankfurt/M.

Maier, Johann, 1995:
Die Kabbalah. Einführung - Klassische Texte - Erläuterungen. München

Malinowski, B., 1973:
Magie, Wissenschaft und Religion. Frankfurt/M.

Man, Paul de, 1993:
Die Ideologie des Ästhetischen. Frankfurt/M.

Nägele, Rainer, 1992:
Engel oder Puppe. In: Sigrid Weigel (Hg.): Leib und Bildraum. Lektüren nach Benjamin. Köln

Nakano, Miyoko, 1984:
Chûgoku no Yôkai. Tokyo

Nettesheim, Heinrich Cornelius Agrippa von,1921:
Cabbala. Kiel

Nola, Alfonso di, 1994:
Der Teufel. Wissen, Wirkung, Geschichte. München

Norman, W. Ingham, 1974:
E.T.A. Hoffmann's Reception in Russia. Würzburg
Okakura, Kakuzo, 1979:
Das Buch vom Tee. Frankfurt/M.
Petzoldt, Leander, 1990:
Kleines Lexikon der Dämonen und Elementargeister. München
Pikulik, Lothar, 1987:
E.T.A. Hoffmann als Erzähler. Ein Kommentar zu den Serapions-Brüdern. Göttingen
Planta, Urs Orland von,1958:
E.T.A. Hoffmanns Märchen "Das fremde Kind". Bern
Politzer, Heinz, 1965:
Franz Kafka, der Künstler. Frankfurt/M.
Pomian, Krzysztof, 1993:
Der Ursprung des Museums. Vom Sammeln. Berlin
Price, Sally / Jamin,Jean, 1988:
A Conversation with Michel Leiris. In: Current Anthropology, vol.29 (Nr.1), 1988
Puschkin, Alexander, 1971:
Pique Dame. Stuttgart
Reichert, Klaus, 1988:
Hebräische Züge in der Sprache Paul Celans. In: Werner Hamacher / Winfried Menninghaus (Hg.): Paul Celan. Frankfurt/M.
Ribbat, Ernst, 1978:
Ludwig Tieck. Kronberg/Ts.
Richter,Dieter,1987:
Das fremde Kind. Zur Entstehung der Kindheitsbilder des bürgerlichen Zeitalters. Frankfurt/M.
Ripellino, Angelo Maria,1995:
Magic Prague. London
Roussel, Raymond,1983:
Locus Solus. Frankfurt/M.
Shahar, Shulamith,1993:
Kindheit im Mittelalter. Reinbek
Schechner, Richard, 1990:
Theater-Anthropologie. Spiel und Ritual im Kulturvergleich. Reinbek
Schiller, Friedrich, 1965:

Über die ästhetische Erziehung des Menschen. Stuttgart

Schlaffer, Heinz, 1976:
Roman und Märchen. Ein formtheoretischer Versuch über Tiecks "Blonden Eckbert". In: Ludwig Tiek" Hg.v. Wulf Segebrecht. Darmstadt

Schlesier, Renate, 1996:
Maskierte Texte. Religiöse Anspielung und Verheimlichung in der griechischen Tragödie. In: Birgit R. Erdle / Sigrid Weigel (Hg.): Mimesis, Bild und Schrift. Köln

Schmitz-Emans, Monika,1995:
Eine schöne Kunstfigur? Androiden, Puppen und Maschinen als Allegorien des literarischen Werkes. In: arcadia. Zs. f. vergleichende Literaturwissenschaft, Bd.30 (1995), Heft 1, S.1-30

Schlüter, Wolfgang, 1993:
Walter Benjamin. Der Sammler und das geschlossene Kästchen. Darmstadt

Schmeitz, J.D.E., 1986:
Das Schwirrholz. Hamburg

Scholem, Gershom, 1992:
Zur Kabbala und ihrer Symbolik. Frankfurt/M.

Schweppenhäuser, Hermann (Hg:), 1981:
Benjamin über Kafka. Frankfurt/M.

Sippurium. Eine Sammlung jüdischer Volkssagen:
Erzählungen, Mythen, Chroniken, Denkwürdigkeiten. 1870, Prag

Spitzing, Günter, 1981:
Das indonesische Schattenspiel. Bali-Java-Lombok, Köln

Stille, Eva, 1972:
Alter Christbaumschmuck. Nürnberg

Tieck,Ludwig,1996:
Der blonde Eckbert. Der Runenberg. Die Elfen. Stuttgart

Vitt-Mancher, Gisela, 1993:
Träumer und Phantast als narratives Medium bei Hoffmann, Poe, Dostojewski und Stolper. In: Hartmut Steinecke (Hg.): E.T.A. Hoffmann

Jahrbuch, Band 1, 1992-1993. Berlin
Warburg, Aby,1992:
Schlangenritual. Ein Reisebericht. Berlin
Wawrzyn, Lienhard, 1982:
Der Automaten-Mensch E.T.A. Hoffmanns.
Erzählung vom Sandmann. Berlin
Weigel, Sigrid, 1990:
Topographien der Geschlechter. Reinbek
Weigel, Sigrid, 1992:
Passagen und Spuren des 'Leib- und Bildraums' in
Benjamins Schriften. In: Sigrid Weigel (Hg.):
Leib- und Bildraum. Lektüren nach Benjamin. Köln
Weigel, Sigrid, 1994a:
Aby Warburgs "Schlangenritual". In: Paragrana.
Internationale Zeitschrift für Historische
Anthropologie, Bd.3, 1994, Heft 1
Weigel, Sigrid, 1994b:
Von der "anderen Rede" zur Rede des Anderen,
In: Schade, S., Wagner, M., Weigel, S.(Hrsg.):
Allegorien und Geschlechterdifferenz. Köln
Weigel, Sigrid, 1995:
Kommunizierende Röhren. Michel Foucault und
Walter Benjamin. In: Weigel, S.(Hrsg.),
Flaschenpost und Postkarte. Köln
Weigel, Sigrid, 1996:
Freuds Schriften zu Kunst und Literatur zwischen
Rätsellösung, Deutung und Lektüre.
Die Studien zur Gradiva und zur Mosesstatue.
In: Birgit R. Erdle / Sigrid Weigel (Hg.):
Mimesis, Bild und Schrift.
Ähnlichkeit und Entstellung im Verhältnis der
Künste. Köln
Weigel, Sigrid, 1997:
Entstellte Ähnlichkeit. Walter Benjamins theoretische
Schreibweise. Frankfurt / M.
Wilpert, Clara B.,1974:
Schattentheater. Hamburg
Winter,Ilse,1976:
Untersuchungen zum serapiontischen Prinzip
E.T.A. Hoffmanns. The Hague

Inhaltsverzeichnis